现代林业
理论与管理

◎ 王海帆 著

电子科技大学出版社
University of Electronic Science and Technology of China Press

图书在版编目（CIP）数据

现代林业理论与管理 / 王海帆著. -- 成都：电子科技大学出版社，2018.3
ISBN 978-7-5647-5905-6

Ⅰ.①现… Ⅱ.①王… Ⅲ.①林业管理-研究 Ⅳ.①F307.2

中国版本图书馆CIP数据核字(2018)第051514号

现代林业理论与管理

王海帆　著

策划编辑　李述娜　李　倩
责任编辑　熊晶晶

出版发行	电子科技大学出版社
	成都市一环路东一段159号电子信息产业大厦九楼　邮编　610051
主　页	www.uestcp.com.cn
服务电话	028-83203399
邮购电话	028-83201495
印　刷	三河市华晨印务有限公司
成品尺寸	185mm×260mm
印　张	16.5
字　数	338千字
版　次	2018年7月第一版
印　次	2018年7月第一次印刷
书　号	ISBN 978-7-5647-5905-6
定　价	58.00元

版权所有，侵权必究

内容简介

现代林业是历史发展到今天的产物，是现代科学、经济发展和生态文明建设的必然结果。本书共分 9 章，作者从现代林业基本理论，评价指标体系、森林价值与绿色国民经济核算，发展与实践，生态文化建设的主要内容及关键技术，林业经营管理，生态工程建设与管理，现代林业体制改革与创新等方面做了系统的分析及研究。

本书可作为全国高职院校林业技术、森林资源保护、自然保护区建设与管理等专业及基层林业工作人员参考用书。

王海帆

硕士，1987年出生，高校讲师。

主要从事林学及区域生态学研究工作。2010年毕业于云南农业大学园林专业，同年进入云南省林业高级技工学校工作，2013年6月调入云南林业职业技术学院工作至今，2014年6月获西南林业大学农业推广硕士学位。

作为项目负责人承担2项省级科研项目，参与完成1项；作为第一发明人（主要发明人）申请发明专利9项，已授权4项；申请实用新型专利5项，已授权3项；作为主要负责人撰写地方标准2项，已发布1项；发表学术论文20余篇，出版专著1部。

前　言

林业是生态环境的主体，对经济的发展、生态的建设以及推动社会进步具有重要的作用和意义。随着我国政策的不断发展和改革，以及全球经济一体化的发展，生态经济的发展逐渐成为现代化建设的重要标志，面对这种机遇和挑战，林业工作肩负了更加重大的使命：一是实现科学发展、必须把发展林业作为重大举措；二是建设生态文明，必须把发展林业作为重要途径；三是应对气候变化，必须把发展林业作为战略选择；四是解决"三农"问题，必须把发展林业作为重要途径。因此，全面推进现代林业发展进程，加快生态文明建设，是当今时代赋予我们的责任。

近几十年来，我国林业经历了以木材生产为主的阶段之后，又实现了向以生态建设为主的转变。如今，随着对森林认识的深化，又正在实践着将森林建设成完备的生态体系、发达的林业产业体系和先进的森林文化体系的综合功能体。这就将我国的林业推进到了建设现代林业的新阶段。以现代林业理论为指导，必然会引起传统林业生产中各个环节的深刻变化，这就要求林业管理人员和林业科技人员不仅要全面地掌握林业科学的各种基础知识，还要清楚地了解林业理论和生产发展之间的各种联系，这样才能更好地为现代林业服务。本书对这些问题做了较为系统的梳理与阐述。

本书内容共分为九章，第一章从现代林业的基本理论入手，介绍了现代林业的概念和内涵以及我国现代林业建设的主要任务与困难。第二章主要阐述现代林业的评价指标体系，重点介绍了林业技术经济效果的体系与评价。第三章从林地林木核算、森林产品与森林服务流量核算以及森林综合核算等多个方面对森林价值与绿色国民经济核算的相关内容进行了论述。第四章是关于现代林业的发展与实践，选取了气候、荒漠化、湿地、生物资源等多个角度来分析。第五章揭示了现代林业与生态文明建设的联系，分别剖析了现代林业发展过程中的生态环境文明、生态物质文明和生态精神文明。第六章则是对林业生态文化建设中的关键技术进行了系统的说明。第七章着眼于林业的经营管理，详细分析了林业经营的思想理论体系、经营形式、分类经营和林业的可持续管理。第八章的内容则围绕现代林业生态工程的建设与管理展开。第九章对现代林业体制改革与创新的相关内容进行了分析与总结。

专著的撰写得到了云南省林业厅、云南农业大学、云南省林业科学院、云南省林业有害生物防治检疫局有关专家、学者的大力支持，借此一并感谢！

限于作者的学识和理解水平，书中难免存在不足和疏漏之处，恳切希望读者和同行予以批评指正，以期再版时修改完善。

王海帆

2018 年 1 月 5 日于昆明

目录

第一章　现代林业基本理论 / 001

  第一节　我国林业资源现状与功能 / 001
  第二节　现代林业的概念与内涵 / 010
  第三节　我国现代林业建设的主要任务与困难 / 014
  第四节　现代林业建设的总体布局 / 016

第二章　现代林业的评价指标体系 / 025

  第一节　现代林业评价指标体系的组成 / 025
  第二节　评价指标的选择与划分依据 / 030
  第三节　林业技术经济效果的指标体系 / 034
  第四节　林业技术经济效果的评价方法 / 035
  第五节　建设项目经济评价案例 / 039

第三章　森林价值与绿色国民经济核算 / 053

  第一节　核算理论与方法 / 053
  第二节　林地林木存量核算 / 061
  第三节　森林产品与森林服务流量核算 / 070
  第四节　森林综合核算 / 076

第四章　现代林业的发展与实践 / 079

  第一节　气候变化与现代林业 / 079
  第二节　荒漠化防治与现代林业 / 094
  第三节　森林及湿地生物多样性保护 / 102
  第四节　现代林业的生物资源与利用 / 111
  第五节　森林文化体系建设 / 126

第五章　现代林业与生态文明建设 / 136

第一节　现代林业与生态环境文明 / 136
第二节　现代林业与生态物质文明 / 152
第三节　现代林业与生态精神文明 / 157

第六章　林业生态文化建设关键技术 / 164

第一节　山地生态公益林经营技术 / 164
第二节　流域与滨海湿地生态保护及恢复技术 / 173
第三节　沿海防护林体系营建技术 / 177
第四节　城市森林与城镇人居环境建设技术 / 178

第七章　林业经营管理 / 186

第一节　现代林业经营思想与理论体系 / 186
第二节　林业经营形式 / 194
第三节　林业分类经营 / 196
第四节　可持续林业管理 / 201

第八章　现代林业生态工程建设与管理 / 206

第一节　现代林业生态工程的发展 / 206
第二节　现代林业生态工程的建设方法 / 207
第三节　现代林业生态工程的管理机制 / 216
第四节　现代林业生态工程建设领域的新应用 / 219

第九章　现代林业体制改革与创新 / 224

第一节　我国林业管理体制的现状 / 224
第二节　我国林业体制改革所面临的困难 / 228
第三节　现代林业的保障体系 / 230
第四节　现代林业的国际合作 / 244

参考文献 / 253

第一章 现代林业基本理论

第一节 我国林业资源现状与功能

一、我国林业的资源状况

（一）森林资源

全国第八次森林资源清查数据显示，我国现有林业用地 3.13 亿 hm²，森林面积 2.08 亿 hm²，活立木蓄积量 164.33 亿 m³，森林蓄积 151.37 亿 m³，森林覆盖率为 21.63%。天然林面积 1.22 亿 hm²，蓄积 122.96 亿 m³；人工林面积 0.69 亿 hm²，蓄积 24.83 亿 m³。森林面积和森林蓄积分别位居世界第 5 位和第 6 位，人工林面积仍居世界首位。

（二）湿地资源

我国是湿地大国，全国第二次湿地资源调查结果显示，我国现有湿地面积 5360.26 万 hm²，湿地面积占国土面积的比率（即湿地率）为 5.58%。本次调查将湿地分为 5 类，其中近海与海岸湿地 579.59 万 hm²、河流湿地 1055.21 万 hm²、湖泊湿地 859.38 万 hm²、沼泽湿地 2173.29 万 hm²、人工湿地 674.59 万 hm²。从分布情况看，青海、西藏、内蒙古、黑龙江 4 省区湿地面积均超过 500 万 hm²，约占全国湿地总面积的 50%。目前，我国湿地保护还面临着湿地面积减少、功能有所减退、受威胁压力持续增大、保护空缺较多等问题。

（三）野生动植物资源

我国作为一个幅员辽阔、自然条件复杂多样的国家，拥有丰富的野生动植物资源。据统计，全国约有高等植物 3.28 万种，占世界高等植物种类的 10% 以上，被子植物约 2.5 万种，占世界被子植物 20 万种的 12.5%，在世界各国中居第三位。脊椎动物达 4400 多种，约占世界总数的 10% 以上。植物中约有 200 种属于中国所特有。动物中的大熊猫、金丝猴、华南虎、台湾猴、扬子鳄、中华鲟等都为中国所特有。然而，由于人口的迅速增加，对自然环境的开发强度的加大，改变和破坏了物种的生存环境，使得许多物种处于濒危状态，甚至灭绝。

（四）可利用荒漠化资源

我国第五次荒漠化和沙化监测结果表明，2014 年全国荒漠化土地总面积为 261.16 万 km²，占国土总面积的 27.20%。我国荒漠化土地分布于北京、天津、河北、山西、内蒙古、辽宁、吉林、山东、河南、海南、四川、云南、西藏、陕西、甘肃、青海、宁夏、新疆18个省（自治区、直辖市）的528个县（旗、市、区）。其中新疆、内蒙古、西藏、甘肃、青海5个省（自治区）的荒漠化占全国荒漠化总面积的95.64%，其他13个省（自治区、直辖市）的荒漠化面积仅占全国荒漠化总面积的4.36%。荒漠化地区具有丰富多样的旅游资源、野生动植物资源等，其土地资源丰富，光、热条件好，是未来有待进一步开发利用的重要区域。

二、我国林业的资源分布

（一）森林资源

林业资源的核心是森林资源，根据《中国森林资源状况》，在行政区划的基础上，依据自然条件、历史条件和发展水平，把全国划分为：东北地区、华北地区、西北地区、西南地区、华南地区、华东地区和华中地区，进行森林资源的格局特征分析。

1. 东北地区

东北林区是中国重要的重工业和农林牧生产基地，包括辽宁、吉林和黑龙江省，跨越寒温带、中温带、暖温带，属大陆性季风气候。除长白山部分地段外，地势平缓，分布落叶松、红松林及云杉、冷杉和针阔混交林，是中国森林资源最集中分布区之一，森林覆盖率41.60%。全区林业用地面积3763.48万hm^2，占土地面积的47.68%，活立木总蓄积量300227.97万m^3，占全国活立木总蓄积量的18.27%，其中森林蓄积281790.67万m^3，占该区活立木总蓄积量的93.86%。

2. 华北地区

华北地区包括北京、天津、河北、山西和内蒙古。该区自然条件差异较大，跨越温带、暖温带，以及湿润、半湿润、干旱和半干旱区，属大陆性季风气候。分布有松柏林、松栎林、云杉林、落叶阔叶林，以及内蒙古东部兴安落叶松林等多种森林类型，除内蒙古东部的大兴安岭为森林资源集中分布的林区外，其他地区均为少林区。全区森林覆盖率21.43%，全区林业用地面积5999.49万hm^2，占土地面积的39.21%，活立木总蓄积量174819.55万m^3，占全国活立木总蓄积量的10.64%，其中森林蓄积156843.91万m^3，占该区活立木总蓄积量的89.72%。

3. 西北地区

西北地区包括陕西、甘肃、宁夏、青海和新疆。该区自然条件差，生态环境脆弱，境内大部分为大陆性气候，寒暑变化剧烈，除陕西和甘肃东南部降水丰富外，其他地区降水量稀少，为全国最干旱的地区，森林资源稀少，森林覆盖率仅为8.16%。森林主要分布在秦岭、大巴山、小陇山、洮河和白龙江流域、黄河上游、贺兰山、祁连山、天山、阿尔泰山等处，以暖温带落叶阔叶林、北亚热带常绿落叶阔叶混交林以及山地针叶林为主。全区林业用地面积4358.97万hm^2，占土地面积的

14.07%，活立木总蓄积量 110907.49 万 m³，占全国活立木总蓄积量的 6.75%，其中森林蓄积 99692.12 万 m³，占该区活立木总蓄积量的 89.89%。

4. 华中地区

华中地区包括安徽、江西、河南、湖北和湖南。该区南北温差大，夏季炎热，冬季比较寒冷，降水量丰富，常年降水量比较稳定，水热条件优越。森林主要分布在神农架、沅江流域、资江流域、湘江流域、赣江流域等处，主要为常绿阔叶林，并混生落叶阔叶林，马尾松、杉木、竹类分布面积也非常广，森林覆盖率 39.87%。全区林业用地面积 4120.45 万 hm²，占土地面积的 47.38%，活立木总蓄积量 160259.39 万 m³，占全国活立木总蓄积量的 9.75%，其中森林蓄积 137762.27 万 m³，占该区活立木总蓄积量的 85.96%。

5. 华南地区

华南地区包括广东、广西、海南和福建。该区气候炎热多雨，无真正的冬季，跨越南亚热带和热带气候区，分布有南亚热带常绿阔叶林、热带雨林和季雨林，森林覆盖率为 56.69%。全区林业用地面积 1891.28 万 hm²，占土地面积的 33.12%，活立木总蓄积量 170040.3 万 m³，占全国活立木总蓄积量的 10.35%，其中森林蓄积 156319.49 万 m³，占该区活立木总蓄积量的 91.93%。

6. 华东地区

华东地区包括上海、江苏、浙江和山东。该区临近海岸地带，其大部分地区因受台风影响获得降水，降水量丰富，而且四季分配比较均匀，森林类型多样，树种丰富，低山丘陵以常绿阔叶林为主，森林覆盖率为 23.37%。全区林业用地面积 847.17 万 hm²，占土地面积的 23.37%，活立木总蓄积量 45427.34 万 m³，占全国活立木总蓄积量的 2.76%，其中森林蓄积 37255.89 万 m³，占该区活立木总蓄积量的 82.01%。

7. 西南地区

西南地区包括重庆、四川、云南、贵州和西藏。该区垂直高差大，气温差异显著，形成明显的垂直气候带与相应的森林植被带，森林类型多样，树种丰富，森林覆盖率仅为 16.78%。森林主要分布在岷江上游流域、青衣江流域、大渡河流域、雅砻江流域、金沙江流域、澜沧江和怒江流域、滇南山区、大围山、渠江流域、峨眉山等处全区林业用地面积 10278.16 万 hm²，占土地面积的 43.67%，活立木总蓄积量 681598.58 万 m³，占全国活立木总蓄积量的 41.48%，其中森林蓄积 644065.37 万 m³，占该区活立木总蓄积量的 94.49%。

（二）湿地资源

从 1995 年至 2003 年国家林业局组织开展了中华人民共和国成立以来首次大规模的全国湿地资源调查。根据国家林业局 2003 年《全国湿地资源调查简报》，中国湿地分布较为广泛，几乎各地都有，受自然条件的影响，湿地类型的地理分布有明显的区域差异。

1. 沼泽分布

我国沼泽以东北三江平原、大兴安岭、小兴安岭、长白山地、四川若尔盖和青藏高原为多，各地河漫滩、湖滨、海滨一带也有沼泽发育，山区多木本沼泽，平原则草本沼泽居多。

2. 湖泊湿地分布

我国的湖泊湿地主要分布于长江及淮河中下游、黄河及海河下游和大运河沿岸的东部平原地区湖泊、蒙新高原地区湖泊、云贵高原地区湖泊、青藏高原地区湖泊、东北平原地区与山区湖泊。

3. 河流湿地分布

因受地形、气候影响，河流在地域上的分布很不均匀，绝大多数河流分布在东部气候湿润多雨的季风区；西北内陆气候干旱少雨，河流较少，并有大面积的无流区。

4. 近海与海岸湿地

我国近海与海岸湿地主要分布于沿海省份，以杭州湾为界，杭州湾以北除山东半岛、辽东半岛的部分地区为岩石性海滩外，多为沙质和淤泥质海滩，由环渤海滨海和江苏滨海湿地组成；杭州湾以南以岩石性海滩为主，主要有钱塘江—杭州湾湿地、晋江口—泉州湾湿地、珠江口河口湾和北部湾湿地等。

5. 库塘湿地

属于人工湿地，主要分布于我国水利资源比较丰富的东北地区、长江中上游地区、黄河中上游地区以及广东等。

三、我国林业的主要功能

根据联合国《千年生态系统评估报告》，生态系统服务功能包括生态系统对人类可以产生直接影响的调节功能、供给功能和文化功能，以及对维持生态系统的其他功能具有重要作用的支持功能（如土壤形成、养分循环和初级生产等）。生态系统服务功能的变化通过影响人类的安全、维持高质量生活的基本物质需求、健康，以及社会文化关系等而对人类福利产生深远的影响。林业资源作为自然资源的组成部分，同样具有调节、供给和文化三大服务功能。调节服务功能包括固碳释氧、调节小气候、保持水土、防风固沙、涵养水源和净化空气等方面；供给服务功能包括提供木材与非木质林产品；文化服务功能包括美学与文学艺术、游憩与保健疗养、科普与教育、宗教与民俗等方面。

（一）固碳释氧

森林作为陆地生态系统的主体，在稳定和减缓全球气候变化方面起着至关重要的作用。森林植被通过光合作用可以吸收固定 CO_2，成为陆地生态系统中 CO_2 最大的贮存库和吸收汇。而毁林开荒、土地退化、筑路和城市扩张导致毁林，也导致温室气体向大气排放。以森林保护、造林和减少毁林为主要措施的森林减排已经成为应对气候变化的重要途径。

据 IPCC 估计，全球陆地生态系统碳贮量约 2480Gt，其中植被碳贮量约占 20%，土壤碳约占 80%。占全球土地面积 27.6% 的森林，其森林植被的碳贮量约占全球植被的 77%，森林土壤的碳贮量约占全球土壤的 39%。单位面积森林生态系统碳贮量是农地的 1.9～5 倍，土壤和植被碳库的比率在北方森林为 5，但在热带林仅为 1。可见，森林生态系统是陆地生态系统中最大的碳库，其增加或减少都将对大气 CO_2 产生重要影响。

人类使用化石燃料、进行工业生产以及毁林开荒等活动导致大量的 CO_2 向大气排放，使大气 CO_2 浓度显著增加。陆地生态系统和海洋吸收其中的一部分排放，但全球排放量与吸收量之间仍存在不平衡。这就是被科学界常常提到的 CO_2 失汇现象。

最近几十年来城市化程度不断加快，人口数量不断增长，工业生产逐渐密集，呼吸和燃烧消耗了大量 O_2、排放了大量 CO_2。迄今为止，任何发达的生产技术都不能代替植物的光合作用。地球大气中大约有 $1.2\times10^{25}tO_2$，这是绿色植物经历大约 32 亿年漫长岁月，通过光合作用逐渐积累起来的，现在地球上的植被每年可新增 $7.0\times10^{10}tO_2$。据测定，一株 100 年生的山毛榉树（具有叶片表面积 $1600m^2$）每小时可吸收 $CO_2 2.35kg$，释放 $O_2 1.71kg$。$1hm^2$ 森林通过光合作用，每天能生产 $735kgO_2$，吸收 $1005kgCO_2$。

（二）调节小气候

1. 调节温度作用

林带改变气流结构和降低风速作用的结果必然会改变林带附近的热量收支，从而引起温度的变化。但是，这种过程十分复杂，影响防护农田内气温因素不仅包括林带结构、下垫面性状，而且还涉及风速、湍流交换强弱、昼夜时相、季节、天气类型、地域气候背景等。

在实际蒸散和潜在蒸散接近的湿润地区，防护区内影响温度的主要因素为风速，在风速降低区内，气温会有所增加；在实际蒸散小于潜在蒸散的半湿润地区，由于叶面气孔的调节作用开始产生影响，一部分能量没有被用于土壤蒸发和植物蒸腾而使气温降低，因此这一地区的防护林对农田气温的影响具有正负两种可能性。在半湿润易干旱或比较干旱地区，由于植物蒸腾作用而引起的降温作用比因风速降低而引起的增温作用程度相对显著，因此这一地区防护林具有降低农田气温的作用。我国华北平原属于干旱半干旱季风气候区，该地区的农田防护林对温度影响的总体趋势是夏秋季节和白天具有降温作用，在春冬季节和夜间气温具有升温及气温变幅减小作用。据河南省林业科学研究院测定：豫北平原地区农田林网内夏季日平均气温比空旷地低 0.5℃ ~ 2.6℃，在冬季比空旷地高 0.5℃ ~ 0.7℃；在严重干旱的地区，防护林对农田实际蒸散的影响较小，这时风速的降低成为影响气温决定因素，防护林可导致农田气温升高。

2. 调节林内湿度作用

在防护林带作用范围内，风速和乱流交换的减弱，使得植物蒸腾和土壤蒸发的水分在近地层大气中逗留的时间要相对延长，因此，近地面的空气湿度常常高于旷野。宋兆明等研究证实：黄淮海平原黑龙港流域农田林网内活动面上相对湿度大于旷野，其变化值在 1% ~ 7%；王学雷研究表明：江汉平原湖区农田林网内相对湿度比空旷地提高了 3% ~ 5%。据在甘肃河西走廊的研究，林木初叶期，林网内空气相对湿度可提高 3% ~ 14%，全叶期提高 9% ~ 24%，在生长季节中，一般可使网内空气湿度提高 7% 左右；李增嘉对山东平原县 3m×15m 的桃麦、梨麦、苹麦间作系统的小气候效应观测研究表明：小麦乳熟期间，麦桃、麦梨间做系统空气相对湿度比单作麦田分别提高 9.5%、3% 和 13.1%。据研究株行距 4m×25m 的桐粮间作系统、3m×20m 的杨粮系统在小麦灌浆期期间，对比单作麦田，相对湿度分别提高 7% ~ 10% 和 6% ~ 11%，可有效地减轻干热风对小麦的危害；宫伟光等对东北松嫩平原 5m×30m 樟子松间作式草牧场防护林小气候效应研究表明：幼龄期春季防护林网内空气湿度比旷野高 6.89%。

3. 调节风速

防护林最显著的小气候效应是防风效应或风速减弱效应。人类营造防护林最原始的目的就是借助于防护林减弱风力，减少风害。故防护林素有"防风林"之称。防护林减弱风力的主要原因有：（1）林带对风起一种阻挡作用，改变风的流动方向，使林带背风面的风力减弱；（2）林带对风的阻力，从而夺取风的动量，使其在地面逸散，风因失去动量而减弱；（3）减弱后的风在下风方向不要经过很久即可逐渐恢复风速，这是因为通过湍流作用，有动量从风力较强部分被扩散的缘故。从力学角度而言，防护林防风原理在于气流通过林带时，削弱了气流动能而减弱了风速。动能削弱的原因来自 3 个方面：其一，气流穿过林带内部时，由于与树干及枝叶的摩擦，使部分动能转化为热能部分，与此同时由于气流受林木类似筛网或栅栏的作用，将气流中的大旋涡分割成若干小旋涡而消耗了动能，这些小旋涡又互相碰撞和摩擦，进一步削弱了气流的大量能量；其二，气流翻越林带时，在林带的抬升和摩擦下，与上空气流汇合，损失部分动能；其三，穿过林带的气流和翻越林带的气流，在背风面一定距离内汇合时，又造成动能损失，致使防护林背风区风速减弱最为明显。

（三）保持水土

1. 森林对降水再分配作用

降水经过森林冠层后发生再分配过程，再分配过程包括 3 个不同的部分，即穿透降水、茎流水和截留降水。穿透降水是指从植被冠层上滴落下来的或从林冠空隙处直接降落下来的那部分降水；茎流水是指沿着树干流至土壤的那部分水分；截留降水系指雨水以水珠或薄膜形式被保持在植物体表面、树皮裂隙中以及叶片与树枝的角隅等处，截留降水很少达到地面，而通过物理蒸发返回到大气中。

森林冠层对降水的截留受到众多因素的影响，主要有降水量、降水强度和降水的持续时间以及当地的气候状况，并与森林组成、结构、郁闭度等因素密切相关。根据观测研究，我国主要森林生态系统类型的林冠年截留量平均值为134.0～626.7mm，变动系数14.27%～40.53%，热带山地雨林的截留量最大，为626.7mm，寒温带、温带山地常绿针叶林的截留量最小，只有134.0mm，两者相差4.68倍。我国主要森林生态系统林冠的截留率的平均值为11.40%～34.34%，变动系数6.86%～55.05%。亚热带、热带西南部高山常绿针叶林的截留损失率最大，为34.34%；亚热带山地常绿落叶阔叶混交林截留损失率最小，为11.4%。

研究表明，林分郁闭度对林冠截留的影响远大于树种间的影响。森林的覆盖度越高，层次结构越复杂，降水截留的层面越多，截留量也越大。例如，川西高山云杉、冷杉林，郁闭度为0.7时，林冠截留率为24%，郁闭度降为0.3时截留率降至12%；华山松林分郁闭度从0.9降为0.7，林冠截留率降低6.08%。

2.森林对地表径流的作用

（1）森林对地表径流的分流阻滞作用

当降雨量超过森林调蓄能力时，通常产生地表径流，但是降水量小于森林调蓄水量时也可能会产生地表径流。分布在不同气候地带的森林都具有减少地表径流的作用。在热带地区，对热带季雨林与农地（刀耕火种地）的观测表明，林地的地表径流系数在1%以下，最大值不到10%；而农地则多为10%～50%，最大值超过50%，径流次数也比林地多约20%，径流强度随降雨量和降雨时间增加而增大的速度和深度也比林地突出。

（2）森林延缓地表径流历时的作用

森林不但能够有效地削减地表径流量，而且还能延缓地表径流历时。一般情况下，降水持续时间越长，产流过程越长；降水初始与终止时的强度越大，产流前土壤越湿润，产流开始的时间就越快，而结束径流的时间就越迟。这是地表径流与降水过程的一般规律。从森林生态系统的结构和功能分析，森林群落的层次结构越复杂，枯枝落叶层越厚，土壤孔隙越发育，产流开始的时间就越迟，结束径流的时间相对较晚，森林削减和延缓地表径流的效果越明显。例如在相同的降水条件下，不同森林类型的产流与终止时间分别比降水开始时间推迟7～50min，而结束径流的时间又比降水终止时间推后40～500min。结构复杂的森林削减和延缓径流的作用远比结构简单的草坡地强。在多次出现降水的情况下，森林植被出现的洪峰均比草坡地的低;而在降水结束,径流逐渐减少时,森林的径流量普遍比草坡地大,明显的显示出森林削减洪峰、延缓地表径流的作用。但是,发育不良的森林,例如只有乔木层、无灌木、草本层和枯枝落叶层,森林调节径流量和延缓径流过程的作用会大大削弱,甚至也可能产生比草坡地更高的径流流量。

(3)森林对土壤水蚀的控制作用

森林地上和地下部分的防止土壤侵蚀功能,主要有几个方面:①林冠可以拦截相当数量的降水量,减弱暴雨强度和延长其降落时间;②可以保护土壤免受破坏性雨滴的机械破坏作用;③可以提高土壤的入渗力,抑制地表径流的形成;④可以调节融雪水,使吹雪的程度降到最低;⑤可以减弱土壤冻结深度,延缓融雪,增加地下水贮量;⑥根系和树干可以对土壤起到机械固持作用;⑦林分的生物小循环对土壤的理化性质、抗水蚀、风蚀能力起到改良作用。

(四)防风固沙

1. 固沙作用

森林以其茂密的枝叶和聚积枯落物庇护表层沙粒,避免风的直接作用;同时植被作为沙地上一种具有可塑性结构的障碍物,使地面粗糙度增大,大大降低近地层风速;植被可加速土壤形成过程,提高黏结力,根系也起到固结沙粒作用;植被还能促进地表形成"结皮",从而提高临界风速值,增强了抗风蚀能力,起到固沙作用,其中植被降低风速作用最为明显也最为重要。植被降低近地层风速作用大小与覆盖度有关,覆盖度越大,风速降低值越大。内蒙古农业大学林学院通过对各种灌木测定,当植被覆盖度大于30%时,一般都可降低风速40%以上。

2. 阻沙作用

由于风沙流是一种贴近地表的运动现象,因此,不同植被固沙和阻沙能力的大小,主要取决于近地层枝叶分布状况。近地层枝叶浓密,控制范围较大的植物,其固沙和阻沙能力也较强。在乔、灌、草3类植物中,灌木多在近地表处丛状分枝,固沙和阻沙能力较强。乔木只有单一主干,固沙和阻沙能力较小,有些乔木甚至树冠已郁闭,表层沙仍然继续流动。多年生草本植物基部丛生亦具固沙和阻沙能力,但比之灌木植株低矮,固沙范围和积沙数量均较低,加之入冬后地上部分干枯,所积沙堆因重新裸露而遭吹蚀,因此不稳定。这也是在治沙工作中选择植物种时首选灌木的原因之一。而不同灌木,其近地层枝叶分布情况和数量亦不同,固沙和阻沙能力也有差异,因而选择时应进一步分析。

3. 对风沙土的改良作用

植被固定流沙以后,大大加速了风沙土的成土过程。植被对风沙土的改良作用,主要表现在以下几个方面:(1)机械组成发生变化,粉粒、黏粒含量增加。(2)物理性质发生变化,比重、容重减少,孔隙度增加。(3)水分性质发生变化,田间持水量增加，透水性减慢。(4)有机质含量增加。(5)氮、磷、钾三要素含量增加。(6)碳酸钙含量增加，pH值提高。(7)土壤微生物数量增加。据中国科学院兰州沙漠研究所陈祝春等人测定，沙坡头植物固沙区（25年），表面1cm厚土层微生物总数243.8万个/g干土，流沙仅为7.4万个/g干土，约比流沙增加30多倍。(8)沙层含水率减少，据陈世雄在沙坡头观测，幼年植株耗水量少，对沙层水分影响不大，随着林龄的增加，对沙层水分产生显著影响。在降水较多年份，如1979年4—6月所消耗的水分，能在雨季得到一定补偿，沙层内水分含量可恢复到2%左右；而降水较少年份，如1974年，降雨仅154mm，补给量少，0～150cm深的沙层内含水率下降至1.0%以下，严重影响着植物的生长发育。

（五）涵养水源

1. 净化水质作用

森林对污水净化能力也极强。据测定，从空旷的山坡上流下的水中，污染物的含量为169g/m^2，而从林中流下来的水中污染物的含量只有64g/m^2。污水通过30～40m的林带后，水中所含的细菌数量比不经过林带的减少50%。一些耐水性强的树种对水中有害物质有很强的吸收作用，如柳树对水溶液中的氰化物去除率达94%～97.8%。湿地生态系统则可以通过沉淀、吸附、离子交换、络合反应、硝化、反硝化、营养元素的生物转化和微生物分解过程处理污水。

2. 削减洪峰

森林通过乔、灌、草及枯落物层的截持含蓄、大量蒸腾、土壤渗透、延缓融雪等过程，使地表径流减少，甚至为零，从而起到削减洪水的作用。这一作用的大小，又受到森林类型、林分结构、林地土壤结构和降水特性等的影响。通常，复层异龄的针阔混交林要比单层同龄纯林的作用大，对短时间降水过程的作用明显，随降水时间的延长，森林的削洪作用也逐渐减弱，甚至到零。因此，森林的削洪作用有一定限度，但不论作用程度如何，各地域的测定分析结果证实，森林的削洪作用是肯定的。

（六）净化空气

1. 滞尘作用

大气中的尘埃是造成城市能见度低和对人体健康产生严重危害的主要污染物之一。据统计，全国城市中有一半以上大气中的总悬浮颗粒物（TSP）年平均质量浓度超过310μg/m^3，百万人口以上的大城市的TSP浓度更大，一半以上超过410μg/m^3，超标的大城市占93%。人们在积极采取措施减少污染源的同时，更加重视增加城市植被覆盖，发挥森林在滞尘方面的重要作用。据测定：每公顷云杉林每年可固定尘土32t，每公顷欧洲山毛榉每年可固定尘土68t。据天津市园林局统计，天津市区2002年有以树木为主的绿地3500hm^2，它们一年可以吸附或阻挡沙尘4.2万多吨。

2. 杀菌作用

植物的绿叶，能分泌出如酒精、有机酸和萜类等挥发性物质，可杀死细菌、真菌和原生动物。如香樟、松树等能够减少空气中的细菌数量，1hm² 松、柏每日能分泌 60kg 杀菌素，可杀死白喉、肺结核、痢疾等病菌。另外，树木的枝叶可以附着大量的尘埃，因而减少了空气中作为有害菌载体的尘埃数量，也就减少了空气中的有害菌数量，净化了空气。绿地不仅能杀灭空气中的细菌，还能杀灭土壤里的细菌。有些树林能杀灭流过林地污水中的细菌，如 1m³ 污水通过 30～40m 宽的林带后，其含菌量比经过没有树林的地面减少一半；又如通过 30 年生的杨树、桦树混交林，细菌数量能减少 90%。

杀菌能力强的树种有夹竹桃、稠李、高山榕、樟树、桉树、紫荆、木麻黄、银杏、桂花、玉兰、千金榆、银桦、厚皮香、柠檬、合欢、圆柏、核桃、核桃楸、假槟榔、木菠萝、雪松、刺槐、垂柳、落叶松、柳杉、云杉、柑橘、侧柏等。

3. 增加空气中负离子及保健物质含量

森林能增加空气负离子含量。森林的树冠、枝叶的尖端放电以及光合作用过程的光电效应均会促使空气电解，产生大量的空气负离子。空气负离子能吸附、聚集和沉降空气中的污染物和悬浮颗粒，使空气得到净化。空气中正、负离子可与未带电荷的污染物相互作用接合，对工业上难以除去的飘尘有明显的沉降效果。空气负离子同时有抑菌、杀菌和抑制病毒的作用。空气负离子对人体具有保健作用，主要表现在调节神经系统和大脑皮层功能，加强新陈代谢，促进血液循环，改善心、肺、脑等器官的功能等。

植物的花叶、根芽等组织的油腺细胞不断地分泌出一种浓香的挥发性有机物，这种气体能杀死细菌和真菌，有利于净化空气、提高人们的健康水平，被称为植物精气。森林植物精气的主要成分是芳香性碳水化合物——萜烯，主要包含有香精油、酒精、有机酸、醚、酮等。这些物质有利于人们的身体健康，除杀菌外，对人体有抗炎症、抗风湿、抗肿瘤、促进胆汁分泌等功效。

第二节　现代林业的概念与内涵

现代林业是一个具有时代特征的概念，随着经济社会的不断发展，现代林业的内涵也在不断地发生着变化。正确理解和认识新时期现代林业的基本内涵，对于指导现代林业建设的实践具有重要的意义。

一、现代林业的概念

早在改革开放初期，我国就有人提出了建设现代林业。当时人们简单地将现代林业理解为林业机械化，后来又走入了只讲生态建设，不讲林业产业的朴素生态林业的误区。张新中在《现代林业论》（1995）一书中对现代林业的定义是：现代林业即在现代科学认识基础上，用现代技术装备武装和现代工艺方法生产以及用现代科学方法管理的，并可持续发展的林业。徐国祯提出，区别于传统林业，现代林业是在现代科学的思维方式指导下，以现代科学理论、技术与管理为指导，通过新的森林经营方式与新的林业经济增长方式，达到充分发挥森林的生态、经济、社会与文明功能，担负起优化环境，促进经济发展，提高社会文明，实现可持续发展的目标和任务。江泽慧在《中国现代林业》（2000）中提出：现代林业是充分利用现代科学技术和手段，全社会广泛参与保护和培育森林资源，高效发挥森林的多种功能和多重价值，以满足人类日益增长的生态、经济和社会需求的林业。

关于现代林业起步于何时，学术界有着不同的看法。有的学者认为，大多数发达国家的现代林业始于第二次世界大战之后，我国则始于1949年中华人民共和国成立。也有的学者认为，就整个世界而言，进入后工业化时期，即进入现代林业阶段，因为此时的森林经营目标已经从纯经济物质转向了环境服务兼顾物质利益。而在中华人民共和国成立后，我国以采伐森林提供木材为重点，同时大规模营造人工林，长期处于传统林业阶段，从20世纪70年代末开始，随着经济体制改革，才逐步向现代林业转轨。还有的学者通过对森林经营思想的演变以及经营利用水平、科技水平的高低等方面进行比较，认为1992年的联合国环境与发展大会标志着林业发展从此进入了林业生态、社会和经济效益全面协调、可持续发展的现代林业发展阶段。

以上专家学者提出的现代林业的概念，都反映了当时林业发展的方向和时代的特征。今天，林业发展的经济和社会环境、公众对林业的需求等都发生了很大的变化，如何界定现代林业这一概念，仍然是建设现代林业中首先应该明确的问题。

从字面上看，现代林业是一个偏正结构的词组，包括"现代"和"林业"两个部分，前者是对后者的修饰和限定。汉语词典对"现代"一词有以下几种释义：一是指当今的时代，可以对应于从前的或过去的；二是新潮的、时髦的意思，可以对应于传统的或落后的；三是历史学中特定的时代划分，即鸦片战争前为古代、鸦片战争以后到中华人民共和国成立前为近代、中华人民共和国成立以来即为现代。我们认为，现代林业并不是一个历史学概念，而是一个相对的和动态的概念，无须也无法界定其起点和终点。对于现代林业中的"现代"应该从前两个含义进行理解，也就是说现代林业应该是能够体现当今时代特征的、先进的、发达的林业。

随着时代的发展，林业本身的范围、目标和任务也在发生着变化。从林业资源所涵盖的范围来看，我国的林业资源不仅包括林地、林木等传统的森林资源，同时还包括湿地资源、荒漠资源，以及以森林、湿地、荒漠生态系统为依托而生存的野生动植物资源。从发展目标和任务看，已经从传统的以木材生产为核心的单目标经营，转向重视林业资源的多种功能、追求多种效益，我国林业不仅要承担木材及非木质林产品供给的任务，同时还要在维护国土生态安全、改善人居环境、发展林区经济、促进农民增收、弘扬生态文化、建设生态文明中发挥重要的作用。

综合以上两个方面的分析，我们认为，衡量一个国家或地区的林业是否达到了现代林业的要求，最重要的就是考察其发展理念、生产力水平、功能和效益是否达到了所处时代的领先水平。建设现代林业就是要遵循当今时代最先进的发展理念，以先进的科学技术、精良的物质装备和高素质的务林人为支撑，运用完善的经营机制和高效的管理手段，建设完善的林业生态体系、发达的林业产业体系和繁荣的生态文化体系，充分发挥林业资源的多种功能和多重价值，最大限度地满足社会的多样化需求。

按照论理学的理论，概念是对事物最一般、最本质属性的高度概括，是人类抽象的、普遍的思维产物。先进的发展理念、技术和装备、管理体制等都是建设现代林业过程中的必要手段，而最终体现出来的是林业发展的状态和方向。因此，现代林业就是可持续发展的林业，它是指充分发挥林业资源的多种功能和多重价值，不断满足社会多样化需求的林业发展状态和方向。

二、现代林业的内涵

内涵是对某一概念中所包含的各种本质属性的具体界定。虽然"现代林业"这一概念的表述方式可以是相对不变的，但是随着时代的变化，其现代的含义和林业的含义都是不断丰富和发展的。

对于现代林业的基本内涵，在不同时期，国内许多专家给予了不同的界定。有的学者认为，现代林业是由一个目标（发展经济、优化环境、富裕人民、贡献国家）、两个要点（森林和林业的新概念）、三个产业（林业第三产业、第二产业、第一产业）彼此联系在一起综合集成形成的一个高效益的林业持续发展系统。还有的学者认为，现代林业强调以生态环境建设为重点，以产业化发展为动力，全社会广泛参与和支持为前提，积极广泛地参与国际交流合作，从而实现林业资源、环境和产业协调发展，经济、环境和社会效益高度统一的林业。现代林业与传统林业相比，其优势在于综合效益高，利用范围很大，发展潜力很突出。

江泽慧（2000年）将现代林业的内涵概述为：以可持续发展理论为指导，以生态环境建设为重点，以产业化发展为动力，以全社会共同参与和支持为前提，广泛地参与国际交流与合作，实现林业资源、环境和产业协调发展，环境效益、经济效益和社会效益高度统一。

贾治邦（2006年）指出：现代林业，就是科学发展的林业，以人为本、全面协调可持续发展的林业，体现现代社会主要特征，具有较高生产力发展水平，能够最大限度拓展林业多种功能，满足社会多样化需求的林业。同时，从发展理念、经营目标、科学技术、物质装备、管理手段、市场机制、法律制度、对外开放、人员素质9个方面论述了建设现代林业的基本要求，这一论述较为全面地概括了现代林业的基本内涵。

综上所述，中国现代林业的基本内涵可表述为：以建设生态文明社会为目标，以可持续发展理论为指导，用多目标经营做大林业，用现代科学技术提升林业，用现代物质条件装备林业，用现代信息手段管理林业，用现代市场机制发展林业，用现代法律制度保障林业，用扩大对外开放拓展林业，用高素质新型务林人推进林业，努力提高林业科学化、机械化和信息化水平，提高林地产出率、资源利用率和劳动生产率，提高林业发展的质量、素质和效益，建设完善的林业生态体系、发达的林业产业体系和繁荣的生态文化体系。

（一）现代发展理念

理念就是理性的观念，是人们对事物发展方向的根本思路。现代林业的发展理念，就是通过科学论证和理性思考而确立的未来林业发展的最高境界和根本观念，主要解决林业发展走什么道路、达到什么样的最终目标等根本方向问题。因此，现代林业的发展理念，必须是最科学的，既符合当今世界林业发展潮流，又符合中国的国情和林情。

中国现代林业的发展理念应该是：以可持续发展理论为指导，坚持以生态建设为主的林业发展战略，全面落实科学发展观，最终实现人与自然和谐的生态文明社会。这一发展理念的四个方面是一脉相承的，也是一个不可分割的整体。建设人与自然和谐的生态文明社会，是党的十七大报告提出的实现全面建设小康社会目标的新要求之一，是落实科学发展观的必然要求，也是"三生态"战略思想的重要组成部分，充分体现了可持续发展的基本理念，成为现代林业建设的最高目标。

可持续发展理论是在人类社会经济发展面临着严重的人口、资源与环境问题的背景下产生和发展起来的，联合国环境规划署把可持续发展定义为满足当前需要而又不削弱子孙后代满足其需要之能力的发展。可持续发展的核心是发展，重要标志是资源的永续利用和良好的生态环境。可持续发展要求既要考虑当前发展的需要，又要考虑未来发展的需要，不以牺牲后代人的利益为代价。在建设现代林业的过程中，要充分考虑发展的可持续性，既充分满足当代人对林业三大产品的需求，又不对后代人的发展产生影响。大力发展循环经济，建设资源节约型、生态良好和环境友好型社会，必须合理利用资源、大力保护自然生态和自然资源，恢复、治理、重建和发展自然生态和自然资源，是实现可持续发展的必然要求。可持续林业从健康、完整的生态系统、生物多样性、良好的环境及主要林产品持续生产等诸多方面，反映了现代林业的多重价值观。

（二）多目标经营

森林具有多种功能和多种价值，从单一的经济目标向生态、经济、社会多种效益并重的多目标经营转变，是当今世界林业发展的共同趋势。由于各国的国情、林情不同，其林业经营目标也各不相同。德国、瑞士、法国、奥地利等林业发达国家在总结几百年来林业发展经验和教训的基础上提出了近自然林业模式；美国提出了从人工林计划体系向生态系统经营的高层过渡；在日本则通过建设人工培育天然林、复层林、混交林等措施来确保其多目标的实现。20世纪80年代中期，我国对林业发展道路进行了深入系统的研究和探索，提出了符合我国国情林情的林业分工理论，按照林业的主导功能特点或要求划类，并按各类的特点和规律运行的林业经营体制和经营模式，通过森林功能性分类，充分发挥林业资源的多种功能和多种效益，不断增加林业生态产品、物质产品和文化产品的有效供给，持续不断地满足社会和广大民众对林业的多样化需求。

中国现代林业的最终目标是建设生态文明社会，具体目标是实现生态、经济、社会三大效益的最大化。

第三节 我国现代林业建设的主要任务与困难

一、我国现代林业建设的主要任务

发展现代林业，建设生态文明是中国林业发展的方向、旗帜和主题。现代林业建设的主要任务是，按照生态良好、产业发达、文化繁荣、发展和谐的要求，着力构建完善的林业生态体系、发达的林业产业体系和繁荣的生态文化体系，充分发挥森林的多种功能和综合效益，不断满足人类对林业的多种需求。重点实施好天然林资源保护、退耕还林、湿地保护与恢复、城市林业等多项生态工程，建立以森林生态系统为主体的、完备的国土生态安全保障体系，是现代林业建设的基本任务。随着我国经济社会的快速发展，林业产业的外延在不断拓展，内涵在不断丰富。建立以林业资源节约利用、高效利用、综合利用、循环利用为内容的、发达的产业体系是现代林业建设的重要任务。林业产业体系建设重点应包括加快发展以森林资源培育为基础的林业第一产业，全面提升以木竹加工为主的林业第二产业，大力发展以生态服务为主的林业第三产业。建立以生态文明为主要价值取向的、繁荣的林业生态文化体系是现代林业建设的新任务。生态文化体系建设的重点是努力构建生态文化物质载体，促进生态文化产业发展，加大生态文化的传播普及，加强生态文化基础教育，提高生态文化体系建设的保障能力，开展生态文化体系建设的理论研究。

（一）努力构建人与自然和谐的完善的生态体系

林业生态体系包括三个系统一个多样性，即森林生态系统、湿地生态系统、荒漠生态系统和生物多样性。

努力构建人与自然和谐的完善的林业生态体系，必须加强生态建设，充分发挥林业的生态效益，着力建设森林生态系统，大力保护湿地生态系统，不断改善荒漠生态系统，努力维护生物多样性，突出发展，强化保护，提升质量，努力建设布局科学、结构合理、功能完备、效益显著的林业生态体系。到2020年，全国森林覆盖率将达到23%以上，建成生态环境良好国家。

（二）不断完善充满活力的发达的林业产业体系

林业产业体系包括第一产业、第二产业、第三产业三次产业和一个新兴产业。不断完善充满活力的发达的林业产业体系，必须加快产业发展，充分发挥林业的经济效益，全面提升传统产业，积极发展新兴产业，以兴林富民为宗旨，完善宏观调控，加强市场监管，优化公共服务，坚持低投入、高效益，低消耗、高产出，努力建设品种丰富、优质高效、运行有序、充满活力的林业产业体系。

各类商品林基地建设取得新进展，优质、高产、高效、新兴林业产业迅猛发展，林业经济结构得到优化，到2020年，林业产业总产值达到50000亿元，森林蓄积量达到150亿 m^3，建成林业产业强国。

（三）逐步建立丰富多彩的繁荣的生态文化体系

生态文化体系包括植物生态文化、动物生态文化、人文生态文化和环境生态文化等。

逐步建立丰富多彩的繁荣的生态文化体系，必须培育生态文化，充分发挥林业的社会效益，大力繁荣生态文化，普及生态知识，倡导生态道德，增强生态意识，弘扬生态文明，以人与自然和谐相处为核心价值观，以森林文化、湿地文化、野生动物文化为主体，努力构建主题突出、内涵丰富、形式多样、喜闻乐见的生态文化体系。

加快城乡绿化，改善人居环境，发展森林旅游，增进人民健康，提供就业机会，增加农民收入，促进新农村建设。到2020年，森林公园达到3000处以上，70%的城市林木覆盖率达到35%，人均公共绿地达到12m^2以上。

（四）大力推进优质高效的服务型林业保障体系

林业保障体系包括科学化、信息化、机械化三大支柱和改革、投资两个关键，涉及绿色办公、绿色生产、绿色采购、绿色统计、绿色审计、绿色财政和绿色金融等。

林业保障体系要求林业行政管理部门切实转变职能、理顺关系、优化结构、提高效能，做到权责一致、分工合理、决策科学、执行顺畅、监督有力、成本节约，为现代林业建设提供体制保障。

大力推进优质高效的服务型林业保障体系，必须按照科学发展观的要求，大力推进林业科学化、信息化、机械化进程；坚持和完善林权制度改革，进一步加快构建现代林业体制机制，进一步扩大重点国有林区、国有林场的改革，加大政策调整力度，逐步理顺林业机制，加快林业部门的职能转变，建立和推行生态文明建设绩效考评与问责制度；同时，要建立支持现代林业发展的公共财政制度，完善林业投融资政策，健全林业社会化服务体系，按照服务型政府的要求建设林业保障体系。

二、我国现代林业建设的困难

目前，虽然我国林业发展呈现出较好的趋势，可是在林业建设过程中还是存在较大的问题。我国国内由于对林业的建设缺少较为高端的人才，因此，在林业的建设规划过程中较为差强人意，这种问题主要体现在林业建设质量的不合格，普遍较低，且在造林植树方面没有合理的规划设计，结构配置较为单一，不能满足生态、经济以及社会效益的相统一。而且在造林结束后期，由于管理的不当，林木的成活率较低，无法对生态效益做出较为显著的提高。

由于我国地形与气候的复杂多变，在我国的沿海城市，经常会因其台风、暴雨等自然灾害造成严重的水土资源流失，使森林系统遭受到破坏，因此也将会导致林业发展建设的巨大损失并影响到林业产业的发展。因在林业建设中的建设项目较少，且项目建设之间关联较少，面积分布过于分散，不符合实际的情况，因此也导致在林业建设过程中没有取得良好的生态效应。

虽然我国森林资源占有量较多，但由于我国人口较多，因此人均占有率较少，而且由于我国很多地区林业经济发展水平较差，缺少一定的技术和资源，因此，目前我国的实际国情也是林业建设过程中亟待解决的一大难题。

第四节 现代林业建设的总体布局

21世纪上半叶中国林业发展总体战略构想是：（1）确立以生态建设为主的林业可持续发展道路；（2）建立以森林植被为主体的国土生态安全体系；（3）建设山川秀美的生态文明社会。

林业发展总体战略构想的核心是"生态建设、生态安全、生态文明"。这三者之间相互关联、相辅相成。生态建设是生态安全的前提，生态安全是生态文明的基础和保障，生态文明是生态建设和生态安全所追求的最终目标。按照"三个代表"重要思想，"生态建设、生态安全、生态文明"既代表了先进生产力发展的必然要求和广大人民群众的根本利益，又顺应了世界发展的大趋势，展示了中华民族对自身发展的审慎选择、对生态建设的高度责任感和对全球森林问题的整体关怀，体现了可持续发展的理念。

现代林业建设总体布局要以天然林资源保护、退耕还林、三北及长江流域等重点防护林体系建设、京津风沙源治理、野生动植物保护及自然保护区建设、重点地区速生丰产用材林基地建设等林业六大重点工程为框架，构建"点、线、面"结合的全国森林生态网络体系，即以全国城镇绿化区、森林公园和周边自然保护区及典型生态区为"点"；以大江大河、主要山脉、海岸线、主干铁路公路为"线"；以东北内蒙古国有林区，西北、华北北部和东北西部干旱半干旱地区，华北及中原平原地区，南方集体林地区，东南沿海热带林地区，西南高山峡谷地区，青藏高原高寒地区8大区为"面"。实现森林资源在空间布局上的均衡、合理配置。

东北内蒙古国有林区以天然林保护和培育为重点，华北中原地区以平原防护林建设和用材林基地建设为重点，西北、华北北部和东北西部地区以风沙治理和水土保持林建设为重点，长江上中游地区以生态和生物多样性保护为重点，南方集体林区以用材林和经济林生产为重点，东南沿海地区以热带林保护和沿海防护林建设为重点，青藏高原地区以野生动植物保护为重点。

一、总体布局

（一）构建点、线、面相结合的森林生态网络

良好的生态环境，应该建立在总量保证、布局均衡、结构合理、运行通畅的植被系统基础上。森林生态网络是这一系统的主体。当前我国生态环境不良的根本原因是植被系统不健全，而要改变这种状况的根本措施就是建立一个合理的森林生态网络。

建立合理的森林生态网络应该充分考虑下述因素。一是森林资源总量要达到一定面积，即要有相应的森林覆盖率。按照科学测算，森林覆盖率至少要达到26%以上。二要做到合理布局。从生态建设需要和我国国情、林情出发，今后恢复和建设植被的重点区域应该是生态问题突出、有林业用地但又植被稀少的地区，如西部的无林少林地区、大江大河源头及流域、各种道路两侧及城市、平原等。三是提高森林植被的质量，做到林种、树种、林龄及森林与其他植被的结构搭配合理。四是有效保护好现有的天然森林植被，充分发挥森林天然群落特有的生态效能。从这些要求出发，以林为主，因地制宜，实行乔灌草立体开发，是从微观的角度解决环境发展的时间与空间、技术与经济、质量与效益结合的问题；而点、线、面协调配套，

则是从宏观发展战略的角度，以整个国土生态环境为全局，提出森林生态网络工程总体结构与布局的问题。

"点"是指以人口相对密集的中心城市为主体，辐射周围若干城镇所形成的具有一定规模的森林生态网络点状分布区。它包括城市森林公园、城市园林、城市绿地、城郊接合部以及远郊大环境绿化区（森林风景区、自然保护区等）。

城市是一个特殊的生态系统，它是以人为主体并与周围的其他生物和非生物建立相互联系，受自然生命保障系统所供养的"社会—经济—自然复合生态系统"。随着经济的持续高速增长，我国城市化发展趋势加快，已经成为世界上城市最多的国家之一，现有城市680多座，城市人口已约占总人口的50%，尤其是经济比较发达的珠江三角洲、长江三角洲、胶东半岛以及京、津、唐地区已经形成城市走廊（或称城市群）的雏形，虽然城市化极大地推动了我国社会进步和经济繁荣，但在没有强有力的控制条件下，城市化不可避免地导致城市地区生态的退化，各种环境困扰和城市病愈演愈烈。因此，以绿色植物为主体的城市生态环境建设已成为我国森林生态网络系统工程建设不可缺少的一个重要组成部分，引起了全社会和有关部门的高度重视。根据国际上对城市森林的研究和我国有关专家的认识，现代城市的总体规划必须以相应规模的绿地比例为基础（国际上通常以城市居民人均绿地面积不少于 $10m^2$ 作为最低的环境需求标准），同时，按照城市的自然、地理、经济和社会状况已用城市规划、城市性质等确定城市绿化指标体系，并制定城市"三废"（废气、废水、废渣）排放以及噪音、粉尘等综合治理措施和专项防护标准。城市森林建设是国家生态环境建设的重要组成部分，必须把城市森林建设作为国家生态环境建设的重要组成部分。城市森林建设是城市有生命的基础设施建设，人们向往居住在空气清新、环境优美的城市环境里的愿望越来越迫切，这种需求已成为我国城市林业发展和城市森林建设的原动力。近年来，在国家有关部门提出的建设森林城市、生态城市及园林城市、文明卫生城市的评定标准中，均把绿化达标列为重要依据，表明我国城市建设正逐步进入法制化、标准化、规范化轨道。

"线"是指以我国主要公路、铁路交通干线两侧、主要大江与大河两岸、海岸线以及平原农田生态防护林带（林网）为主体，按不同地区的等级、层次标准以及防护目的和效益指标，在特定条件下，通过不同组合建成乔灌草立体防护林带。这些林带应达到一定规模，并发挥防风、防沙、防浪、护路、护岸、护堤、护田和抑螺防病等作用。

"面"是指以我国林业区划的东北区、西北区、华北区、南方区、西南区、热带区、青藏高原区等为主体，以大江、大河、流域或山脉为核心，根据不同自然状况所形成的森林生态网络系统的块状分布区。它包括西北森林草原生态区、各种类型的野生动植物自然保护区以及正在建设中的全国重点防护林体系工程建设区等，形成以涵养水源、水土保持、生物多样化、基因保护、防风固沙以及用材等为经营目的、集中连片的生态公益林网络体系。

我国森林生态网络体系工程点、线、面相结合，从总体布局上是一个相互依存、相互补充，共同发挥社会公益效益，维护国土生态安全的有机整体。

（二）实行分区指导

根据不同地区对林业发展的要求和影响生产力发展的主导因素，按照"东扩、西治、南用、北休"的总体布局和区域发展战略，实行分区指导。

东扩：发展城乡林业，扩展林业产业链，主要指我国中东部地区和沿海地区。

主攻方向：通过完善政策机制，拓展林业发展空间，延伸林业产业链，积极发展城乡林业，推动城乡绿化美化一体化，建设高效农田防护林体系，大力改善农业生产条件，兼顾木材加工业原料需求以及城乡绿化美化的种苗需求，把这一区域作为我国木材供应的战略支撑点之一，促进林业向农区、城区和下游产业延伸，扩展林业发展的领域和空间。

西治：加速生态修复，实行综合治理，主要指我国西部的"三北"地区、西南峡谷和青藏高原地区，是林业生态建设的主战场，也是今后提高我国森林覆盖率的重点地区。

主攻方向：在优先保护好现有森林植被的同时，通过加大西部生态治理工程的投入力度，加快对风沙源区、黄土高原区、大江大河源区和高寒地区的生态治理，尽快增加林草植被，有效地治理风沙危害，努力减轻水土流失，切实改善西部地区的生态状况，保障我国的生态安全。

南用：发展产业基地，提高森林质量和水平，主要指我国南方的集体林区和沿海热带地区，是今后一个时期我国林业产业发展的重点区域。

主攻方向：在积极保护生态的前提下，充分发挥地域和政策机制的优势，通过强化科技支撑，提高发展质量，加速推进用材林、工业原料林和经济林等商品林基地建设，大力发展林纸林板一体化、木材加工、林产化工等林业产业，满足经济建设和社会发展对林产品的多样化需求。

北休：强化天然林保育，继续休养生息，主要指我国东北林区。

主攻方向：通过深化改革和加快调整，进一步休养生息，加强森林经营，在保护生态前提下，建设我国用材林资源战略储备基地，把东北国有林区建设成为资源稳步增长、自然生态良好、经济持续发展、生活明显改善、社会全面进步的社会主义新林区。

（三）重点突出环京津生态圈，长江、黄河两大流域，东北、西北和南方三大片

环京津生态圈是首都乃至中国的"形象工程"。在这一生态圈建设中，防沙治沙和涵养水源是两大根本任务。它对降低这一区域的风沙危害、改善水源供给，同时对优化首都生态环境、提升首都国际形象、举办绿色奥运等具有特殊的经济意义和政治意义。这一区域包括北京、天津、河北、内蒙古、山西5个省（直辖市、自治区）的相关地区。生态治理的主要目标是为首都阻沙源、为京津保水源并为当地经济发展和人民生活开拓财源。

生态圈建设的总体思路是加强现有植被保护，大力封沙育林育草、植树造林种草，加快退耕还林还草，恢复沙区植被，建设乔灌草相结合的防风固沙体系；综合治理退化草原，实行禁牧舍饲，恢复草原生态和产业功能；搞好水土流失综合治理，合理开发利用水资源，改善北京及周边地区的生态环境；缓解风沙危害，促进北京及周边地区经济和社会的可持续发展。主要任务是造林营林，包括退耕还林、人工造林、封沙育林、飞播造林、种苗基地建设等；治理草地，包括人工种草、飞播牧草、围栏封育、草种基地建设及相关的基础设施建设；建设水利设施，包括建立水源工程、节水灌溉、小流域综合治理等。基于这一区域多处在风沙区、经济欠发达和靠近京津、有一定融资优势的特点，生态建设应尽可能选择生态与经济结合型的治理模式，视条件发展林果业，培植沙产业，同时，注重发展非公有制林业。

长江和黄河两大流域。主要包括长江及淮河流域的青海、西藏、甘肃、四川、云南、贵州、重庆、陕西、湖北、湖南、江西、安徽、河南、江苏、浙江、山东、上海17个省（自治区、直辖市），建设思路是：以长江为主线，以流域水系为单元，以恢复和扩大森林植被为手段，以遏制水土流失、治理石漠化为重点，以改善流域生态环境为目标，建立起多林种、多树种相结合，生态结构稳定和功能完备的防护林体系。主要任务是：开展退耕还林、人工造林、封山（沙）育林、飞播造林及低效林改造等。同时，要注重发挥区域优势，发展适销对路和品种优良的经济林业，培植竹产业，大力发展森林旅游业等林业第三产业。

在黄河流域，重点生态治理区域是上中游地区，主要包括青海、甘肃、宁夏、内蒙古、陕西、山西、河南的大部分或部分地区。生态环境问题最严重的是黄土高原地区，总面积约为64万 km²，是世界上面积最大的黄土覆盖地区，气候干旱，植被稀疏，水土流失十分严重，流失面积占黄土高原总面积的70%，是黄河泥沙的主要来源地。建设思路是：以小流域治理为单元，对坡耕地和风沙危害严重的沙化耕地实行退耕还林，实行乔灌草结合，恢复和增加植被；对黄河危害较大的地区要大力营造沙棘等水土保持林，减少粗沙流失危害；积极发展林果业、畜牧业和农副产品加工业，帮助农民脱贫致富。

东北片、西北片和南方片。东北片和南方片是我国的传统林区，既是木材和林产品供给的主要基地，也是生态环境建设的重点地区；西北片是我国风沙危害、水土流失的主要区域，是我国生态环境治理的重点和"瓶颈"地区。

东北片肩负商品林生产和生态环境保护的双重重任，总体发展战略是：通过合理划分林业用地结构，加强现有林和天然次生林保护，建设完善的防护体系，防止内蒙古东部沙地东移；通过加强三江平原、松辽平原农田林网建设，完善农田防护林体系，综合治理水土流失，减少坡面和耕地冲刷；加强森林抚育管理，提高森林质量，同时，合理区划和建设速生丰产林，实现由采伐天然林为主向采伐人工林为主的转变，提高木材及林产品供给能力；加强与俄罗斯东部区域的森林合作开发，强化林业产业，尤其是木材加工业的能力建设；合理利用区位优势和丘陵浅山区的森林景观，发展森林旅游业及林区其他第三产业。

西北片面积广大，地理条件复杂，有风沙区、草原区，还有丘陵、戈壁、高原冻融区等。这里主要的生态问题是水土流失、风沙危害及与此相关的旱涝、沙暴灾害等，治理重点是植树种草，改善生态环境。主要任务是：切实保护好现有的天然林生态系统，特别是长江、黄河源头及流域的天然林资源和自然保护区；实施退耕还林，扩大林草植被；大力开展沙区，特别是沙漠边缘区造林种草，控制荒漠化扩大趋势；有计划地建设农田和草原防护林网；有计划地发展薪炭林，逐步解决农村能源问题；因地制宜地发展经济林果业、沙产业、森林旅游业及林业多种经营业。

南方片自然条件相对优越，立地条件好，适宜森林生长。全区经济发展水平高，劳动力充足，交通等社会经济条件好；集体林多，森林资源总量多，分布较为均匀。林业产业特别是人工林培育业发达，森林单位面积的林业产值高，适生树种多，林地利用率高，林地生产率较高。总体上，这一地区具有很强的原料和市场指向，适宜大力发展森林资源培育业和培育、加工相结合的大型林业企业。主要任务是：有效提高森林资源质量，调整森林资源结构和林业产业结构，提高森林综合效益；建设高效、优质的定向原料林基地，将未来林业产业发展的基础建立在主要依靠人工工业原料林上，同时，大力发展竹产业和经济林产业；进行深加工和精加工，大力发展木材制浆造纸业，扶持发展以森林旅游业为重点的林业第三产业及建立在高新技术开发基础上的林业生物工程产业。

二、区域布局

（一）东北林区

以实施东北内蒙古重点国有林区天然林保护工程为契机，促进林区由采伐森林为主向管护森林为主转变，通过休养生息恢复森林植被。

这一地区主要具有原料的指向性（且可以来自俄罗斯东部森林），兼有部分市场指向（且可以出售国外），应重点发展人工用材林，大力发展非国境线上的山区林业和平原林业；应提高林产工业科技水平，减少初级产品产量，提高精深加工产品产量，从而用较少的资源消耗获得较大的经济产出。

（二）西北、华北北部和东北西部干旱半干旱地区

实行以保护为前提、全面治理为主的发展策略。在战略措施上应以实施防沙治沙工程和退耕还林工程为核心，并对现有森林植被实行严格保护。

一是在沙源和干旱区全面遏制沙化土地扩展的趋势，特别是对直接影响京津生态安全的两大沙尘暴多发地区，进行重点治理。在沙漠仍在推进的边缘地带，以种植耐旱灌木为主，建立起能遏制沙漠推进的生态屏障；对已经沙化的地区进行大规模的治理，扩大人类的生存空间；对沙漠中人们集居形成的绿洲，在巩固的基础上不断扩大绿洲范围。二是对水土流失严重的黄土高原和黄河中上游地区、林草交错带上的风沙地等实行大规模退耕还林还草，按照"退耕还林、封山绿化、以粮代赈、个体承包"的思路将退化耕地和风沙地的还林还草和防沙治沙、水土治理紧密结合起来，大力恢复林草植被，以灌草养地。为了考虑农民的长远生计和地区木材等林产品供应，在林灌草的防护作用下，适当种植用材林和特有经济树种，发展经济果品及其深加工产品。三是对仅存的少量天然林资源实行停伐保护，国有林场职工逐步分流。

（三）华北及中原平原地区

在策略上适宜发展混农林业或种植林业。一方面建立完善的农田防护林网，保护基本耕地；另一方面，由于农田防护林生长迅速，应引导农民科学合理地利用沟渠路旁、农田网带、滩涂植树造林，通过集约经营培育平原速生丰产林，从而不断地产出用材，满足木材加工企业的部分需求，实现生态效益和经济效益的双增长。同时，在靠近城市的地区，发展高投入、高产出的种苗花卉业，满足城市发展和人们生活水平逐渐提高的需要。

（四）南方集体林地区

南方集体林地区的主要任务是有效提高森林资源质量，建设优质高效用材林基地，集约化生产经济林，大力发展水果产业，加大林业产业的经济回收力度，调整森林资源结构和林业产业结构，提高森林综合效益。

在策略上首先应搞好分类经营，明确生态公益林和商品林的建设区域。结合退耕还林工程加快对尚未造林的荒山荒地绿化、陡坡耕地还林和灌木林的改造，利用先进的营造林技术对难利用土地进行改造，尽量扩大林业规模，强化森林经营管理，缩短森林资源的培育周期，提高集体林质量和单位面积的木材产量。另外，通过发展集团型林企合成体，对森林资源初级产品深加工，提高精深加工产品的产出。

（五）东南沿海热带林地区

东南沿海热带林地区的主要任务是在保护好热带雨林和沿海红树林资源的前提下，发展具有热带特色的商品林业。

在策略上主要实施天然林资源保护工程、沿海防护林工程和速生丰产用材林基

地建设工程。在适宜的山区和丘陵地带大力发展集约化速生丰产用材林、热带地区珍稀树种大径材培育林、热带水果经济林、短伐期工业原料林，尤其是热带珍稀木材和果品，发展木材精深加工和林化产品。

（六）西南高山峡谷地区

西南高山峡谷地区的主要任务是建设生态公益林，改善生态环境，确保大江大河生态安全。在发展策略上应以保护天然林、建设江河沿线防护林为重点，以实施天然林资源保护工程和退耕还林工程为契机，将天然林停伐保护同退耕还林、治理荒山荒地结合进行。在地势平缓、不会形成水土流失的适宜区域，可发展一些经济林和速生丰产用材林、工业原料林基地；在缺薪少柴地区，发展一些薪炭林，以缓解农村烧柴对植被破坏的压力。同时，大力调整林业产业结构，提高精深加工产品的产出，重点应发展人造板材。

（七）青藏高原高寒地区

青藏高原高寒地区的主要任务是保护高寒高原典型生态系统。应采取全面的严格保护措施，适当辅以治理措施，防止林、灌、草植被退化，增强高寒湿地涵养水源功能，确保大江大河中下游的生态安全。同时，要加强对野生动物的保护、管理和执法力度。

（八）城市化地区

加大城市森林建设力度，将城市林业发展要纳入城市总体发展规划，突出重点，强调游憩林建设和人居林生态林建设，从注重视觉效果为主向视觉与生态功能兼顾的转变；从注重绿化建设用地面积的增加向提高土地空间利用效率转变；从集中在建成区的内部绿化美化向建立城乡一体的城市森林生态系统转变。

在重视林业生态布局的同时也要重视林业产业布局。东部具有良好的经济社会条件，用政策机制调动积极性，将基干林带划定为国家重点公益林并积极探索其补偿新机制，出台适应平原林业、城市林业和沿海林业特点的木材采伐管理办法，延伸产业，形成一二三产业协调发展的新兴产业体系。持续发展，就是要全面提高林业的整体水平，实现少林地区的林业可持续发展。

西部的山西、内蒙古中西部、河南西北部、广西西北部、重庆、四川、贵州、云南、西藏、陕西、甘肃、宁夏、青海、新疆等地为我国生态最脆弱、治理难度最大、任务最艰巨的区域，加快西部地区的生态治理步伐，为西部大开发战略的顺利实施提供生态基础支撑。

南部的安徽南部、湖北、湖南、江西及浙江、福建、广东、广西、海南等林业产业发展最具活力的地区，充分利用南方优越的水热条件和经济社会优势，全面提高林业的质量和效益；加大科技投入，强化科技支撑，以技术升级提升林业的整体水平，充分发挥区域自然条件优势，提高林地产出率，实现生态、经济与社会效益的紧密结合和最大化。

北部深入推进辽宁、吉林、黑龙江和内蒙古大兴安岭等重点国有林区天然林休养生息政策，加快改革就是大力改革东北林区森林资源管理体制、经营机制和管理方式，将产业结构由单一的木材采伐利用转变到第一、二、三产业并重上来。加速构筑东北地区以森林植被为主体的生态体系、以丰富森林资源为依托的产业体系、以加快森林发展为对象的服务体系，最终实现重振东北林业雄风的目标。

另外，在进行区域布局时应加强生态文明建设，"文明不仅是人类特有的存在方式，而且是人类唯一的存在方式，也就是人类实践的存在方式。""生态文明"是在生态良好，社会经济发达，物质生产丰厚的基础上所实现的人类文明的高级形态，是与社会法律规范和道德规范相协调，与传统美德相承接的良好的社会人文环境、思想理念与行为方式，是经济社会可持续发展的重要标志，和先进文化的重要象征，代表了最广大人民群众的根本利益。建立生态文明、经济繁荣的社会，就是要按照以人为本的发展观、不侵害后代人的生存发展权的道德观、人与自然和谐相处的价值观，指导林业建设，弘扬森林文化，改善生态环境，实现山川秀美，推进我国物质文明和精神文明建设，促使人们在思想观念、思维方式、科学教育、审美意识、人文关怀诸方面产生新的变化，逐步从生产方式、消费方式、生活方式等各方面构建生态文明的社会形态。

中国作为最大的发展中国家，正在致力于建设山川秀美、生态平衡、环境整洁的现代文明国家。在生态建设进程中，我们必须把增强国民生态文明意识列入国民素质教育的重要内容。通过多种形式，向国民特别是青少年展示丰富的森林文化，扩大生态文明宣传的深度和广度。增强国民生态忧患意识、参与意识和责任意识。

第二章 现代林业的评价指标体系

第一节 现代林业评价指标体系的组成

现代林业指标体系是由生态系统、经济系统、社会系统组成的复合开放系统,为了全面准确描述该系统特征,可以将现代林业指标体系划分为三个层次,第一层次分解为生态、经济、社会和保障四个截面,称"功能层",它标志着现代林业的内部功能差异;第二层次是对第一层次生态、经济、社会三个截面的进一步分解和描述,称"指数层",它针对现代林业四大服务功能,予以本质上的识别;第三层次是对第二层次的所表述的指标综合,称"指标层",这是进行定标、量化、动态实时调控的单元和要素,也是度量现代林业建设发展有效、最直接、最基层的元素。如表2-1所示。

表2-1 现代林业评价指标体系框架

一级(功能层)名称	二级(指标)名称	三级(指标层)名称	定义
1. 生态资源功能	(一)资源质量指数	森林覆盖率(%)	森林面积/国土面积×100%
		林地利用水平(%)	有林地面积/林业用地面积×100%
		森林郁闭度	林冠的投影面积/林地面积
		资源增长率(%)	新造林面积/森林面积×100%
		单位面积森林蓄积量(m^3/hm^2)	森林蓄积量/森林面积×100%
		单位面积森林生长量(m^3/hm^2)	森林年生长量/森林面积×100%
		林龄结构面积比	幼龄林面积:中龄林面积:成龄林面积
		林龄结构蓄积比	幼龄林蓄积:中龄林蓄积:成龄林蓄积
		天然林比例(%)	天然林面积/森林面积×100%
		混交林比例(%)	混交林面积/森林面积×100%
		森林碳密度(t/hm^2)	碳总储量/森林面积

续表

一级（功能层）名称	二级（指标）名称	三级（指标层）名称	定义
1. 生态资源功能	（2）国土质量指数	土地荒漠化率（%）	荒漠化面积/国土面积×100%
		水土流失率（%）	水土流失面积/国土面积×100%
		水土流失治理率（%）	每年水土流失治理面积/整个水土流失面积×100%
	（3）生态保护指数	生态公益林比例（%）	生态公益林面积/森林面积×100%
		自然保护区面积比例（%）	自然保护区面积/国土面积×100%
		森林公园面积比例（%）	森林公园面积/国土面积×100%
		生态公益林建成率（%）	已建成的生态公益林面积/整个生态公益林面积
		沿海防护林建成率（%）	已建成的沿海防护林面积/整个需要建设面积
		病虫害成灾率（%）	病虫害成灾面积/森林面积
		森林火灾成灾率（%）	森林火灾成灾面积/森林面积
		林道网密度（km/hm²）	林道网总延长/森林面积
		平原农田林网率（%）	达到国家农田林网化标准的农田面积/农田总面积×100%
		野生动物种类保护率（%）	得到保护的野生动物种类/已知野生动物种类×100%
		野生动物数量保护率（%）	得到保护的野生动物数量/已知野生动物数量×100%
		野生植物种类保护率（%）	得到保护的野生植物种类/已知野生植物种类×100%
		野生植物数量保护率（%）	得到保护的野生植物数量/已知野生植物数量×100%
		生态建设投入对外依存度（%）	来源于外部的生态建设投入/生态建设总投入×100%

续表

一级 （功能层） 名称	二级 （指标） 名称	三级（指标层）	
		名称	定义
2.产业发展功能	（4）产业效益指数	投入产出比	（总收益－科技投入－物化投入）/（科技投入＋物化投入）
		林业产业贡献率（%）	林业总产值/GDP×100%
		林业创汇贡献率（%）	林业出口创汇额/各产业出口创汇总额×100%
		产业规模指数（%）	规模以上林业企业数/林业企业总数×100%
		林业产业劳动生产率(元/人)	林业产业增加值/林业职工总人数
		单位面积林业产出（元/hm²）	林业总产值/森林面积
		单位面积森林拥有林业机械数量（台/hm²）	林业机械数量/森林面积
	（5）产业结构指数	产业结构比	第一产业产值：第二产业产值：第三产业产值
		林业高技术产业率（%）	林业高科技产业产值/林业总产值×100%
		资源对外依存度（%）	输入木材量/木材消耗总量×100%
		林业产业社会投入比重（%）	林业产业社会投入/林业产业总投入×100%
		林业产业投入对外依存度（%）	来源于外部的林业产业投入/林业产业总投入×100%
	（6）产业环保指数	单位产值资源消耗量（m³/元）	森林资源消耗量/林业工业总产值
		单位产值废物排放量（t/万元）	三废总排放量/林业工业总产值
		单位产值能耗（t/万元）	总能耗/林业工业总产值
		森林认证率（%）	森林认证面积/森林经营面积×100%

续 表

一级 (功能层) 名称	二级 (指标) 名称	三级(指标层) 名称	定义
3. 社会文化功能	(7) 社会效益指数	林业就业贡献率(%)	林业就业人数/各产业从业总人数×100%
		农民增收的贡献率(%)	农民人均林业纯收入/农民人均纯收入×100%
	(8) 生态家园指数	城市绿化覆盖率(%)	城市绿地总面积/土地总面积×100%
		乡村绿化覆盖率(%)	乡村居住地绿地总面积/土地总面积×100%
		城镇人均公共绿地面积(m²/人)	公共游憩绿地总面积/城镇常住人口
		城镇人均绿地面积(m²/人)	绿地总面积/城镇常住人口
		绿色林产品市场占有率(%)	绿色商品(林产品)产值/林产品总产值×100%
	(9) 森林文化指数	森林旅游人气指数(%)	森林旅游人数/游客总人数×100%
		古树名木保存率(%)	古树名木保存数量/记录建档总数量×100%
		义务植树尽责率(%)	实际参加义务植树的人数/有义务参加植树的总人数×100%
		森林为主题的博物馆数(个/万km²)	森林为主题的博物馆总数/国土面积
4. 建设保障功能	(10) 资金保障指数	单位面积生态建设投入(元/hm²)	生态建设总投入/(生态公益林面积+森林公园面积+自然保护区面积)×100%
		生态建设财政投入比重(%)	生态建设财政投入/同级财政支出×100%

续表

一级(功能层)名称	二级(指标)名称	三级(指标层) 名称	三级(指标层) 定义
4. 建设保障功能	(11) 管理水平指数	资源管理信息化程度(%)	遥感实时监控面积/森林面积×100%
		管理人员知识化水平(%)	管理人员教育水平=大专以上文化程度人员数/林业管理总人数×100%
	(12) 科技保障指数	良种利用率(%)	良种种子使用量/种子消耗总量×100%
		科技成果推广利用率(%)	推广利用成果数/科技成果总数×100%
		科技人员人均专利数(项/人)	发明专利获得数/林业科技人员数
		科技人员人均成果数(项/人)	科研成果鉴定数/林业科技人员数
		科技人员人均论文数(篇/人)	科技论文发表数/林业科技人员数
		万人拥有科技人员数(人/万人)	林业科技人员数/(林业就业人数×10000)
	(12) 科技保障指数	林业从业人员学历构成(%)	博士毕业人数/林业就业人数
			硕士毕业以上人数/林业就业人数
			本科毕业以上人数/林业就业人数
			专科毕业以上人数/林业就业人数
			高中毕业以上人数/林业就业人数
			初中毕业以上人数/林业就业人数
		林业科技人员人均经费(元/人)	林业科技投入/林业科技人员数
		林业科技投入比例(%)	林业科技投入/(林业生态投入+林业产业投入)×100%
		万人均林业科普专职人员(人)	林业科普专职人员/社会人口
		万人均年度林业科普经费使用额(元)	林业科普总经费/社会人口

第二节 评价指标的选择与划分依据

一、指标体系的基本特征与分类

现代林业的指标体系要能够准确反映现代林业所具有的静态与动态双重特性。静态的特性体现在作为某一时间阶段林业发展水平与社会经济综合发展要求的差距的衡量标准，以及比较和衡量一个地方、国家或区域林业发展水平所处的阶段和层次。如目前林业发达国家的林业科技和产业发展水平，可能是某些指标的最高计量值，可作为现代林业发展水平衡量的静态参照系。然而必须注意到：一方面，即使是林业发达的国家，其国与国之间或各国内部区域之间，林业发展的水平也存在差异，同时，其林业的发展水平也未必与其社会经济的发展相协调，且其随着时间的推移而不断地进步和变化；另一方面人的预测能力是有限的，并受许多因素的制约，未来的林业发展水平和发达程度在许多方面是不可预知的。因此，现代林业发展的综合评价指标体系不可避免地具有明显的动态特征。

现代林业既重视林业的经济效益，又注重林业的生态和社会效益。因此，指导现代林业的思想体系不可能脱离森林生态学的理论范畴和经济学及社会学的理论体系，或者是这几个领域的结合。如果单纯从衡量社会进步的理论方法来看，经济学和生态学是两种对立的世界观，单纯的经济指标，如国家账户制度下的林业生产总值、林区人均收入等，均不考虑和反映经济发展所付出的环境和资源代价，显示不出林业的真实水平和发展状况，必须有更好的替代指标。因此，现代林业发展评价指标的选择必须以上述理论范畴为基础，同时也要具有实际的可操作性。

例如，在全球经济和生活质量衡量指标的研究中，经济学家赫尔曼·达里和神学家约翰·布提出的可持续经济福利指数（Index of Sustainable Economic Welfare，ISEW），是目前最为精致的一项可持续发展指标，它在衡量生活质量时，不仅考虑了人均消费量，并且考虑了分配和环境退化因素，具体地说包括资源利用和污染开支。

可持续经济福利指数（ISEW）= 个人消费 + 非防御性公共开支 − 防御性公共开支 + 资产形成 − 环境破坏开支 − 自然资产衰减

在低收入的国家，人均粮食消费量较之收入与生活质量具有更为密切的关系，它着重于对人类基本需求的满足，而且不受购买力差异的影响，能更好地显示生活质量的改善或恶化。同时，粮食生产还是比收入更敏感的环境退化的度量计，因为除农业以外的环境破坏活动，如空气污染，随全球变暖而来的冬季高温（冬季高温影响森林的分布及其生产力的变化）以及过度砍伐森林导致的洪水增多，对粮食生产的影响更是立竿见影。

现代林业以综合开发利用和保护森林资源为目标，以现代科学技术、设备为武装，以现代科学管理为手段，遵循现代市场导向和调控，以比较发达的林业产业体系和比较完备的生态体系为标志，促进国家建设，民族富强。因此，本书中关于指标的划分，主要从资源、环境、社会经济和科学技术四个方面来描述。

二、选择依据与划分标准

（一）林地

林地资源是土地资源的重要组成部分。林地即林业用地，是指郁闭度在 0.2 以上的有林地、疏林地、灌木林地、未成林造林地、苗圃用地和宜林地。它提供了林业资源潜力的重要信息。通过林业土地利用活动，可以重建自然环境的结构，保护和改善土地资源、野生生物以及大范围的空气和水的质量等。因此，无论从林业经济前景还是从环境前景来看，林业土地的利用与变化都是森林可持续经营和林业可持续发展的基础。

林地资源的概念，在一般的问题讨论中，往往被森林资源的概念所遮盖或取代。实质上，森林资源的多少，只是林业资源的一个部分而已。林业的基础是在建立作为林业资源载体的林地资源（数量、分布、质量）的基础上的，林地资源的数量、分布、质量及其稳定性、利用状况和生产力水平的高低，这些因素均直接影响着森林资源的总体格局和变化，进而决定了林业的发展水平。

林地及时更新不但可以提高林地利用率，而且能有效地保持水土；林地裸露的时间越长，越容易引起表土的流失，降低土壤肥力。

林业的可持续发展，是以林地资源的永续利用为基础。林地资源的有效利用和生产力的提高，是我国现代林业发展的重要问题。我国林地的 90% 集中在山区，因此，林地资源又是广大山区人民赖以生存和发展的基础。

正确认识林地资源与林业生产的关系，了解林地资源的数量、分布、质量及其在林业和国民经济中的地位与作用，是保护、利用林地资源与林业可持续发展的基础。若林地资源得不到合理的保护、开发与利用，则林业的可持续发展就无从谈起，也就不可能实现由传统林业向现代林业的历史性转变。

（二）森林资源

森林资源是森林可持续发展的基础。在不同的历史发展时期，人们赋予森林资源的含义是不同的。现代林业对森林资源的认识已经提高到了陆地生态系统的主体地位水平，关系到人类社会的可持续发展与否。因此，衡量资源的标准与指标也不能再局限于单纯木材资源的层次，应该突出林业的多资源特征。森林资源指标主要包括资源状况指标、资源消长指标，以及体现森林资源经营状况的经营水平衡量指标等。

资源的比例消长动态关系，是可持续发展的物化特征。森林覆盖率是表示森林资源总量的最重要指标之一。森林覆盖率低，分布不均，往往是造成各类自然灾害的直接原因。我国的森林覆盖率只有16.55%，且集中在东北、西南和沿海等少数地区。

森林作为重要的原料资源，其供应的持续与否对国民经济和人民生活的影响非常大。目前我国每年大约有6000万 m^3 的木材供应缺口，使我国成为世界木材的重要消费国之一；另一个严重问题是我国的成、过熟林蓄积量很小，可采资源日渐枯竭，给主要林区的林业生产，乃至当地人民的生活都造成了非常不利的影响。幼、中、成森林面积和蓄积的比例系数是衡量资源质量的关键性指标，这一比例系数反映了现有可采资源和后备资源的基本情况；人工林是自然资源保存量受到各种因素的限制而不能满足社会发展的需求时，采取的工程措施，人工林的比例并不能确切反应森林的真实质量。把人工林的面积所占比例与木材生产中人工林生产木材的比例结合起来，就可以反映出该地区森林经营的总体水平。

另外，衡量森林资源可持续经营与否的指标必须具有动态特性，但此类指标不能机械的应用。森林资源的动态消长量是有一定变化范围的，不能一出现负向变化就认为其可持续性遭到破坏，只能说出现负向变化是一种应当引起重视的指示信号，应该从全局的角度去考察出现这种情况的真正原因，以便确定调整战略，保证森林资源的经营有一定的可信度。

提高资源的综合利用率是节约与保护森林资源的又一重要措施，针对我国木材利用率相对较低的现实，应加大力度提高木材加工利用率，进而提高森林资源的综合利用率。

保护和合理利用林地资源，充分挖掘其潜力，是保护森林资源的重要措施之一，也是山区综合开发、人民脱贫致富的关键。

建立自然保护区是国家和部门发展的共同目标。根据不同的土地类型和生态系统类型，划分不同级别的自然保护区，是维持生态系统、保护野生物种和维护人与自然关系的重要手段，也是一个国家林业发展水平的重要标志。

（三）森林经营与林业产业经济发展

随着我国国民经济的快速发展，人们生活水平不断提高，社会对森林的需求结构也由过去单一的木材和简单的林副产品的需求，转向对森林生态环境及其他新型林业加工产品的多元化需求。从本质上说，这种需求的变化就是对森林培育目标提出的要求和挑战。作为以森林为经营对象的行业，若不适应这一变化，林业的生存空间和发展道路就会越来越窄。为了满足社会需求变化和林业发展的要求，在面临有限林地和森林资源的情况下，必须对森林进行目标化经营和管理，从林业产业结构和林业经营活动上实现分类经营和管理。这样做既满足当代人的需求目标，又能为后代人的生存与发展提供良好的基础支撑条件。

传统林业的中心任务就是生产木材和利用木材,而现代林业则认为森林除生产木材外,还应具有更为广大的综合效益,即具有经济、生态和社会效益多个方面。传统林业是单效低效的林业,是粗放的劳动密集型的林业;而现代林业则是多效高效的林业,是集约的技术密集型的林业。在林业经济活动中,林产品贸易是一项十分重要的经济活动。面对世界经济全球化、贸易自由化的发展趋势,以及目前仍存在的严重的不合理和不公平的贸易状况,林业的对外贸易也对它的发展产生着较大的影响,在某种程度上直接加速了森林的不合理采伐和生态环境的破坏。

森林经营水平伴随社会经济的发展而发展。因此,在经济发展水平不同的地区使用此类指标一定要充分考虑当地的经济发展水平,考虑社会的接受程度。超越经济发展水平的过高要求只会挫伤人们的积极性,对社会的发展十分不利。

现代林业的经济指标是衡量现代林业产业(包括森林培育业、木材采运工业、林产工业和森林旅游业)体系的最主要的标准。木材采运工业、林产工业(包括制浆造纸工业)等就是所谓的第二产业;森林旅游业等则属于第三产业。具体的森林旅游指标可划归生态指标范畴,因为它是由景观生态功能产生的经济效益。

劳动就业程度是反映现代林业产业发展水平的重要标志之一,应该属于现代林业的经济指标,但劳动力的素质以及相关的社会人口数量和质量却属于人力资源范畴,即应属于现代林业的社会指标。

(四)林业与生态环境

林业生产与环境质量的关系十分复杂。把生产与环境质量当作可以互换的商品在短期内是可以的,但从长远看就不再有效,例如生产与 CO_2 排放及其与气候变化的关系和国民经济的关系等。另外,环境是一个多维变量,有土壤污染、水污染、空气污染、工作环境、美学价值等,它们不是每一个都能用目前的技术进行描述,尤其是定量描述。

森林生物多样性越丰富,说明食物链越长,森林生态系统的自我调节和抗干扰能力就越强,生物循环越旺盛,生物生产力越大。因此,衡量一个地区林业发展水平,必须考虑该地区森林生态系统的稳定性。

(五)科学技术

无论从资源、环境还是产业来看,林业发展的根本出路在于依靠科学技术和现代化的科学管理。运用现代科学技术改造传统林业,以增资源、增效益、增活力为目标,为可持续林业发展提供技术保障,实现林业由传统经营向现代林业的转变。科学技术进步是林业发展的根本推动力,林产品的科技含量和林业发展中的科技贡献率是林业发展水平的重要指标。

(六)投入

不断增加对林业产业的投入是发达国家和发展中国家的共识。对林业投入的力度直接关系到林业发展的速度和水平。

总之，我国地域广阔，地貌类型复杂，气候和森林植被类型多样，区域经济发展和社会发展的差异巨大。因此，在研究现代林业指标体系时必须充分考虑这些差异特征，必须从一个国家和区域的不同层次出发考虑问题，应该分别建立科学合理的指标体系，最终实现综合判别和评价国家和区域现代林业发展的水平。

第三节　林业技术经济效果的指标体系

林业技术经济效果既有直接效果，又有间接效果。要准确、全面地评价林业技术经济效果，不是某一二项指标所能奏效的。所用指标的准确性和完整性，关系到是否能够科学如实地反映林业技术的经济效果。因此，要科学地设置一系列相互联系、相互补充的评价指标。这些互相联系、互相补充的评价指标便形成了林业技术经济效果的指标体系。

一、林业技术经济效果指标的构成

林业技术经济效果指标反映在林业生产中劳动消耗与生产成果之间的数量关系，可分为绝对数量经济效果指标组和相对数量经济效果指标组。

（一）绝对数量经济效果指标组

绝对数量经济效果表达式是生产成果减去劳动消耗。

净产值＝产值－物化劳动消耗

纯收入＝产值－（物化劳动消耗＋活劳动消耗）

（二）相对数量经济效果指标组

经济效果的相对数量指标是生产成果和劳动消耗之比，主要有以下几种。

1. 林地生产率

它反映单位林地面积上的产量或产值。

林地生产率＝产品产量（产值）/占用林地面积

2. 林业劳动生产率

它反映消耗单位劳动时间所生产的产品产量或产值。

林业劳动生产率＝产品产量（产值）/消费的活劳动时间

3. 成本产品率（产值率）

它反映消耗单位生产费用所生产的产品产量或产值。

成本产品（产值）率＝产品产量（产值）/生产成本

4. 资金产品（产值）率

它反映单位资金所生产的产品产量（产值）。资金包括固定资金和流动资金。

资金产品（产值）率 = 产品产量（产值）/ 资金占用值

由于资金包括固定资金、流动资金，故资金产品（产值）率分为固定资金产品（产值）率、流动资金产品（产值）率和总资金产品（产值）率。

二、林业技术经济效果的指标体系

在林业技术经济效果评价中，利用经济效益衡量指标、技术经济效果分析指标和林业技术经济目的指标的内在联系，可建立一个科学的林业技术经济效果评价的指标体系，如图2-1所示。

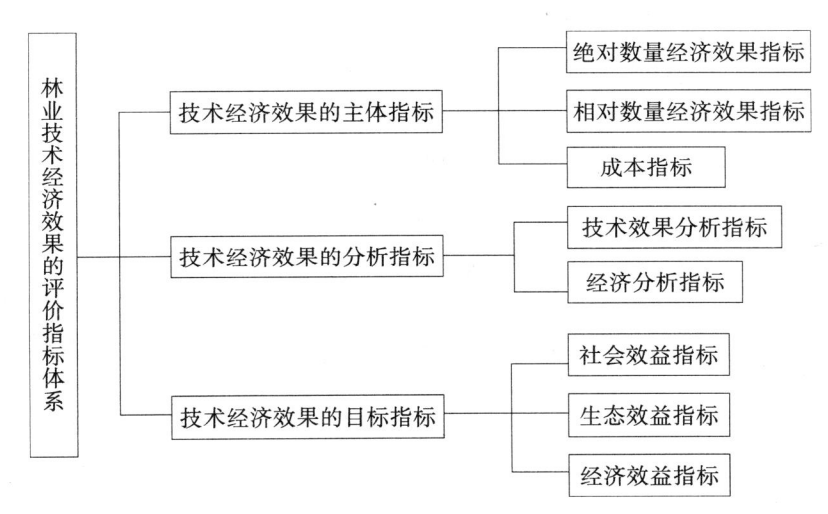

图 2-1　评价指标体系

第四节　林业技术经济效果的评价方法

林业技术经济分析的方法有比较分析法、因素分析法和量本利分析法等。

一、比较分析法

比较分析法是林业技术经济分析的最基本方法，是将不同的技术措施、技术方案的技术经济效果指标列示出来，进行比较，从中选择最佳方案。最常用的为直接对比法。

直接对比法是对评价指标直接进行对比，选择技术经济效果较佳的技术方案。利用比较分析法时，首先分析对象要有可比性；其次劳动消耗要有可比性，而且计算劳动消耗的方法要一致，如固定资产折旧率标准、劳动报酬标准等。

二、因素分析法

因素分析法是分析两个或两个以上因素对技术方案经济效果影响程度的一种数量化方法。常用方法有连环替代法和因素分解法。

（一）连环替代法

它是在假定其他影响不变的情况下，依次改变其中一个因素的量来计算其对经济效果的影响程度。公式如下：

$$M=A_1B_1C_1-A_0B_0C_0$$
$$=(A_1B_0C_0-A_0B_0C_0)+(A_1B_1C_0-A_1B_0C_0)+(A_1B_1C_1-A_1B_1C_0)$$

式中，M——经济效果变化程度；

A_1、B_1、C_1——各影响因素的新值；

A_0、B_0、C_0——各影响因素的原值。

（二）因素分解法

即按各影响因素与经济效果的内在联系和函数关系，计算各影响因素变化对经济效果的影响程度。当影响因素与经济效果之间的关系较复杂又无统一的函数关系时，可用此法。

例如，某林业局 20 年销售利润比 1991 年的销售利润增加 220 万元，影响利润变化的因素如表 2-2 所示。根据表来分析销售数量、平均售价、销售成本对销售利润的影响。

表2-2　各因素对销售利润的影响情况

项目	1991 年	1992 年
销售数量（万 m^3）	10	12
平均售价（元 /m^3）	300	350
销售成本（元 /m^3）	250	280
产品税（收入的 10%，万元）	300	420
销售利润（万元）	200	420

（1）销售数量变化对销售利润的影响，即

销量变化使销售利润的增减额 =（本期销售量 – 上期销售量）× 上期单位销售利润 =（12-10）× 200 ÷ 10=40（万元）

由于销售数量增加 2 万 m^3，从而使销售利润增加 40 万元。

（2）销售成本的变化使销售利润增减额，即

（上期单位销售成本－本期单位销售成本）×本期实际销售量＝（250－280）×12＝－360（万元）

由于销售成本的增加，从而使利润减少360万元。

（3）平均售价变化对销售利润的影响，即

（本期平均售价－上期平均售价）×本期销售数量×（1－产品税率）
＝（350－300）×2×（1－10%）＝540（万元）

由于平均售价提高，从而使企业销售利润增加540万元。

综上可得：销售利润受影响额＝40－360＋540＝220（万元）

三、量本利分析法

量本利分析法是通过产品产量、生产成本和利润三者之间的关系，确定盈利与亏损的分界产量以及不同产量的盈利水平，为提高经营管理水平和正确地进行经营决策提供经济上的依据

（一）成本分类

产品成本分为固定成本、变动成本、半变动成本三类。固定成本是其发生额不直接受产量影响的成本，如管理人员工资、折旧费等；变动成本指其总额随着产量的变动而变动的成本，如直接材料、生产人员工资等；半变动成本既包含固定成本，也包含变动成本，也就是有一个初始量类似固定成本，在这个基础上产量增加，成本也随着增加，又类似变动成本。如一台机器按年支付租金30000元，每加工一件产品另支付租金1元，则一年加工30000件产品，应支付租金60000元。

（二）盈亏临界点

用企业销售收入扣减变动成本后的余额叫边际利润；边际利润与固定成本相等时的状态叫盈亏临界点。

以 P 代表利润，V 代表产量，S 代表售价，B 代表固定成本，D 代表单位产品变动成本，则利润计算公式为

$$P=VS-VD-B$$

盈亏临界点是企业利润等于零时的销售量，因此有

$$VS-VD-B=0$$

例如，某产品单位售价4元，单位变动成本为2元，全厂固定成本为2000元。则

盈亏临界点的销售量（实物单位）＝固定成本/单位产品边际利润＝2000/（4－2）＝1000（件）

(三)盈亏临界图

将盈亏临界点的公式用图表示出来,即盈亏临界图,如图2-2所示,横坐标表示销售量以实物量或金额表示,纵坐标表示成本和销售收入。

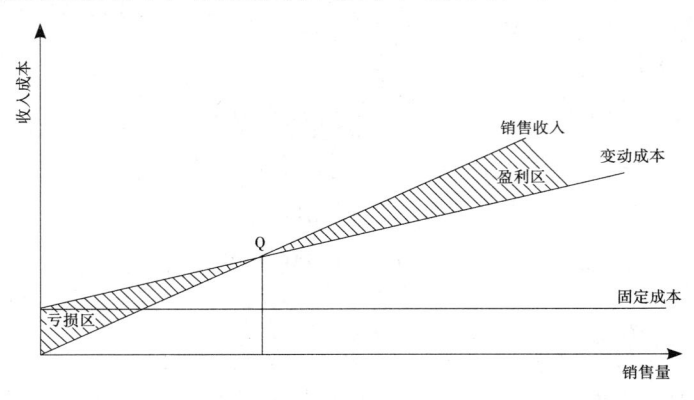

图2-2 盈亏临界图

从图2-2可知,收入线与变动成本线的交叉点Q为盈亏临界点,即当产量为V时,销售收入与生产成本相等,企业不亏不盈;当产量大于V时,销售收入大于生产成本,企业盈利,点右侧的阴影部分为盈利区域;当产量小于V时,销售收入小于生产成本,企业亏损,因此点左侧的阴影为亏损区域。不同产量对应的销售收入线与成本线的差额,便是该产量的盈利或亏损数额。

从图2-2上还可以看出以下一些规律。

(1)盈亏临界点Q不变,销售量越大,可实现的利润越多或亏损越小;销售量越小,可实现的利润越小或亏损越多。

(2)销售量不变,盈亏临界点越低,能实现的利润越多;反之则越小。

(3)在销售收入既定条件下,盈亏临界点的高低取决于固定成本和单位产品变动成本的大小。固定成本越大或单位产品的变动成本越大,盈亏临界点越高;反之,盈亏临界点越低。

例如,某企业半自动化改自动化,需使企业的半固定成本由原来的10万元增加到15万元;自动化程度提高后,单位产品的变动成本可降低2.5元,生产能力可提高25%,有关数据如表2-3所示。其盈亏平衡如图2-3所示。

表2-3 半自动化与自动化生产数据

项目	半自动化	自动化
年固定成本(万元)	10	15
单位产品变动成本(元)	8	5.5

续表

项目	半自动化	自动化
单位产品售价（元）	18	18
单位边际利润（元）	10	12.5
生产能力（件）	20000	25000

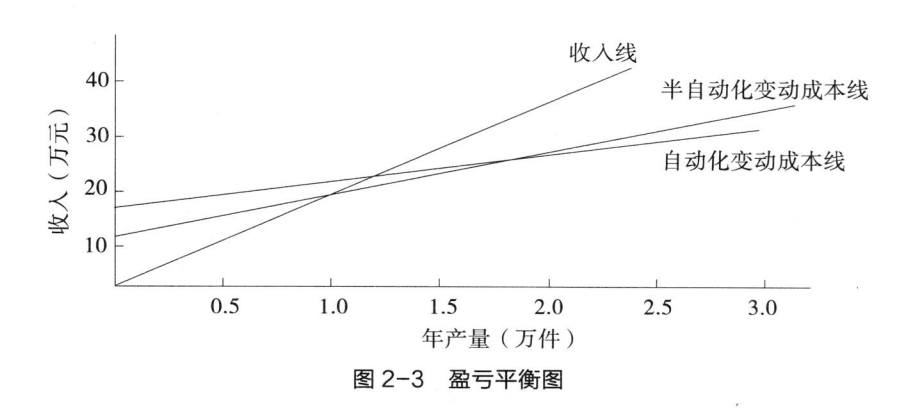

图 2-3 盈亏平衡图

从图 2-3 可知，年产量在 1 万件到 2 万件之间，半自动化生产比自动化生产盈利能力高；当年产量超过 2 万件时，则采用自动化生产能获得较多的利润。

第五节 建设项目经济评价案例

以下以某三倍体毛白杨造纸林基地建设工程进行案例分析。

一、概述

（一）项目概况

某市现有林业用地 10.2 万 hm²，其中有林地 3.53 万 hm²，全市活立木蓄积 245.52 万 m³，"四旁"树株数 1700 万株，90% 以上为杨树，蓄积 193.8 万 m³。森林覆盖率 16.7%，现有资源主要分布在北部太行山区，而在广阔的平原农区和黄河滩区，森林资源贫乏，每年可采伐的蓄积很少，且十分零星，既形不成规模，又形不成效益，为促进经济发展，拟建年产 20 万 t 杨木浆工程，建立速丰林解决企业正常持续的原料供应，建立自有林基地，实现林纸结合。

（二）产品方向及生产规模

选择三毛杨、中林 46 杨、I-69 杨、I-72 杨、107 杨、108 杨及以后选育的经引种试验适生的优良速生杨树品种，造林 3 万 hm²，年产杨木 64 万 m³。

（三）主要建设内容

营造片林 1.20 万 hm²，营造林网折合 1.33 万 hm²，营造农林间作折合 0.47 万 hm²，使造林总规模达到 3.00 万 hm²；建成 66.7hm² 中心苗圃。

（四）建设期限及进度

建设期为 5 年，第 1 年（含以前年度）造林 1.24 万 hm²，第 2 年造林 0.44 万 hm²，第 3 年造林 0.44 万 hm²，第 4 年造林 0.44 万 hm²，第 5 年造林 0.44 万 hm²。

二、投资估算

（一）单位面积造林投资概算

该项目各树种单位造林投资是经广泛的调查研究，本着选择最合理的栽培技术和减少用工量的原则，综合分析后而形成的，仅包括当年造林投资。各树种造林模型单位面积造林投资如下。

1. 各类技术经济指标（如表 2-4 ～表 2-7 所示）

表2-4　各树种苗木规格及价格苗

树种	苗木种类	苗龄	地径(cm)	苗高（cm）	单价（元/株）	备注
三毛杨	嫁接苗	1年	3.0	350	1.00	
其他杨	扦插苗	1年	3.0	350	0.80	

表2-5　各类肥料价格

肥料种类	土杂肥	过磷酸钙	复合肥	备注
价格（元/t）	60	280	1300	

表2-6　其他原材料价格

灌溉水费	四轮拖拉机	水泵	机井	灌溉软管	井房	动力高压喷雾器
0.04 元/m³	5000 元/台	1000 元/台	3000 元/眼	50m/80	2007 元/m²	2400 元/台

表2-7　产品及用工价格

产品	杨树纤维材	薪材	采伐费	用工价
价格	310 元/m³	50 元/t	25 元/m³	15 元/工日

2. 基础设施及设备配置标准

（1）机井（含水泵）配在没有灌溉条件的造林地，计 0.2 万 hm²，每 10hm² 打 1 眼机井，配水泵 1 台、井房 1 座、软管 250m，每座井房 9m²。

（2）植保设备：林网和间作每 1000hm² 配一套，杨树片林每 1000hm² 配一套，每套包括四轮拖拉机和动力高压喷雾器各一台，动力高压喷雾器选用 WL-160F 汽油机型。

（3）灌溉第 1 年 3 次、以后每年 2 次计，每公顷次片林用水 600m³，共计用油费 105 元。

3. 固定资产折旧率

新置设备按 10 年折旧，土建工程按 20 年折旧，残值 10%。

4. 税费标准

（1）农业特产税：按产品销售收入的 8%；（2）教育费附加：农业特产税的 3%；（3）城市建设维护税：农业特产税的 5%；（4）育林基金：按木材销售收入的 15%。

5. 贷款条件

每年从银行提取的贷款期限均按 5 年，其中，宽限期 4 年，还款期 1 年。当年借、还发生额按半年计息，当年产生利息年末偿还，满 5 年末还清本息，年利率按目前 5 年期贷款 5.58% 计，暂未计算政府财政贴息部分，财政贴息后用款单位实际支付的利息将会很少。

6. 国民经济分析转换系数

（1）劳务费 0.75；（2）间接费用 1.20；（3）材料及产品价格 1.00。

7. 土地租用费

公司租用 0.4 万 hm² 土地营造自有林，每年每公顷租用费 2250 元。

8. 蓄积生长量指标及采伐后的造林安排

三毛杨片林年蓄积生长量按 30m³/hm² 计，其他杨片林年蓄积生长量按 27m³/hm² 计。片林各造林模式均采用轮伐作业，第一轮中每年采伐后当年冬或翌年春及时更新造林，更新造林面积以第 3 年至第 6 年安排的造林为准，保持永续利用。为分析本计算期内的效益，更新造林年数以能到第 12 年（本计算期末）主伐为止。林网和间作林待第一个采伐年度时根据公司发展需要决定是否再合作造林，本方案不安排该类型第二轮造林。

（二）总投资概算及构成

根据基地建设投资性质分营林费用（包括苗木费、栽植费、幼林抚育费、农药、肥料费、森林管护费等），固定资产投资（主要为工程保障体系建设费）和其他费用（调查设计费、前期管理费、不可预见费、土地租金等）三大项构成。基地建设总投资为 22789.88 万元，其中，营林费 12778.63 万元，固定资产投资 220.2 万元（见表 2-8），其他费用投资 9791.05 万元。

表2-8 固定资产表

序号	项目	单位	数量	单价	金额（万元）
	总计	—	—	—	220.2
1	土建	—	—	—	102
1.1	机井	眼	200	3000	60
1.2	井房	座	200	1800	36
1.3	其他	—	—	—	6
2	设备工具	—	—	—	118.2
2.1	拖拉机	台	30	5000	15
2.2	动力高压喷雾器	台	30	2400	7.2
2.3	软管	套	200	400	8.00
2.4	护林防火车	台	3	160000	48.(8)
2.5	轻型卡车	台	3	100000	30.00
2.6	办公设备	—	—	—	8.00
2.7	其他设备	—	—	—	2.00

根据基地建设内容及建设规模分物质材料费、劳务费、间接费用、不可预见费、土地租用费、建设期利息、流动资金。基地建设总投资为22789.88万元，其中，物质材料费7532.73万元，劳务费5466.10万元，间接费用585.00万元，不可预见费679.19万元，土地租用费2700.00万元，建设期利息2326.86万元，流动资金3500.00万元，详见表2-9~表2-11。

（三）分年度投资概算

根据基地建设进度和造林工序的需要，分年度投资安排为：第1年7041.57万元，第2年3358.30万元，第3年3727.80万元，第4年4106.83万元，第5年4555.39万元。

（四）资金筹措

基地总投资22789.88万元，其中，申请银行贷款16000万元，占70%；林纸公司自筹6789.88万元，占30%。

表2-9 项目投资估算表（1）（单位：万元）

造林树种	造林模式			总投资额	物质材料费							
					小计	苗木	肥料	农药	灌溉设施	植保设备	其他设备	水费	燃料
合计	合计			22789.88	7532.73	4689.30	883.60	1051.13	96.00	22.20	102.00	216.00	472.50
	林网			5702.31	3071.35	1999.80	332.50	378.75	—	9.84	45.22	95.76	209.48
	间作			2332.97	1251.80	775.50	155.10	193.88	—	3.48	15.98	33.84	74.03
	林带、片林	小计		8927.74	3209.58	1914.00	396.00	478.50	96.00	8.88	40.80	86.40	189.00
		其中：自有林		7978.77	2759.40	1650.00	330.00	412.50	96.00	7.40	34.00	72.00	157.50
	建设期利息			2326.86	—	—	—	—	—	—	—	—	—
	流动资金（造林后期管理费）			3500.00	—	—	—	—	—	—	—	—	—
三毛杨	小计			3761.77	1837.72	1221.00	185.00	231.25	—	5.48	25.16	53.28	116.55
	林网	A		3308.00	1837.72	1221.00	185.00	231.25	—	5.48	25.16	53.28	116.55
	建设期利息			453.77	—	—	—	—	—	—	—	—	—
中林46、I-72、I-69、107杨	小计			2722.74	1233.63	778.80	147.50	147.50	—	4.37	20.06	42.48	92.93
	林网	B		2394.31	1233.63	778.80	147.50	147.50	—	4.37	20.06	42.48	92.93
	建设期利息			328.43	—	—	—	—	—	—	—	—	—

续 表

造林树种	造林模式		总投资额	物质材料费								
				小计	苗木	肥料	农药	灌溉设施	植保设备	其他设备	水费	燃料
三毛杨	小计		2652.99	1251.80	775.50	155.10	193.88	—	3.48	15.98	33.84	74.03
	间作	C	2332.97	1251.80	775.50	155.10	193.88	—	3.48	15.98	33.84	74.03
	建设期利息		320.02	—	—	—	—	—	—	—	—	—
三毛杨（自有林）	小计		9073.24	2759.40	1650.00	330.00	412.50	96.00	7.40	34.00	72.00	157.50
	片林、林带	C	7978.77	2759.40	1650.00	330.00	412.50	96.00	7.40	34.00	72.00	157.50
	建设期利息		1094.47	—	—	—	—	—	—	—	—	—
中林46、I-72、I-69、107杨	小计		1079.14	450.18	264.00	66.00	66.00	—	1.48	6.80	14.40	31.50
	片林、林带	D	948.97	450.18	264.00	66.00	66.00	—	1.48	6.80	14.40	31.50
	建设期利息		130.17	—	—	—	—	—	—	—	—	—
流动资金（造林后期管理费）			3500.00	—	—	—	—	—	—	—	—	—

表2-10 项目投资估算表（2） （单位：万元）

造林树种	造林模式		小计	劳务费					间接费用			不可预见费	土地租用费	建设期利息	流动资金
				整地	栽植	抚育	管护	小计	调查设计	管理				
合计	合计		5466.10	3092.60	1767.20	379.50	226.80	585.00	135.00	450.00	679.19	2700.00	2326.86	3500.00
	林网		2100.07	1163.75	665.00	199.50	71.82	259.35	59.85	199.50	217.54	—	—	—
	间作		878.43	542.85	310.20	—	25.38	91.65	21.15	70.50	111.09	—	—	—
	林带、片林	小计	2487.60	1386.00	792.00	180.00	129.60	234.00	54.00	180.00	296.56	2700.00	—	—
		其中：自有林	2073.00	1155.00	660.00	150.00	108.00	195.00	45,00	150.00	251.37	2700.00	—	—
	建设期利息		—	—	—	—	—	—	—	—	—	—	2326.86	—
	流动资金（造林后期管理费）		—	—	—	—	—	—	—	—	—	—	—	3500.00
三毛杨	小计		1168.46	647.50	370.00	111.00	39.96	144.30	33.30	111.00	157.52	—	453.77	—
	林网	A	1168.46	647.50	370.00	111.00	39.96	144.30	33.30	111.00	157.52	—	—	—
	建设期利息		—	—	—	—	—	—	—	—	—	—	453.77	—
中林46、I-72、I-69、107杨	小计		931.61	516.25	295.00	88.50	31.86	115.05	26.55	88.50	114.01	—	328.43	—
	林网	B	931.61	516.25	295.00	88.50	31,86	115.05	26.55	88.50	114.01	—	—	—
	建设期利息		—	—	—	—	—	—	—	—	—	—	328.43	—

续表

造林树种	造林模式		劳务费					间接费用			不可预见费	土地租用费	建设期利息	流动资金
			小计	整地	栽植	抚育	管护	小计	调查设计	管理				
三毛杨	间作	小计	878.43	542.85	310.20	—	25.38	91.65	21.15	70.50	111.09	—	320.02	—
		C	878.43	542.85	310.20	—	25.38	91.65	21.15	70.50	111.09	—	—	—
	建设期利息		—	—	—	—	—	—	—	—	—	—	320.02	—
三毛杨（自有林）	片林、林带	小计	2073.00	1155.00	660.00	150.00	108.00	195.00	45.00	150.00	251.37	2700.00	1094.47	—
		C	2073.00	1155.00	660.00	150.00	108.00	195.00	45.00	150.00	251.37	2700.00	—	—
	建设期利息		—	—	—	—	—	—	—	—	—	—	—	—
中林46、1-72、1-69、107杨	片林、林带	小计	414.60	231.00	132.00	30.00	21.60	39.00	9.00	30.00	45.19	—	130.17	—
		D	414.60	231.00	132.00	30.00	21.60	39.00	9.00	30.00	45.19	—	—	—
	建设期利息		—	—	—	—	—	—	—	—	—	—	—	—
流动资金（造林后期管理费）			—	—	—	—	—	—	—	—	—	—	—	3500.00

表2-11 流动资金估算表（单位：万元）

序号	项目	周转天数	周转次数	建设期					经营期						
				1	2	3	4	5	6	7	8	9	10	11	12
1	流动资产			900.00	570.00	620.00	660.00	750.00	3523.90	3329.57	3170.67	2955.24	2738.18	2528.10	2325.92
1.1	应收账款	60	6	—	—	—	—	—	342.52	342.52	349.03	349.03	349.03	349.03	349.03
1.2	存货	—	—	—	—	—	—	—	1827.30	1632.97	1441.52	1226.09	1009.03	798.95	596.77
1.2.1	储备资金	—	—	—	—	—	—	—	1081.19	937.10	793.01	634.41	475.81	317.20	158.60
1.2.1.1	外购材料	90	4	—	—	—	—	—	1081.19	937.10	793.01	634.41	475.81	317.20	158.60
1.2.1.2	—	—	—	—	—	—	—	—	—	—	—	—	—	—	—
1.2.2	产成品	72	5	—	—	—	—	—	726.11	675.87	628.51	571.68	513.23	461.74	418.17
1.3	其他	60	6	—	—	—	—	—	20	20	20	20	20	20	20
1.4	现金	30	12	—	—	—	—	—	1354.08	1354.08	1380.12	1380.12	1380.12	1380.12	1380.12
2	流动资金来源	—	—	900.00	570.00	620.00	660.00	750.00	3523.90	3329.57	3170.67	2955.24	2738.18	2528.10	2325.92
2.1	流动负债	—	—	0.00	0.00	0.00	0.00	0.00	50.68	43.93	37.17	29.74	22.30	14.87	7.43
2.1.1	应付账款	45	8	—	—	—	—	—	50.68	43.93	37.17	29.74	22.30	14.87	7.43
2.2	自有流动资金	—	—	900.00	570.00	620.00	660.00	750.00	3473.22	3285.65	3133.50	2925.50	2715.88	2513.23	2318.48

三、效益分析

（一）经济效益

1. 效益计算期

计算期12年，即2000—2011年。以建设期内最后1年（第5年）的造林主伐（主伐年龄7年）完毕为止。

2. 产量测算

根据当地立地条件，造林树种的生物学特性和采取的速生丰产措施，按各造林模型木材产量表，在上述效益计算期内，累计可生产木材464.94万 m³，薪材33.60万 t（各年度产量详见表2-12）。

表2-12 项目总产量估算表

树种	材种	合计	第6年	第7年	第8年	第9年	第10年	第11年	第12年
合计	木材（万 m³）	464.94	65.52	65.52	66.78	66.78	66.78	66.78	66.78
	薪材（万 t）	33.60	4.80	4.80	4.80	4.80	4.80	4.80	4.80
三毛杨	木材（万 m³）	339.95	54.05	54.05	46.37	46.37	46.37	46.37	46.37
	薪材（万 t）	24.52	3.96	3.96	3.32	3.32	3.32	3.32	3.32
中林46、I-72杨、I-69杨、107杨等	木材（万 m³）	124.99	11.47	11.47	20.41	20.41	20.41	20.41	20，41
	薪材（万 t）	9.08	0.84	0.84	1.48	1.48	1.48	1.48	1.48

注：片林、林带、农田林网和农林间作只计算一个经营周期。

3. 产值测算

根据预测的各种产品产量，杨树造纸材按310元/m³、薪材按50元/t的价格计算，计算期内基地总产值为145811.4万元，其中，木材产值144131.4万元，薪材产值1680.0万元（各年度产值见表2-13）。

表2-13 销售收入表(单位：万元)

树种	材种	合计	第6年	第7年	第8年	第9年	第10年	第11年	第12年
合计	小计	145811.4	20551.2	20551.2	20941.8	20941.8	20941.8	20941.8	20941.8
	木材	144131.4	20311.2	20311.2	20701.8	20701.8	20701.8	20701.8	20701.8
	薪材	1680	240	240	240	240	240	240	240
三毛杨	小计	106609.88	16954.74	16954.74	14540.08	14540.08	14540.08	14540.08	14540.08
	木材	L05383.8?	16756.74	16756.74	14374.08	14374.08	14374.08	14374.08	14374.08
	薪材	1226	198	198	166	166	166	166	166
中林46I-72杨I-69杨107杨等	小计	39201.52	3596.46	3596.46	6401.72	6401.72	6401，72	6401.72	6401，72
	木材	38747.52	3554.46	3554.46	6327.72	6327.72	6327.72	6327'72	6327.72
	薪材	454	42	42	74	74	74	74	74

注：片林、林带、农田林网和农林间作只计算一个经营周期。

4. 税费

农业特产税：按木材收入的8%计算。

城市建设维护税：按农业特产税的5%计算。

教育附加费：按农业特产税的3%计算。

育林基金：按木材收入的15%计算。

所得税：按应纳税所得额33%计算。

测算期内累计税费55125.03万元。其中，农业特产税11530.51万元，教育附加费345.92万元，城市建设维护税576.53万元，育林基金21619.71万元，所得税21052.36万元。

5. 成本分析

项目成本包括原材料、燃料动力费、工资及福利费、修理费、折旧费、摊销费、财务费用、其他费用。在测算期内，项目总成本47943.70万元。其中，固定成本22016.10万元，可变成本25927.60万元。经营成本34464.74万元。

6. 利润

测算期内累计税后利润总额42742.68万元，年均投资利润率为15.63%；测算期内累计利税总额97867.71万元，年均投资利税率为35.79%。

7. 贷款偿还分析

（1）贷款偿还期限

本次贷款期限均为5年，即从贷款第1年开始算起，到第6年同期（满5年）

全部还清第1年贷款本息,根据投资安排,基地建设投资为5年进行,各年的贷款偿还期限以此类推,至第10年全部还清贷款的本息。

(2)贷款偿还本息计算

贷款年利率按国家规定的3~5期贷款基准利率5.58%计算,当年贷、还款额按半年计息,当年发生利息当年偿还,满5年时一次性还清贷款本金。

基地建设拟申请银行贷款总额为16000.00万元,按上述计算方法,在10年内共产生利息4464万元。

(3)贷款偿还能力分析

根据国家计委等三部委"计办〔2001〕141号"文件和国家计委"计产业〔2002〕92号"文件规定,"造纸林基地建设贷款纳入国家政策性银行贷款范围,根据林业特点确定信贷政策,可适当延长贷款期限和宽限期,并允许以林地、林木资源做抵押。国家财政按现行规定继续给予林业项目中速生丰产林贷款的贴息,并适当增加贴息比重"。实施贴息贷款后,按目前贴息率5.28%计算,企业实际支付的利息只是很少一部分。

本方案所选树种为速生高产的优良品种,产品市场缺口很大,前景广阔,在短期内这种状况不会改变。造林后采取的集约经营,保证了林木生长的快速和高产。短轮伐期的作业方式又赢得了大量时间。只有前5年的利息需从其他经营收入中支付,项目第6年已开始主伐有了收益,大部分贷款都可由基地的经营收入、摊销、折旧偿还。造纸原料林基地的还贷资金是有保证的。

8. 财务现金流量分析

(1)税前指标

经测算,计算期内税前财务内部收益率为21.98%,在基准收益率为12%时,财务净现值11876.86万元,静态投资回收期为7.4年(含建设期)。

(2)税后指标

经测算,计算期内税后财务内部收益率为16.15%,在基准收益率为12%时,财务净现值4351.35万元,静态投资回收期为8.2年。

9. 国民经济分析

(1)经济分析参数的确定

为准确分析该项目给国家带来的经济效益,根据项目评估的一般原则,对经济分析的一些参数进行了研究和调整。结果如下。

影子工资:对劳务费的影子价格采用0.75换算因子。

间接费用:间接费用的影子价格采用1.20换算因子。

化肥、农药等物资设备投入影子价格与财务分析相同。

木材影子价格与财务分析相同。

（2）经济分析结果

根据上述指标，经经济现金流量计算分析，该项目经济内部收益率为30.38%，经济净现值为25734.85万元，静态投资回收期6.6年。

（二）敏感性分析

影响项目效益的因素主要有成本、收入、投资。

（1）产量的预测留有一定空间，主栽树种三毛杨每年胸径生长量一般也在4cm以上，本方案只按3cm计算，相当于（或略低于）目前一般造林经营水平，留有较大余地。如按集约经营，产量理应提高而不是下降。

（2）成本的构成主要是苗木、肥料和劳务费。随着大规模生产和技术的成熟，苗木的价格只能是下降而不是上升；项目区劳力充足，劳务费不致大幅增加；肥料市场货源充足，大幅上涨的可能性也不大。

（3）产品的价格本案采用每立方米310元，低于目前市场价格。随着天然林的禁伐以及社会对木材需求量的增加，将使大范围内供需缺口增大。所以，今后大幅下跌的可能性很小。

（4）为预测项目风险，将经营成本上升10%，或收入（产量或价格）下降10%，或建设投资增加10%，税后财务内部收益率均大于12%，净现值均大于0；经济内部收益率均大于12%，净现值均大于0。说明项目有较强的获利能力和抗风险的能力。

从上述财务评价看，财务内部收益率高于行业基准收益率；投资回收期低于行业基准回收期；借款偿还期能满足贷款机构要求，从敏感性分析看，项目具有一定的抗风险能力，因此从财务上看是可行的。

（三）项目的生态效益和社会效益

该项目实施后，除了具有较好的直接经济效益外，还有十分显著的生态效益、社会效益等间接效益，展示了绿色产业的屏障作用。

1. 增加森林覆盖率

项目实施后，项目区的森林面积净增3.0万hm²，森林覆盖率得到进一步提高。随着森林覆盖率的增加和林木生长，将使项目区生态环境得到进一步改善，森林的防风固沙、保持水土、涵养水源、调节气候等多种功能得到充分发挥，对促进当地农牧业的发展将起到重要作用。

2. 壮大地方林业和社会经济实力

项目实施后，将为当地林业和社会经济发展提供良好机遇，将大大激发当地群众经营林业的积极性，并合理配置资源，优化产业结构，增加地方财政收入，从而提高人民物质和文化生活水平，促进社会安定团结，加速地方经济发展。

3.提供社会就业机会

目前项目区有农村剩余劳动力10多万个，项目经营期间需大批劳动力从事造林、抚育管理、采伐等项活动，能安排部分农村剩余劳动力就业。

总之，该项目的实施，可使黄河滩区及沟河路渠的土地得到充分利用，为农村开辟经济增长点；可为造纸厂提供充足的原料并为深加工创造增值机会且可安排大批劳动力就业；能拉动相关行业如运输、采伐、育苗、管护的发展，增加群众收入，解决农村剩余劳动力问题，有利于社会稳定；可增加旅游景观，开发农村生态旅游业。

（四）总评价

（1）该项目的可行性是从分析市场需求开始，分步骤进行研究的。根据上述要求，选择适合有关地区自然条件的树种，在充分吸取"国家造林项目"试验林、示范林经验基础上，建立不同树种造林模型，因此造林技术措施是可行的。

（2）项目布局合理，土地、劳力资源充足，树种栽培经验丰富。

（3）该项目的经济效益好，偿贷能力强。

项目的组织管理机构健全，领导重视，群众积极性高，自筹资金有保证，能够保证实现该项目的建设目标。

第三章 森林价值与绿色国民经济核算

在支撑当今经济社会可持续发展的物质、文化和生态三大类产品中，生态产品已成为社会最短缺、最急需和大力发展的产品，提高生态产品的供给能力已成为林业部门极为重要、艰巨和迫切的任务。因此，必须及时开展森林价值及绿色国民经济核算研究，客观地评价林业为国民经济发展和人民生活提高所做出的贡献，准确地反映森林资源的变化和经济发展对森林资源的影响，反映森林资源对可持续发展的支撑力，为国家制定促进森林资源可持续发展的政策提供科学依据。

第一节 核算理论与方法

一、森林的功能与价值界定

（一）生态系统服务

生态系统功能是生态系统中生物与环境之间相互作用形成的，实现生态系统的生产、分解、交换及其自身的生长发育的复杂生态过程，主要包括了能量流动和物质循环过程。从生态学意义上理解，生态系统功能侧重于反映生态系统的自然属性。生态系统服务是指生态系统与其生态过程所形成及维持的人类赖以生存的自然环境条件与效用，它为人类提供直接的和间接的、有形的和无形的效益，其来源既包括自然生态系统，也包括人类改造的生态系统，反映了人类对生态系统功能的利用。

（二）森林生态系统服务

森林是地球上系统结构最复杂、物种最丰富、功能与效益最多样的陆地生态系统类型，是陆地生态系统的主体。森林生态系统通过与土壤、大气、水体在多界面、多层次、多尺度上进行物质与能量交换，对维系地球生命保障系统和经济社会的可持续发展起着至关重要的作用。

森林生态系统服务体现在森林对人类生产生活与生存发展产生的直接或间接的影响，包括生态、经济、社会等诸多方面：一是为人类提供食物、工农业原料、药品等可以商品化的功能；二是提供涵养水源、保育土壤、固碳释氧、改善气候、净化空气、森林防护、保护生物多样性、景观游憩等生态服务；三是提供健康、精神、宗教和科学等方面的文化服务。其中，森林在生态与社会等方面服务功能远比物质产品服务更重要。因此，森林生态与文化服务核算是森林资源核算及纳入国民经济核算体系不可或缺的部分，对正确处理经济社会发展与生态环境保护之间的关系具有至关重要的作用。

（三）森林生态系统服务分类体系

迄今为止，全世界尚无统一的森林生态系统服务的分类和评价指标体系，各国使用的体系都有一定差异。综合国内外研究成果，森林生态系统服务主要体现在3个方面：（1）物质生产，指森林为人类所需的实物价值（林地、木材及林副产品等），即直接经济效益；（2）森林的多种生态服务（调节气候、涵养水源、保育土壤、固碳释氧、净化大气环境、保护生物多样性、防风固沙、景观游憩等）的价值；（3）森林的社会和文化服务（森林提供自然环境的美学、精神和文化等）的价值。

森林产品和服务的形成与实现有两条途径：第一是通过人类对森林资源的开发活动实现的，如采伐树木、采摘森林果实等；第二是通过森林的自然机能传递实现的，绝大部分森林服务都是通过这样的途径传递。在一个市场经济体系中，相当大一部分森林产品生产属于市场经济活动，通过市场实现产品供应与需求间的对接，但也存在大量不通过市场、属于自产自用的森林产品生产活动。森林服务，则是另一番景象：只有一小部分提供的服务实现了市场化，比如森林旅游中的森林游憩服务，而绝大多数森林服务都属于公共产品。

从核算角度看，传统经济核算主要着眼于森林产品，尤其是被市场化的那部分森林产品。要进行全面的森林核算，森林产出的核算范围无疑需要扩展，不仅包括森林产品，也要包括森林服务；不仅包括通过市场实现的部分，还应该尝试核算那些具有公共物品特性的非市场产出。但是，具体能够扩展到何种程度，很大程度上要取决于关于森林产品和服务认可的程度以及核算计量手段的具备程度。

二、国际国内森林核算研究动态

鉴于森林在资源环境生态功能方面的重要性及其对可持续发展的重要意义，国际上关于森林核算已经进行了多方面的探索实践，并已经形成了一些阶段性理论和方法指导文献。具有代表性的最新文献包括：联合国统计署等单位编写的《综合环境经济核算》（简称SEEA-2003）、欧盟统计局编写的《欧洲森林环境与经济核算框架》（简称IEEAF-2002）、联合国粮食与农业组织编写的《林业环境与经济核算指南》（简称FAO-2004指南）。这些文献为中国开展森林核算提供了基本理论和方法依据。其中，SEEA-2003是关于绿色国民经济核算理论与方法的指导文献，虽然不是专门针对森林核算的文本，但其所阐述的环境与经济核算原理为搭建一个森林核算框架奠定了基础；IEEAF-2002是针对森林核算提出的第一个版本，作为国民经济核算的森林卫星账户，为森林核算构造了一个相对完整的框架；FAO-2004指南在一定程度上可视为欧盟版本的进一步修订，其理论方法的基本思路更加明确，并且特别强调将森林核算体系作为一个跨部门政策分析工具予以开发，为森林核算结果的应用提供了指导。

通过分析总结国际文献，可以看到有许多国家的研究机构对森林核算进行了不同程度的尝试。表3-1列出了在政府资助参与下进行森林核算的国家以及核算所包含内容的覆盖范围。总体来看，森林核算在发达国家要更加普遍，欧盟统计局自1995年起就开始在其成员国中开展森林核算项目，许多成员国所开展的核算内容已经比较广泛，不仅涉及较多的森林核算内容，还在相当大程度上覆盖了与森林相关的其他内容的核算。另外，所有开展森林核算的国家都无一例外地包括了林木资产实物和价值核算，尽管所包括的林木范围可能有所不同，比如有些发展中国家可能仅限于人工林甚至其中的商品用材林的核算；林产品和服务价值也是得到普遍核算的内容。在关于非木材产品与服务的核算中，得到比较广泛认可的是固碳，尤其在发达国家，普遍进行了核算。

通过对各国森林核算实践的观察分析，我们可以得到目前各国实际开展的森林核算，在框架上有一定的趋同性，但在具体包括的内容和侧重上也存在很大差别。差别可能来自驱动进行森林核算的动机，也可能受制于核算所具备的资料基础。这些反过来给我们的基本启示是：一个国家要开展森林核算，首先应该遵循森林核算的基本框架和方法规范，但同时应该根据本国森林的特点和管理目标做具体设计，并要考虑基础数据资料的可得性。

伴随中国经济快速发展所带来的资源与环境压力，处理好经济发展与资源环境保护之间的关系，成为科学发展观中的重要内容。如何将资源环境因素纳入传统国民经济核算体系，实现绿色国民经济核算，受到国内各界广泛关注。来自政府部门、专业研究机构的众多研究者积极投入该项研究工作中，翻译介绍国外文献，开展国际合作和跨部门合作，取得了有益的成果。在此过程中，国内森林核算研究开展较早，一方面是与环境污染、矿产资源、水资源等主题核算研究形成了互动；同时，将森林资源清查、林业统计和森林资源评估理论与方法有机地结合起来，为全国范围内的森林核算提供了重要经验。

表3-1　部分国家森林核算的内容

	森林核算				与森林相关的核算			
	木材		非木材产品与服务		土地	能源	水	污染与环境退化
	资产核算	供应与使用表	固碳	其他产品与服务				
发展中国家								

续 表

	森林核算				与森林相关的核算			
	木材		非木材产品与服务		土地	能源	水	污染与环境退化
	资产核算	供应与使用表	固碳	其他产品与服务				
巴西	×							
智利	×							
哥斯达黎加	×							
印度尼西亚	×		×					
墨西哥	×				×	×		×
菲律宾	×		×	×	×			×
泰国	×							
南非	×		×	×			×	
斯威士兰	×	×	×	×				
发达国家								
欧盟统计局								
试点项目								
奥地利	×	×	×	×	×	×		×
芬兰	×	×	×	×	×	×		×
丹麦	×	×	×	×	×	×	×	×
法国	×	×	×	×	×	×	×	×
挪威	×	×	×	×	×	×		×
瑞典	×	×	×	×	×	×	×	×
西班牙	×	×	×	×	×	×		×
德国	×	×	×	×	×	×		×
意大利	×	×	×	×				×
其他发达国家								
加拿大	×	×	×	×	×	×	×	×
澳大利亚	×	×	×	×	×	×	×	×

续表

	森林核算				与森林相关的核算			
	木材		非木材产品与服务		土地	能源	水	污染与环境退化
	资产核算	供应与使用表	固碳	其他产品与服务				
新西兰	×	×	×	×	×	×		×

资料来源：转引自 FAO 指南表 2-1。

三、森林核算的理论框架

进行森林核算的目标，是要将作为资源和环境资产的森林及相关活动纳入国民经济核算体系之中，建立全面的森林资源与环境经济核算体系。为实现此目标，该项目借鉴了国际、国内已有的研究成果，构建了中国森林核算的内容框架。通过其森林核算的框架内容可以看到，尽管森林核算只是绿色国民经济核算的一个专题，但相关核算内容会从森林的林地和林木出发，延伸到森林产品与服务、林业投入产出、森林保护与管理，并最终涉及对传统经济总量的调整。因此，在总体上，森林核算的框架基本体现了绿色国民经济核算的内容。

将森林纳入国民经济核算体系，构造中国森林核算体系，需要体现以下不同方面的内容。

第一是从核算内容考虑，森林核算应该包括存量核算和流量核算两个方面。一方面要对森林存量及其变化进行核算；另一方面要关注森林与经济活动之间的流量：既包括经济过程对森林的利用，也包括经济过程对森林的维护。显然，森林存量变化取决于森林与经济之间的流量关系。

第二是从核算手段考虑，森林核算应该包括实物量核算和价值量核算两个层次。实物量核算是森林核算的第一步，可以充分利用现有森林统计数据，使其与经济核算数据相匹配，直观地显示森林与经济之间的关系；价值量核算则是在实物核算基础上通过估价进行的综合性核算，可以使森林和经济按照同一计量单位合为一体，获得相应的总量指标，对发展过程和结果做出综合性的评价。显然，实物量核算是价值量核算的基础。

第三，关于森林流量核算部分，需要考虑围绕森林发生的多种活动以及森林与经济之间的多层次联系。一是森林产品的供应使用，反映森林转化为产品后的物质流动过程；二是森林产业的投入产出，反映森林产业的生产状况；三是在必要情况下要考虑森林产业的废弃物排放情况；四是森林管理与保护活动，反映为保护资源而花费的支出；最后是关于资源耗减价值以及 GDP 总量调整的核算。

考虑上述各个方面，参照中国绿色国民经济核算体系和中国资源核算体系的基本构造，结合森林的特点以及中国森林管理的目标，中国森林核算的内容主要由以下5部分组成。

（1）森林资源存量核算。主要是对林地和林木总拥有量及其变化进行核算，首先是实物量核算，进而通过估价实现林地林木价值核算。

（2）森林产出核算。主要针对当期从森林获得的林产品、生态服务进行核算。其中，森林产品核算着眼于森林提供的实物产品，包括木质林产品、非木质林产品。首先是实物量核算，进而是价值核算。森林生态服务核算则主要着眼森林具有的生态服务功能，按照当期提供的服务流量进行核算，包括涵养水源、保护生物多样性、固碳释氧、固土保肥、防风固沙、净化空气和景观游憩等，反映其为人类和经济体系所提供的服务价值。

（3）森林资源经营管理与生态保护支出核算。主要针对经济体系为森林管理和生态保护所投入的经济资源进行核算，以反映为森林维护所付出的经济代价。具体包括森林资源管理支出核算和生态保护支出核算两个部分。

（4）林业投入产出核算。主要针对森林产品采集、森林培育和保护、林产品加工等生产过程中的投入与产出关系进行核算。其中，产出用各种产品表示，投入则区分为中间投入和增加值（最初投入）两个部分。

（5）森林资源综合核算。主要目的是要将上述核算结果与传统国民经济核算的相关总量指标联系起来，体现将森林资源纳入国民经济核算的总体结果。具体包括：林地林木存量及变动价值与国民财富的联系，森林产出价值与国内生产总值的联系。

总体来看，林地林木存量核算和森林产品服务流量核算是森林核算的基础部分，进而延伸到森林管理与保护支出核算和林业投入产出核算，最终这些核算结果将导致对宏观经济总量指标的调整。需要说明的是，限于资料基础以及其他条件，目前中国森林核算暂时没有涵盖森林资源管理与生态保护支出核算和林业投入产出核算部分，在各个具体部分核算中，也有一些内容没有纳入核算范围，比如森林资源存量中的其他资产（如灌木）。整体来看，由于森林管理与生态保护支出核算和林业投入产出核算这两个部分具有相对独立性，并不属于森林核算的核心内容，因此，这两部分的暂时缺失并不影响我们实现森林核算的总体目标。

四、森林核算的资料基础与估价方法

（一）数据资料来源

森林核算涉及森林和国民经济两个领域，实施核算要依赖于多方面的基础数据。结合中国实际情况，核算资料来源包括以下几点。

（1）全国森林资源清查。提供林地林木的实物存量及变动数据，是森林存量核

算的最基本资料来源。

（2）全国林业统计及相关专项调查。提供木质林产品、非木质林产品和服务方面的实物量数据，是进行森林产品核算的基本数据来源。

（3）生态监测。提供森林生态服务的物理量数据，是进行森林生态服务核算的基本资料来源。

（4）营造林和木材生产的技术经济指标，为森林资源估价提供了基础资料。

（5）经济核算和相关经济统计，提供国民经济总量数据以及有关林业经济活动的数据，用于各个部分的核算以及综合核算过程中的比较。

上述数据是实现森林核算的基础，但这并不意味着可以直接套用于森林核算。事实上，上述不同数据来源原本具有各自的目标，并不是专门为森林核算所设计；不同来源的数据其获取方法具有根本性差别，不同数据之间在空间分类、时间所属、范围和内容定义方面都不尽一致甚至有很大差别。比如，传统林业统计的对象主要集中在被市场化的木质林产品方面，强调年度统计，对于非木质和非市场化的林产品和服务，则需要通过专门调查、森林资源评估、森林监测等途径获得数据，其数据的搜集周期、完备性可能会低于木质林产品，可能更多地要依赖于从点到面的推算。又如森林清查、监测数据主要侧重于根据地区、林种等对森林进行分类，国民经济核算则要求考虑森林的形成起源——天然林或人工林，以便区分培育资产、非培育资产，以此与其资产分类对接起来。这就要求在森林核算过程中，要对来自不同方面的数据进行具体甄别研究，按照森林核算的范围、定义实现数据对接，最终形成系统的森林核算结果。

（二）估价方法

要实现森林价值核算离不开价格。鉴于森林的许多功能尚未在市场上实现，难以找到相应的市场价格，为此需要针对具体核算对象确定估价方法。

森林既具有资源功能又具有生态环境功能，而对这两种功能其估价方法是有差别的，一般来说，资源具有实物量基础，更加接近于市场，比生态环境功能更易于估价。森林价值核算既涉及存量估价又涉及流量估价，一般来说，林地林木价值核算属于存量核算，森林产品价值和森林资源耗减价值核算属于流量核算，二者之间具有一定的对应关系，在估价方法上也具有一定联系，但森林生态服务价值核算属于流量核算，却不存在对应的环境生态存量价值核算。以下区分林地林木存量、森林产品、森林生态服务3个类别，简述其估价方法的基本思路。

1. 林地林木存量价值与林木耗减价值、林木生长价值

林地林木存量价值与林木耗减价值、林木生长价值具有比较明确的数量特征，比较接近于市场，因此，其估价的基本思路是要以市场交易价格为基础寻求估价方法，以估算森林资源的经济价值。在无法直接获得市场交易价格情况下，替代的思

路是按照森林的未来收益确定其价值。对市场化的林地林木，其收益表现为当期的市场价格；对非市场化的林地林木，其收益则有不同的表现形式：或者隐含在所转化形成的森林产品之中，或者体现为必须花费的恢复或重置成本。由此形成了关于林地林木价值估算的立木价值法、消费价值法、净现值法。

2. 森林产品（林木生长量除外）价值

包括收获的各种木质林产品和非木质林产品，还可以将已经市场化的生态服务（比如森林旅游）包括在内。它们也都具有比较明确的数量特征，比较接近于市场，因此其估价主要以市场交易价格为基础，在无法直接获得产品市场交易价格情况下，可以采用同类产品市场价格、近似产品市场价格以及生产成本作为估价基础。

3. 生态服务价值和森林生态环境退化价值

二者体现了森林环境功能正反两个方面。与森林的资源功能不同，其环境功能一般无法与市场相关联，除非已经通过市场实现（比如森林旅游中的景观），因此无法直接采用市场交易价格进行估价，只能借助于其他各种替代市场价值估算方法。其中可能包括以下思路：如果存在针对森林生态功能的税费或许可证交易，即可以此作为这些森林生态服务的价格；如果这些森林生态功能可以与某些行为引起的商品或服务市场相联系，即可估算这些商品与服务的市场价值作为森林生态服务价值的估算基础，比如旅行费用法等，这属于一般所谓"显示偏好方法"；如果可以通过调查让被调查者选择接受某项森林生态功能的价值，即可以此出资水平作为该项生态功能的价值，比如条件价值法（又称或有估价法），这属于一般所谓"陈述偏好方法"。

表3-2是国际上在森林核算中所采用的各种估价方法，中国森林核算中所采用的估价方法大体都来自这些基本方法。需要指出的是，关于森林估价方法的选择，目前仍然处于探索过程中，尤其是森林生态服务的估价，如何做出正确选择，森林资源价值评估和森林生态价值评估的许多研究成果值得借鉴。

表3-2 森林核算中的估价方法

类别	估价方法及说明	
林地、林木价值核算	属于资源性存量估价。建议采用的方法包括：立木价值法、消费价值法、净现值法	
森林产品价值核算	属于资源性流量估价。建议采用的方法：市场价格法、价格法、相近替代产品价格法、生产成本法	当地同类产品市场
森林生态服务价值核算	属于环境功能的流量估价。建议采用的方法：碳税法、碳排放许可交易价格法、旅行成本法、损失成本法、预防成本法、享乐价格法、条件价值评估法及联合分析法等	

五、我国森林核算所取得的成果及面临的问题

（一）已取得的成果

森林核算是一个尚处于探索中的研究领域，我国森林核算项目基于国际国内研究与实践并结合我国森林资源管理实践，初步形成了一套比较系统的森林核算方法，在理论方法上取得了较大的突破。

（1）突破了森林资源价值评估的既定内容和思路。不是孤立地就森林价值而评估，而是力图与国民经济核算体系建立联系，形成一套从存量到流量、从森林利用到森林保护、从森林经济功能到森林生态功能的系统核算体系，为全面衡量森林与经济社会发展的关系和贡献提供依据。

（2）突破了国民经济核算及林业统计的传统思路。不是简单地按照一般经济活动进行林业产出核算，而是要突出森林产品和森林功能特点，全面衡量森林的存量和带来的产出，其中最大的突破就是确认了森林生态服务产出。

（3）丰富和完善了已有关于森林核算的内容和方法，比较系统地提出了森林核算体系框架和具体核算方法，为这一国际研究领域增添了来自中国的经验。

（二）面临的问题

同样由于森林核算研究探索性，目前所实现的中国森林核算还是一个初步的结果，要实现全面的、更加规范的森林核算还有赖于基础条件的不断改善。总结起来，中国森林核算所面临的问题包括以下方面。

（1）资料基础比较薄弱，相关统计和监测体系尚难以提供全面的数据支持。有些是没有对应的数据来源，有些虽然有数据但数据不完整，分类不详细，或者质量不甚可靠。

（2）关于森林生态功能的划分和界定还有待于进一步的科学论证。如何保证对森林生态功能核算的不重复、不遗漏，并与其他资源（比如水资源）功能具有兼容性，还需要相关学科给予科学论证。

第二节　林地林木存量核算

林地林木存量核算是森林核算的重要组成部分，是进行森林核算的起点。核算的目的就是通过国民经济核算的方法和手段，反映森林这种可再生资源资产在一个核算期内的存量和变动情况，对发生变动的原因进行量化分析。

一、核算范围及分类

(一) 核算对象及范围

林地，包括郁闭度 0.2 以上的乔木林地以及竹林地、疏林地、灌木林地、采伐迹地、火烧迹地、未成林造林地、苗圃地和县级以上人民政府规划的宜林地。

林木，包括树木（木本植物的总称，包括乔木、灌木和木质藤本）和竹子。

根据目前已经掌握和可以调查获得的数据，中国森林核算项目核算的对象为除香港特别行政区、澳门特别行政区和台湾外，中国主权领土范围内的所有林地及林木中的乔木（不包括灌木和木质藤本）和竹子。

(二) 森林资源资产分类

现行森林资源统计和管理中，森林资源（包括林地和林木）按照起源、用途和林龄不同，进一步细分为以下类别。

按地上附着物的特征，分为：(1) 有林地（林木），包括乔木林地和竹林地（含疏林地和苗圃地）；(2) 其他林地（林木），包括未成林造林地、灌木林地和无林地，林木中包括散生木、四旁树和枯倒木。

按林木起源，分为天然林和人工林。

按林种，分为用材林、薪炭林、防护林、特用林和经济林。

按林龄，分为幼龄林、中龄林、近熟林、成熟林和过熟林。

在森林核算中，根据综合环境经济核算的定义，把森林分为资源资产和环境资产两个部分。森林资源资产是指以提供木材和林产品为主要功能的林地（包括用材林、薪炭林、竹林、经济林、苗圃地）和林木（包括用材林、薪炭林、竹林和经济林）；森林环境资产是指以提供生态服务为主要功能的林地和林木，包括防护林和特用林。根据培育方式或起源，资源资产和环境资产进一步分为培育资产和非培育资产。培育资产是指人工培育为主的森林资产，即人工林；非培育资产是指非人工培育为主的森林资产，即天然林。

森林培育资产又进一步分为固定资产和存货。其中，固定资产是指以提供干鲜果品等林产品为培育目的的林木及所占林地，如人工经济林；存货是指以提供木材产品为培育目的的林木及所占林地，如人工用材林。

(三) 存量变动因素分类

引起林地和林木实物量和价值量变动的因素有多种，该项目将主要变动因素分为三大类：经济因素、自然因素及其他因素。经济因素主要是指由于人类活动，如造林、采伐及改变林地用途等活动造成的林木蓄积和林地面积的变化，自然因素主要是指由自然原因，如林地的自然延伸、退化、火灾及病虫害等灾害造成的变化；其他因素为除经济因素和自然因素以外的，包括分类变化等因素造成的林地和林木的增减变化。在价值量存量核算中，还包括由于价格变动所产生的变化。

由于分类变化等其他因素引起的林地、林木的增减很难获得数据，因此，具体核算中仅包括自然和经济因素造成的变化，未包括其他因素影响。

（四）核算内容

首先按照既定的森林资源、资产分类及核算表式，分别核算了期初、期末林地和林木实物量及价值量，同时，核算了期间内由于经济、自然或其他因素造成的林地和林木存量变动情况。其中，实物量核算是对森林实体本身包括林地面积和林木蓄积存量及变动的核算；价值量核算是在实物量核算基础上，根据相应的价格，把不同单位的实物量转换成可相加的价值量。

二、实物量核算

从实物量看，林地存量表现为森林占地面积，林木表现为林木蓄积。所谓森林存量及变化的实物量核算，主要就是分别把这两个部分编制林地面积、林木蓄积存量及其变化表（或称森林资产平衡表），其核算内容可以概括为两个方面：期初和期末时点的拥有量，从期初到期末两个时点间的变动量。通过核算，不仅可以从林地和林木两方面详细描述森林拥有量，还可以借以表示出森林的结构特征及其质量状况，通过对不同变化原因的区分和核算，可以系统显示森林的变动过程，揭示森林与经济过程的关系。

（一）林地林木实物存量核算表

表3-3是中国森林核算中应用的林地、林木实物存量核算表。表中项目兼顾了林地、林木两个方面的内容，实际核算时可以分开表示。

横行标题体现森林和林业管理中的分类，以林地为例，第一层分类是有林地、无林地、灌木用地等、其他非林用地的区分，显示与森林有关的不同利用方式的分组；第二层次是在有林地项下进一步区分为人工林和天然林，由此表现森林的原生程度；第三层分类则是分别人工林和天然林按照森林不同用途进行分类，体现森林的不同功能用途。

纵列标题体现从国民经济核算和绿色国民经济核算出发需要表现的森林类别，在第一层次上体现资源资产和环境资产的分类，资源资产可成为森林资源，是为经济生产过程提供物质资源的森林，环境资产是指主要发挥生态服务功能的森林；关于资源资产，进一步要区分培育性资产和非培育性资产，前者是人工生产、维护形成的森林，属于经济资产中的生产资产，后者则是以自然过程为主形成的森林，属于非生产资产。

通过这样的双向、多重分类，提供了关于林地、林木存量的最详细的数据资料。从核算上看，实现了从现有森林和林业统计向森林核算数据的转换，既可以充分利用现有森林和林业统计的数据资料,又可以按照绿色国民经济核算所定义的类别获取数据资料;从应用上看,这样双向表示的数据资料,既可以支持森林和林业管理角度的分析,又有助于将森林放到整个绿色国民经济核算框架中进行分析。

(二)林地林木存量变化核算表

表 3-4 以简化方式(没有区分不同的类别)列示了林地林木存量变化过程核算的内容。起点和终点是期初、期末两个时点的林地林木存量,核算目标则是要解释什么原因引起了存量变化以及不同原因的影响程度。无论是林地还是林木,其变化都可以归纳为增加和减少两个方面,此外还应该包括分类和重新评估所引起的变化。由于林地与林木各自的不同特征(一个是面积,另一个是蓄积量),其具体变化项目并不完全相同。

表3-3　林地林木实物存量核算表(单位:百hm^2、百m^3)

项目	森林资源合计			资源资产						环境资产	
^	^	^	培育资产				非培育资产		^	^	^
^	^	^	小计		固定资产	在产品	^	^	^	^	^
^	林地面积	林木蓄积	林地面积	林木蓄积	林地面积	林木蓄积	林地面积	林木蓄积	林地面积	林木蓄积	林地面积
资源总计											
一、林业用地及林木资源											
(一)有林地及林木资源											
1.天然林											
(1)林分											
用材林											
防护林											
薪炭林											
特用林											

续 表

项目	森林资源合计		资源资产					环境资产	
			培育资产				非培育资产		
			小计		固定资产	在产品			
	林地面积	林木蓄积	林地面积	林木蓄积	林地面积	林木蓄积	林地面积	林地面积	林木蓄积
（2）经济林									
（3）竹林									
（4）疏林地									
2.人工林									
（1）林分									
用材林									
防护林									
薪炭林									
特用林									
（2）经济林									
（3）竹林									
（4）未成林造林地									
（5）疏林地									
（二）灌木林地									
（三）苗圃地									
（四）无林地									
（五）四旁树									
（六）散生木									
（七）统计误差									

续 表

项目	森林资源合计		资源资产						环境资产	
			培育资产				非培育资产			
			小计		固定资产		在产品			
	林地面积	林木蓄积	林地面积	林木蓄积	林地面积	林木蓄积	林地面积	林木蓄积	林地面积	林木蓄积
二、枯倒木										
三、非林业用地										

表3-4　林地林木实物量变动核算表（单位：百hm²、百m³）

项目	合计		天然林		人工林	
	面积	蓄积	面积	蓄积	面积	蓄积
一、期初存量						
二、期间增加						
1.自然因素						
2.经济因素						
3.分类与结构变化						
4.其他						
三、期间减少						
1.自然因素						
2.经济因素						
3.分类与结构变化						
4.其他						
四、重新评估						
五、期间净增						

续　表

项目	合计		天然林		人工林	
	面积	蓄积	面积	蓄积	面积	蓄积
六、期末存量						

林地是一个特定的土地覆盖类型，林地的变化也就是被林木覆盖的土地面积的变化。按照增加或减少这两个变动方向，林地增加的因素主要是造林和林区自然延伸，减少因素主要是采伐和森林退化。土地分类变化也是引起林地变化的重要因素，当林地和其他土地类型之间发生转化时，林地的变化就发生了。按照与经济以及人类活动的关系，林地变化可以区分为：经济活动导致的变化，包括森林采伐、造林、恢复、退化，以及人类活动导致的其他变化；自然原因、复合原因及无法解释的原因所导致的变化，包括自然延伸、意外原因（如森林火灾和自然灾害导致的变化）、环境条件（如干旱、污染）以及各种无法解释的原因所导致的变化。

林木蓄积变化的前提是林木本身的存在与否，造成林木存量变化的原因可以归纳为以下类别：林木自然生长、林木砍伐、自然损失（包括灾害）、存量再评估。其中，可以归结为自然原因的主要是林木自然生长，归结为经济原因的主要项目是被采伐的林木，火灾和病虫害也可以引起林木蓄积减少，它们被包括在"其他"类别中。

无论是林地还是林木，以总增加与总减少相抵都可以得到一个净变化数。该净变化数具有重要意义，可以在总体上说明森林管理是否可持续以及可持续的程度。同时，采伐、造林引起的林地林木变化在整个变化核算中具有特殊的意义，二者作为经济活动引起的林地林木减少和增加，反映了森林可持续管理过程中最能动的行动的规模。

（三）林地林木存量与变化量之间的核算关系

从林地林木存量变化核算表的内容，可以提炼出以下三个变量：期初存量、当期变化量（包括增加量和减少量），期末存量。如何处理这三个变量之间的关系，从核算角度看是一个值得讨论的问题。

如果同时掌握这三类变量，相当于提供了进行林地林木存量及变化核算的全部数据，这自然是最理想的。但是，即使如此，必须考虑到，这三个变量的数据可能来自不同的渠道，采取了不同调查方式，尤其是存量数据与变化数据之间。为此，在核算过程中的一项重要工作，就是进行数据核查调整，以保证不同来源数据之间的衔接对应。

更多出现的情况可能是，掌握了任意三项中的两项，即可以推算出第三项，由此形成以下进行林地林木存量核算的两种思路。第一种思路是定期进行林地林木各时点存量的全面调查，保证掌握各重要时点的林地林木存量数据，然后依据相邻两个调查时点的存量数据相减，获得期间内的变化数；第二种思路则是掌握某期初时点存量数据以及期间内的变化数据，由此可以推算出期末时点存量数据。

按照前一种思路，可以进行比较详细的存量核算，但推算得到的期间变化数据只是一个净变化，难以分别增加、减少提供分项数据；按照第二种思路，通过"初期存量加期间变化"模式可以推算出期末存量数据，但一般来说，难以得到像森林清查那样详细的期末存量数据，因为期间变化数据常常是比较粗略的。

中国森林核算主要采取上述第一种思路进行林地林木存量及变化核算，其主要资料基础是每五年一次的森林清查。如上所述，依照这样的思路进行核算，需要进一步了解有关采伐、造林的具体变化数据，否则就只能给出一个净变化数，无法真正体现森林变化与经济活动的关系。

三、价值量核算

从实物量核算到价值量核算，中心问题是林地林木的估价。

理论上说，森林价值估算应该以森林生长周期内所产生的收益流为基础。因此，对森林资产价值进行估价，前提是要把它所提供的所有产品、服务功能价值都包括在内。但是，迄今为止，如何将非市场性林产品和生态服务纳入森林存量价值，仍然是一个尚未解决的问题，因此，森林资产价值一般只包括林地和林木两个要素。

国际经验表明，既可以对林地和林木分别估价，也可以将二者合起来就所谓"森林不动产"进行估价。但是，在中国土地属于国有，只有土地使用权的交易，没有土地本身的交易。因此，林地价值一般总是独立于林木价值，需要分别进行核算。

（一）林地估价方法

关于森林土地，概念上说其价值是指裸林地的市场价值。如果没有相应的市场交易价格数据支持，则可以以土地价值、土地税、土地租金或其他管理性估算数据为基础进行间接估价，也可以将土地价值作为森林不动产价值的一部分，设法确定林地的价值，比如可以采用享乐价格模型方法。中国森林核算项目中，关于林地价值核算采取的估价方法是年金资本化方法，即以土地年租金作为收益转化为土地价格。

主要根据各地林地年地租，同时，参考征占用林地补偿标准以及林地流转价格资料，采用年金资本化法估价。计算公式为

$$V = \sum_{i=1}^{n} \frac{A_i}{P}$$

式中，V——林地地价；

i——林地类型的种类；

A_i——第 i 种林地类型的年平均租金；

P——投资收益率。投资收益率采用2.5%；林地年平均租金采用林地的年平均纯收入代替。

（二）林木估价方法

林木价值估算是森林存量估价中最具独立性的部分，其估价的基本思路是净现值方法，即林木价值应该等于未来成熟林立木价格扣除林木成长期间的成本之后的贴现值。其中，立木价格是指采伐者支付给所有者的价格，在缺少市场交易价格的情况下，可以用公认的原木价格扣除采伐和运输成本的方法进行估算，即所谓市场价格倒算法；成长期间的成本主要是在间伐、其他森林管理中的费用支出（以及间伐收入）和林地租金支出，对非培育森林来说，管理费用常常很低并有可能为零。

将净现值法应用于森林估价，所涉及的方法比较复杂，对贴现率、未来成本和价格的假设十分敏感，对森林林龄结构和未来采伐时间结构的差异也比较敏感，且需要大量数据。因此，一般认为该方法应用于微观评估比较合适，却难以直接应用于国家层面的环境经济核算。为此，实践中立足净现值法的思路通过改变假设条件开发了比较简单的方法，即简化的净现值法、立木价值法、消费价值法。

简化的净现值法中，其简化主要体现在忽略了中间性间伐收益和管理成本，立木价值只以成熟林木所获得的收益为基础；在数据允许情况下，也可以估算一个平均的管理成本引入计算过程。立木价值法则是一种高度简化的净现值法，它假定贴现率等于森林的自然生长率，这样就无须对未来立木收益进行贴现，也无须考虑立木蓄积在未来的变化，立木价值就是当期立木蓄积量与立木价格的乘积，这种方法在现实中的应用形式就是所谓净价格法。消费价值法由立木价值法发展而来，其基本立意是，不仅针对不同树种分别确定立木价格，还要针对不同树龄和直径分别确定立木价格。比较立木价值法和消费价值法，二者的主要差异在于，立木价值法实际上是以伐倒林木的结构进行立木价格加权的，而消费价值法则以全部林木存量结构作为加权基础。

中国在林木价值量核算中根据不同核算对象分别采用了不同方法，其中包括重置成本法（中、幼龄林）、市场价格倒算法（近熟、成熟、过熟林）、收益现值法（经济林）和年金资本化法（竹林）。

中、幼龄林的林木价值，采用重置成本法估算，计算公式为

$$V_n = K \sum_{i=1}^{n} C_i (1+P)^{n-i+1}$$

式中，V_n——第 n 年林龄的林木价值；

C_i——第 i 年的以现行工价及生产水平为标准的生产成本；

K——林分质量调整系数；

P——投资收益率，取4.5%。

近、成、过熟林的林木价值，采用市场价格倒算法估价，计算公式为

$$V = W - C - F$$

式中，V——近熟林、成熟林和过熟林的评估价值；

　　　W——木材销售总收入；

　　　C——木材生产经营成本（包括采运成本、销售费用、管理费用、财务费用及有关税费）；

　　　F——木材生产经营利润。

经济林林木价值，采用收益现值法评价（不包括木材残值），计算公式为

$$E_n = \sum_{i=1}^{n} A_{ui} \frac{(1+P)^{u-n}-1}{p(1+p)^{u-n}}$$

式中，A_{ui}——第 i 种经济林经营类型第 u 种树种在盛产期内年净收益；

　　　i——经济林树种；

　　　u——经济寿命期；

　　　n——经济林林木年龄；

　　　P——投资收益率，采用 6.0%。

竹林价值，采用年金资本化法评价（包括竹材和竹笋的收益），公式为

$$V = \sum_{i=1}^{n} \frac{A_i}{P}$$

式中，V——竹林林木价值评估值；

　　　A_i——第 i 中竹林的年均净收益（竹材和竹笋的收益）；

　　　P——投资收益率，取 6.0%。

第三节　森林产品与森林服务流量核算

与森林有关的流量包括两个部分。一是上述森林存量核算中的变动量，这是真正意义上的森林流量；二是依托森林所发生的流量，即利用森林、保护森林而发生的森林产品流量以及森林本身提供的服务流量。森林存量的变化已经在上面森林存量核算中得到核算。因此，本节主要从森林利用角度对森林产品和服务进行流量核算。

一、森林产品与生态服务及其关系

森林产品和森林生态服务分别代表了森林为人类经济体系所提供的两类产出。所谓森林产品，是指森林提供的可用于生产加工和最终消费的产品；森林服务则是

指森林作为生态系统所提供的各种服务。二者有一个明确的差别：森林产品是有实物形态的，可以计数（或重量、体积）表现其实物量核算，进一步通过估价可以进行价值量核算，而森林生态服务则常常没有独立的实物形态，它只是一种功能，不一定能够直接用实物量表现其"多少"，通常需要借助于科学计算测定其物理量，因此在核算上主要侧重于价值量核算。

实践中常常从市场实现角度对森林产品和服务进行区分。多数森林产品已经被市场化了，即使没有市场化，产品的生产者和使用者都是明确的，但森林服务则不然，常常作为公共性服务出现，多数情况下难以在市场上实现，到现在为止，只有商业性森林旅游中的游憩价值等少数森林服务可以体现出其市场价值。目前，关于森林产品，已经有相对成熟的核算方法，而对于森林生态服务，其核算方法还有待于进一步探索。

二、森林产品核算

进行森林产品核算，包括实物量核算和价值量核算两个层次。在具体核算之前，首先要确定森林产品的范围和种类。

（一）森林产品的内容和核算范围

理论上说，森林产品应该是指由森林提供的、可用于其他经济活动的产品。照此，木材肯定属于森林产品，而且是最主要的森林产品。除此以外，森林产品还应该包括其他非林木产品，SEEA-2003曾经列示了各种非林木产品：食物（猎物、浆果、果品、蘑菇、坚果、棕榈油、蜂蜜等），药材，喂养牲畜的牧草/秸秆，产业开采品（栓木、橡胶、树脂、化学品），作为农产品的森林动物（野猪、驯鹿等）。

木质林产品属于森林产品，这没有任何争议，只是林木生长是否能够作为林产品，这种处理不同于以往的认识。对于各种非木质林产品，表中列示的内容要多于传统林产品统计，因为在这样确定的产品类别中，有些是森林自然生长形成经过人工采摘拣拾得到的，还有一些则是利用森林通过人工培植获得的，其中许多培植性的产品常常作为其他产业比如种植业、畜牧业的产出而没有归结为林产品。毫无疑问，这些非林木产品理应包括在森林产品核算之内，但在实践中是否能够对其进行核算，常常受制于数据的可得性，因为这些产品常常是零散的、非市场性的。

（二）森林产品实物量核算

森林产品实物量核算，是要按照对应的实物计量单位，核算在一段时期（一年）内各种森林产品产出实物量。

从形成过程看，森林产品属于林业经济活动的成果。进一步看，现代林业经济活动具有复合性质，森林产品对应着林业的不同职能和不同分支，因此，进行森林产品实物量核算，需要根据所对应的林业内部的不同产业，分组核算各个分支产业对森林产品的贡献。

从效用的实现方式看，大部分森林产品与市场相关联，是商品性产出，但同时还存在着以下两种情况：一是林木生长部分，属于在产品，无法包括在商品性产出中；二是各类森林产品尤其是非木质林产品存在着大量自产自用的情况。森林产品实物量核算有必要分类别提供数据，以反映不同类别林产品的商品化程度。

（三）森林产品价值量核算

在具备森林产品实物量基础上，森林产品价值量核算的关键就是估价问题。森林产品大部分是已经市场化的产出，因此基本估价方法是市场价格法。针对以在产品形式存在的林木生长量，无法得到实际价格，则可以借助于全国平均林木价格进行估价。

三、森林生态服务核算

森林所提供生态服务的重要性已经越来越受到关注，但是，如何衡量森林生态服务价值，在方法上却仍然是一个处于探索中的课题。所涉及的问题依次可以表述为：森林生态服务的定义，森林生态服务的类别，森林生态服务价值的估算方法。

（一）森林生态服务的定义

森林具有提供生态功能，这是人所共知的事实。但是，在森林核算中讨论森林生态服务，不同于一般意义上讨论的森林作为生态系统所具有的功能，而是要立足森林与经济体系的关系来定义。这里要特别从以下两个方面予以澄清。

所谓森林生态服务，是指森林作为一个自然要素载体，对森林之外的人类和经济体系所提供的功能价值。其中不着意考虑森林作为存在、遗产等所具有的功能，也不包括森林为其自身更新所具有的功能。经过这样的限定，可以避免漫无边际地认定森林生态服务，同时可以保证与经济核算有较好的衔接。比如，森林具有保土育肥的功能，但其中一大部分是针对森林林地所发生，这样保土育肥的功能是发生在森林内部，属于森林内部的"中间服务"，最终将转换为更快的林木生长、更多的林果收获、更好地提供净化空气或者固碳服务等形式表现出来，后者才是提供给人类和经济体系的服务。

森林生态服务是一个流量概念，即森林在一个核算期（比如一年）内向人类和经济体系所提供的生态服务。明确这一点很重要，因为森林本身是一个存量概念，它所具有的生态服务功能有些是持续不断地以流量方式提供的，比如防风固沙，森林每年都在为此提供服务；有些则是以存量方式存在的，比如固碳，林木蓄积中包含了一直以来积蓄的碳。显然，照此定义，进行森林生态服务核算需要区分这两种情况分别对待：以流量方式提供的服务要全部核算，比如每年防风固沙服务价值；与存量方式有关的服务则要按照当期的增加量来计算，比如对应当期新增林木蓄积所产生的固碳服务。

（二）森林生态服务的类别

森林具有哪些方面的生态服务功能，各国认定的范围具有很大差别，归类方式也常常具有不同。IEEAF-2002 将森林的生态功能归纳为：游憩服务和美学价值、环境保护服务功能、吸纳污染物质的服务功能、文化景观以及精神方面的价值，指出其中关于环境保护、吸纳污染物质服务比较复杂，会涉及土壤、水循环、地下水、小气候、噪音、生物多样性、固碳、各种污染物的吸收和沉淀等许多方面。FAO 指南中使用了类似于生态服务的"森林为非林业部门提供的服务"概念，将其服务类别归纳为：农作物授粉、牲畜放牧（可视为非木质林产品）、森林旅游服务、水土保持服务、固碳、生物多样性保护（除旅游外）、其他服务（如防止海洋风暴、减低噪音、防雪崩、防风、文化美学价值等）。日本曾经对森林的功能进行过详细的分类，确定了包括生物多样性保护功能、地球环境保护功能、减少水土流失（防止泥石流灾害功能/土壤保护功能）、净化空气和减少噪音（营造舒适环境功能）、水源涵养功能、保健休闲功能、文化功能和物质生产 8 项主要功能，进而将这 8 项功能进一步细划分为 55 项子功能，其中前 7 项功能即属于生态服务功能。

在一般功能认定基础上，还需要具体认定作为核算对象的森林生态服务类别。原因在于，第一，正如前面在生态服务定义中所说，可能存在不同功能之间的交叉或者相互提供服务的情况，我们的核算对象不是笼统的森林生态服务，而是森林最终向人类和经济体系提供的生态服务，不应该包括这些森林内部的中间性服务；第二，要从核算的可实现性着眼确定核算范围，许多森林生态服务尽管存在但现阶段难以核算其服务价值，或者在如何核算其服务价值上存在较大争议，因此难以纳入核算范围之中。以日本为例，尽管确定了 7 大类 44 项子功能，但真正纳入核算的生态服务功能则只包括了其中 8 个子功能，即吸收二氧化碳、代替化石燃料、防止土壤侵蚀、防止泥石流、缓和洪水、潴留水资源、净化水质和保健功能。

结合中国对森林生态功能的确认情况以及所具备的资料基础，中国森林核算确定了森林生态服务价值的核算范围。

（1）所覆盖的生态服务大类包括固土保肥、涵养水源、固碳制氧、防风固沙、净化空气、景观游憩和维持生物多样性等方面，其他诸如控制有害生物、为农作物授粉、防止雪崩、卫生保健等方面的作用则没有包括在核算范围之内。

（2）在各个服务类别之中，不是笼统地包括所有有关功能，而是按照核算可操作性、可实现性，确定具体的核算对象。

具体内容如表 3-5 所示。整体看，这是在谨慎稳妥原则下所确定的范围。

表3-5　森林生态服务的内容

生态服务类别	生态服务功能	核算覆盖的内容
固土保肥	森林地下根系与土壤紧密结合，起到固土作用；为林地周边土地输送营养物质，提高土地生产力	固土价值，保肥价值
涵养水源	通过森林乔木、灌木、地被物和根系对大气降水具有阻滞和调节作用，通过枯枝落叶和有机质的过滤，起到净化水质的作用	调节水量；净化水质
固碳制氧	通过光合作用从大气中吸收二氧化碳，并将大部分碳储存在植物体和土壤中	固碳；制氧
防风固沙	通过树干和林冠的作用，减低风速，调节林网内温度，起到防风、固沙、防病虫害、沿海防浪作用	农田、牧场防护林和防风固沙林防护效益；沿海防护林防护效益
净化空气	具有吸收污染物、阻滞粉尘、杀灭病菌和降低噪声等作用	提供负离子的效益；吸附污染物的效益；滞尘效益
景观游憩	作为生态系统，具有观赏、娱乐等美学价值	森林游憩价值
维持生物多样性	为各类生物物种的生存和繁衍提供了适宜的场所，为生物进化及生物多样性的产生与形成提供了条件	森林物种资源保护价值

（三）森林生态服务估价方法

从外在形式上看，森林对人类和经济体系提供的生态服务有两种情况，一种是可以表现为实物量产出的服务，比如森林吸收二氧化碳过程中所固定的碳的重量以及所释放的氧气的数量；另一种形式则是无法用实物量产出表示的服务，比如森林所提供的景观服务。在后一种情况下，森林存量（林地面积或林木蓄积）可以间接地代表森林所提供生态实物量产出的作用，因此常常作为计算森林生态服务产出的基础。

进一步看（如上面所提到的），有些生态服务是基于森林存量发生的，是整个森林持续每年提供的服务，服务量的大小直接由森林存量多少所决定；有些服务则主要依赖于森林的增量发生，服务量的大小取决于森林增量的多少。因此，无论生态服务是否能够表现为独立的实物量，在核算过程中常常要以森林面积总量/面积变化量、林木蓄积总量/蓄积变化量为基础变量估算森林生态服务价值。与这两种形式相对应，森林生态服务价值的核算也有两种情况，一种是按照森林生态服务数量计算的价值，此时，在价值计算过程中需要解决的是森林服务实物量的估价方法；另一种则是笼统地、依据森林存量或增量直接进行森林生态服务价值的估算。

无论面对哪一种情况，都需要解决价值估算的方法问题。而且，在森林生态服务功能已经得到广泛认可的前提下，可以说，整个森林生态服务核算问题实际上就要归结为价值估算方法的问题。由于多数森林生态服务仍然发生在市场之外，无法直接用市场价格予以体现，无法按照市场交易方法核算生态服务价值数额，因此需要考虑其他间接估价方法。

如何全面体现森林生态服务的价值，森林生态价值评估研究已经提供了不少经验性方法；同时 SEEA-2003 关于环境退化价值估算所归纳的种种方法也可以为我们进行森林生态服务价值估算提供重要借鉴，因为环境退化价值与环境生态服务价值可以说正是一件事情的两面，结合森林主题看，前者可以说是森林丧失的生态服务，后者则是森林提供的生态服务。以下将首先简述 SEEA-2003 关于环境退化价值的估价方法，然后结合森林不同生态服务类别给出具体估价方法选择。

环境退化价值是无法直接计算的，但却可以依据一些假设按照替代模式进行间接估算。根据 SEEA-2003，替代的思路有二，一是要考虑为防止环境退化需要花费多少价值的投入，借助于此投入价值即可作为环境功能退化的价值；二是考虑由于环境功能退化所带来多大的损失，同样，该损失价值即可作为环境退化价值。

如果把上述环境功能退化换成森林生态服务功能，可以反过来得到间接估算生态服务价值的两种思路：第一是为了获得森林生态服务需要花费的费用，或者是愿意支付的费用；第二是如果失去森林提供生态服务功能会带来的损失，即为了用一个人工场景替代森林生态服务所需要花费的费用。前者大体相当于直接估算森林生态服务价值的方法，比如所谓旅行费用法、支付意愿法等；后者则属于生态服务效应替代的方法，比如影子工程法、替代费用法等。在这样两种思路之下，可以针对不同对象做具体方法选择。

结合中国情况看，森林生态服务价值估算已经具备了一定基础。第一，定期进行的森林清查可以分不同类别提供有关森林林地、林木和各种生物量的存量数据，同时中国森林生态系统定位研究网络（CFERN）分布各林区的生态监测站点可以更经常、更详细地提供森林各种生物监测数据，这些构成了确定森林生态服务实物量的主要资料基础。第二，关于森林生态效益的各种评估方法研究开发已经有了一定基础，各种案例应用为进行森林生态服务估价积累了一定的技术与价格参数。

表 3-6 对森林生态服务价值估算过程中的估价方法做了总结，可以看到，一些项目采用了直接估价方法，但多数项目则采用了替代估价方法。

表3-6　森林生态服务的估价方法

生态服务类别	核算内容	估价方法
固土保肥	（1）固土价值 （2）保肥价值	灾害损失与治理成本替代法化肥价格替代法
涵养水源	（1）调节水量 （2）净化水质	水库造价替代法自来水价替代法
固碳释氧	（1）固碳 （2）制氧	碳交易价法医用氧价格替代法
防风固沙	（1）农田牧场防护和防风固沙 （2）沿海防护林防护	农业减灾增产价值替代法
净化空气	（1）提供负离子 （2）吸附污染物 （3）滞尘	器械成本替代法排污费替代法
景观游憩	森林景观游憩价值	综合旅游收入替代法
维持生物多样性	森林物种资源保护价值	Shannon-Weiner 指数法

第四节　森林综合核算

以上是关于森林核算各个部分的具体情况，在此基础上，要将森林核算结果纳入国民经济核算，目的是在传统经济核算中对森林的处理方法加以扩展，对森林及其在经济社会发展中的贡献做更加全面的整体评价。

森林综合核算的内容包括两个部分，第一是要对森林自身的价值进行核算，要将其包含在国民财富之中；第二是要对森林所提供的产品与服务，即森林的产出进行综合核算，并尝试与国内生产总值衔接起来。

一、森林总价值与国民财富

森林是一个国家所拥有自然资源财富的重要组成部分，因此有必要核算森林的总价值即森林的存量价值，并将其纳入国民财富。

（一）森林总价值核算

原则上，森林总价值应该是森林所具有的全部功能的价值，包括提供物质产品的功能价值和提供生态服务的功能价值。但是，从目前核算所能够实现的程度看，森林存量价值主要是指林地和林木价值总和。

（二）森林总价值对国民财富总量的调整

现有国民经济核算中，国民财富的核算对象是各种所有权确定、可以为其所有者在目前以及一定时期内带来经济收益的经济资产，其中包括各时期生产活动产出成果被积累起来形成的生产资产，以及一部分符合经济资产定义的非生产资产；而且，核算中以市场价格作为财富的基本估价原则，核算的是各种资产的市场价值。就森林主题而言，上述基本原则会在两个方面导致无法在国民财富中体现森林的重要性。第一，从内容而言，一般来说，人工林属于生产资产，可以包括在国民财富核算范围内，但天然林却有可能因为不符合经济资产的定义而被排除在国民财富范畴之外，即使包括在其中，也会仅仅作为非生产资产，与作为生产资产的森林割裂开来；第二，从估价方法而言，侧重于经济价值的估价原则无法体现森林的生态功能价值。因此，要在国民财富核算中显示森林的重要性，需要在核算方法上做以下改进：第一，扩展核算范围，使之包括所有森林；第二，将属于生产资产的森林和属于非生产资产的森林合并在一起，创建完整的森林资产概念；第三，延伸经济价值，使之包括森林的生态功能价值。

二、森林产出与国内生产总值

森林功能的实现在于它为人类和经济体系提供了巨大的不可替代的产出，特别是森林生态系统服务。该项目研究创新性地提出并定义了森林产出概念，并尝试将其与反映国民经济最终产出的国内生产总值衔接起来。

（一）森林产出的定义

森林产出是指依托森林和林木形成的产出，主要包括两个组成部分，一是为国民经济提供的森林物质产品，二是为社会提供的森林生态服务。

森林产出没有全部包括在现行国民经济核算的范围之中。按照国民经济核算原理，产出代表经济生产活动成果，一般是指物质产品产出以及通过市场提供给他人使用的服务产出。据此，森林生态服务不能作为经济产出，除非这些生态服务通过市场实现了其服务价值，比如通过森林旅游业实现的森林景观价值；当期林木自然生长也因为无法独立计算其产出量及价值而排除在外，只是笼统地用育林和森林维护活动中的成本投入作为产出替代。

即使是已经包括在其中的部分，森林产出也没有作为林业产出加以核算。在现行的国民经济行业分类中，由于林业与其他部门之间的职能分工，相当一部分依托森林和林木形成的物质产品产出没有作为林业产出看待，而是被归纳到农业、畜牧业以及工业等部门产出统计之中了，比如各种干鲜林果、森林花卉、林间养殖等。

可以说，森林产出是一个突破了现有经济活动产出计量的概念，相当于"大林业"（林业及其他相关产业）计算的初级林产品产出与森林生态服务产出的总计。

（二）将森林产出与国内生产总值衔接

国内生产总值（Gross Domestic Product，GDP）是衡量一个时期国民经济生产最终产出成果的指标，在经济管理中发挥着核心指标的作用。由于现行国民经济核算没有全面地反映经济与资源环境之间的关系，国内生产总值在反映现实经济活动成果方面具有很大局限性，绿色国民经济核算的目标之一就是要将资源环境因素纳入核算，实现国内生产总值的调整，得到所谓"绿色GDP"。

结合森林主题看，所谓GDP总量调整应该包括以下两个方面。

（1）将当期对森林资源的耗减价值作为经济活动成本从GDP中扣减，得到经济资源耗减价值调整的国内生产总值，这是对GDP做"减法"。一般地，作为扣减项的资源耗减价值是指净耗减，即林木资源采伐量与其自然生长量抵减后的净变化，如果该净变化非负，即可认为不存在森林资源耗减，森林发展是可持续的。

（2）将森林提供的、没有被国民经济核算所认可的生态服务产出作为与经济产出并列的组成部分，尝试作为"加项"纳入GDP。

这些都还是需要在理论方法上加以探讨的调整步骤，在现有核算基础上尚难以实现，比如森林产出中有些已经包括在国内生产总值之中，有些是按照投入价值包括在其中的，而且森林产出还是一个总产出的概念，无法与国内生产总值作为最终产品的概念相衔接等。为此，在现阶段，考虑将国内生产总值作为一个参照指标，用森林生态服务产出与国内生产总值以及现行林业产出进行比较，用森林总产出与国内生产总值进行比较，以便更全面地显示森林以及林业的重要性。

第四章　现代林业的发展与实践

第一节　气候变化与现代林业

一、气候变化下林业发展面临的挑战与机遇

（一）气候变化对林业的影响与适应性评估

气候变化会对森林和林业产生重要影响，特别是高纬度的寒温带森林，如改变森林结构、功能和生产力，特别是对退化的森林生态系统，在气候变化背景下的恢复和重建将面临严峻的挑战。气候变化下极端气候事件（高温、热浪、干旱、洪涝、飓风、霜冻等）发生的强度和频率增加，会增加森林火灾、病虫害等森林灾害发生的频率和强度，危及森林的安全，同时进一步增加陆地温室气体排放。

1. 气候变化对森林生态系统的影响

（1）森林物候

随着全球气候的变化，各种植物的发芽、展叶、开花、叶变色、落叶等生物学特性，以及初霜、终霜、结冰、消融、初雪、终雪等水文现象也发生改变。气候变暖使中高纬度北部地区 20 世纪后半叶以来的春季提前到来，而秋季则延迟到来，植物的生长期延长了近 2 个星期。欧洲、北美以及日本过去 30 ~ 50 年植物春季和夏季的展叶、开花平均提前了 1 ~ 3 天。1981—1999 年欧亚大陆北部和北美洲北部的植被活力显著增长，生长期延长。20 世纪 80 年代以来，中国东北、华北及长江下游地区春季平均温度上升，物候期提前；渭河平原及河南西部春季平均温度变化不明显，物候期也无明显变化趋势；西南地区东部、长江中游地区及华南地区春季平均温度下降，物候期推迟。

（2）森林生产力

气候变化后植物生长期延长，加上大气 CO_2 浓度升高形成的"施肥效应"，使得森林生态系统的生产力增加。Nemani 等通过卫星植被指数数据分析表明，气候变暖使得 1982—1999 年间全球森林 NPP（Net Primary Productivity，净第一生产力）增长了约 6%。Fang 等认为，中国森林 NPP 的增加，部分原因是全国范围内生长期延长的结果。气温升高使寒带或亚高山森林生态系统 NPP 增加，但同时也提高了分解速率，从而降低了森林生态系统 NEP（Net Ecosystem Productivity，净生态系统生产力）。

不过也有研究结果显示，气候变化导致一些地区森林 NPP 呈下降趋势，这可能主要是由于温度升高加速了夜间呼吸作用，或降雨量减少所致。卫星影像显示，1982—2003 年北美洲北部地区部分森林出现退化，很可能就与气候变暖、夏季延长有关。极端事件（如温度升高导致夏季干旱，因干旱引发火灾等）的发生，也会使森林生态系统 NPP 下降、NEP 降低、NBP（Net Biome Productivity，净生物群区生产力）出现负增长。

未来气候变化通过改变森林的地理位置分布、提高生长速率，尤其是大气 CO_2 浓度升高所带来的正面效益，从而增加全球范围内的森林生产力。Sohngen 等预测未来气候变化条件下，由于 NPP 增加和森林向极地迁移，大多数森林群落的生产力均会增加。Mendelsohn 认为，到 2020 年左右，气候变化会提高美国加利福尼亚州森林的生产力；而随后生产力水平则会开始下降。未来全球气候变化后，中国森林 NPP 地理分布格局不会发生显著变化，但森林生产力和产量会呈现出不同程度的增加。在热带、亚热带地区，森林生产力将增加 1% ~ 2%，暖温带将增加 2% 左右，温带将增加 5% ~ 6%，寒温带将增加 10%。尽管森林 NPP 可能会增加，但由于气候变化后病虫害的爆发和范围的扩大、森林火灾的频繁发生，森林固定生物量却不一定增加。

（3）森林的结构、组成和分布

过去数十年里，许多植物的分布都有向极地扩张的现象，而这很可能就是气温升高的结果。一些极地和苔原冻土带的植物都受到气候变化的影响，而且正在逐渐被树木和低矮灌木所取代。北半球一些山地生态系统的森林林线明显向更高海拔区域迁移。气候变化后的条件还有可能更适合于区域物种的入侵，从而导致森林生态系统的结构发生变化。在欧洲西北部、南美墨西哥等地区的森林，都发现有喜温植物入侵而原有物种逐步退化的现象。

受气候变化影响，在过去的几十年内，中国森林的分布也发生了较大变化。如祁连山山地森林区森林面积减少 16.5%、林带下限由 1900m 上升到 2300m，森林覆盖度减少 10%。刘丹等探讨了黑龙江省 1961—2003 年间气候变化对生态地理区域界限及当地森林主要树种分布的影响。结果研究表明，在气温升高的背景下，分布在大兴安岭的兴安落叶松和小兴安岭及东部山地的云杉、冷杉和红杉等树种的可能分布范围和最适分布范围均发生了北移。

未来气候有可能向暖湿变化，造成从南向北分布的各种类型森林带向北推进，水平分布范围扩展，山地森林垂直带谱向上移动。为了适应未来气温升高的变化，一些森林物种分布会向更高海拔的区域移动。但是气候变暖与森林分布范围的扩大并不同步，后者具有长达几十年的滞后期。未来中国东部森林带北移，温带常绿阔叶林面积扩大，较南的森林类型取代较北的类型，森林总面积增加。未来气候变化可能导致我国森林植被带的北移，尤其是落叶针叶林的面积减少很大，甚至可能移出我国境内。

（4）森林碳库

过去几十年大气 CO_2 浓度和气温升高导致森林生长期延长，加上氮沉降和营林措施的改变等因素，使森林年均固碳能力呈稳定增长趋势，森林固碳能力明显。气候变暖可能是促进森林生物量碳储量增长的主要因子。气候变化对全球陆地生态系统碳库的影响，会进一步对大气 CO_2 浓度水平产生压力。在 CO_2 浓度升高条件下，土壤有机碳库在短期内是增加的，整个土壤碳库储量会趋于饱和。

不过，森林碳储量净变化，是年间降雨量、温度、扰动格局等变量因素综合干扰的结果。由于极端天气事件和其他扰动事件的不断增加，土壤有机碳库及其稳定性存在较大的不确定性。在气候变化条件下，气候变率也会随之增加，从而增大区域碳吸收的年间变率。例如，TEM 模型的短期模拟结果显示，在厄尔尼诺发生的高温干旱年份，亚马孙盆地森林是一个净碳源，而在其他年份则是一个净碳汇。

Smith 等预测未来气候变化条件下，欧洲人类管理的土地碳库总体呈现增加趋势，其中也会有因土地利用变化导致的小范围碳库降低。Scholze 等估计，未来气温升高 3℃将使全球陆地植被变成一个净的碳源，超过 1/5 的生态系统面积将缩小。

2. 气候变化对森林火灾的影响

生态系统对气候变暖的敏感度不同，气候变化对森林可燃物和林火动态有显著影响。气候变化引起了动植物种群变化和植被组成或树种分布区域的变化，从而影响林火发生频率和火烧强度，林火动态的变化又会促进动植物种群改变。火烧对植被的影响取决于火烧频率和强度，严重火烧能引起灌木或草地替代树木群落，引起生态系统结构和功能的显著变化。虽然目前林火探测和扑救技术明显提高，但伴随着区域明显增温，北方林年均火烧面积呈增加趋势。极端干旱事件常常引起森林火灾大爆发，如 2003 年欧洲的森林大火。火烧频率增加可能抑制树木更新，有利于耐火树种和植被类型的发展。

温度升高和降水模式改变将增加干旱区的火险，火烧频度加大。气候变化还影响人类的活动区域，并影响到火源的分布。林火管理有多种方式，但完全排除火烧的森林防火战略在降低火险方面好像相对作用不大。火烧的驱动力、生态系统生产力、可燃物积累和环境火险条件都受气候变化的影响。积极的火灾扑救促进碳沉降，特别是腐殖质层和土壤，这对全球的碳沉降是非常重要的。

气候变化将增加一些极端天气事件与灾害的发生频率和量级。未来气候变化特点是气温升高、极端天气/气候事件增加和气候变率增大。天气变暖会引起雷击和雷击火的发生次数增加，防火期将延长。温度升高和降水模式的改变，提高了干旱性升高区域的火险。在气候变化情景下，美国大部分地区季节性火险升高 10%。气候变化会引起火循环周期缩短，火灾频度的增加导致了灌木占主导地位的景观。最近的一些研究是通过气候模式与森林火险预测模型的耦合，预测未来气候变化情景下的森林火险变化。

降水和其他因素共同影响干旱期延长和植被类型变化，因为对未来降水模式的变化的了解有限，与气候变化和林火相关的研究还存在很大不确定性。气候变化可能导致火烧频度增加，特别是降水量不增加或减少的地区。降水量的普遍适度增加会带来生产力的增加，也有利于产生更多的易燃细小可燃物。变化的温度和极端天气事件将影响火发生频率和模式，北方林对气候变化最为敏感。火烧频率、大小、强度、季节性、类型和严重性影响森林组成和生产力。

3. 气候变化对森林病虫害的影响

对40多年来我国的有关研究资料分析显示，气候变暖使我国森林植被和森林病虫害分布区系向北扩大，森林病虫害发生期提前，世代数增加，发生周期缩短，发生范围和危害程度加大。年平均温度，尤其是冬季温度的上升促进了森林病虫害的大发生。如油松毛虫已向北、向西水平扩展。白蚁原是热带和亚热带所特有的害虫，但由于近几十年气温变暖，白蚁危害正由南向北逐渐蔓延。属南方型的大袋蛾随着温暖带地区大规模泡桐人工林扩大曾在黄淮地区造成严重问题。东南丘陵松树上常见的松瘤象、松褐天牛、横坑切梢小蠹、纵坑切梢小蠹已在辽宁、吉林危害严重。

随着气候变暖，连续多年的暖冬，以及异常气温频繁出现，森林生态系统和生物相对均衡局面常发生变动，我国森林病虫害种类增多，种群变动频繁发生，周期相应缩短，发生危害面积一直居高不下。气温对病虫害的影响主要是在高纬度地区。同时气候变化也加重了病虫害的发生程度，一些次要的病虫或相对无害的昆虫相继成灾，促进了海拔较高地区的森林，尤其是人工林病虫害的大发生。过去很少发生病虫害的云贵高原近年来病虫害频发，云南迪庆地区海拔3800～4000m高山上冷杉林内的高山小毛虫常猖獗成灾。

气候变化引起的极端气温天气逐渐增加，严重影响苗木生长和保存率，林木抗病能力下降，高海拔人工林表现得尤为明显，增加了森林病虫害突发成灾的频率。全球气候变化对森林病虫害发生的可能影响主要体现在以下几个方面。

（1）使病虫害发育速度增加，繁殖代数增加；

（2）改变病虫害的分布和危害范围，使害虫越冬代北移，越冬基地增加，迁飞范围增加，对分布范围广的种影响较小；

（3）使外来入侵的病虫害更容易建立种群；

（4）对昆虫的行为发生变化；

（5）改变寄主—害虫—天敌之间的相互关系；

（6）导致森林植被分布格局改变，使一些气候带边缘的树种生长力和抗性减弱，导致病虫害发生。

4. 气候变化对林业区划的影响

林业区划是促进林业发展和合理布局的一项重要基础性工作。林业生产的主体——森林受外界自然条件的制约，特别是气候、地貌、水文、土壤等自然条件对森林生长具有决定性意义。由于不同地区具有不同的自然环境条件，导致森林分布具有明显的地域差异性。林业区划的任务是根据林业分布的地域差异，划分林业的适宜区。其中以自然条件的异同为划分林业区界的基本依据。中国全国林业区划以气候带、大地貌单元和森林植被类型或大树种为主要标志；省级林业区划以地貌、水热条件和大林种为主要标志；县级林业区划以代表性林种和树种为主要标志。

未来气候增暖后，中国温度带的界限北移，寒温带的大部分地区可能达到中温带温度状况，中温带面积的1/2可能达到暖温带温度状况，暖温带的绝大部分地区可能达到北亚热带温度状况，而北亚热带可能达到中亚热带温度状况，中亚热带可能达到南亚热带温度状况，南亚热带可能达到边缘热带温度状况，边缘热带的大部分地区可能达到中热带温度状况，中热带的海南岛南端可能达到赤道带温度状况。

全球变暖后，中国干湿地区的划分仍为湿润至干旱4种区域，干湿区范围有所变化。总体来看，干湿区分布较气候变暖前的分布差异减小，分布趋于平缓，从而缓和了自东向西水分急剧减少的状况。

未来气候变化可能导致中国森林植被带北移，尤其是落叶针叶林的面积减少很大，甚至可能移出中国境内；温带落叶阔叶林面积扩大，较南的森林类型取代较北的类型；华北地区和东北辽河流域未来可能草原化；西部的沙漠和草原可能略有退缩，被草原和灌丛取代；高寒草甸的分布可能略有缩小，将被热带稀树草原和常绿针叶林取代。

中国目前极端干旱区、干旱区的总面积，占国土面积的38.3%，且干旱和半干旱趋势十分严峻。温度上升4℃时，中国干旱区范围扩大，而湿润区范围缩小，中国北方趋于干旱化。随着温室气体浓度的增加，各气候类型区的面积基本上均呈增加的趋势，其中以极端干旱区和亚湿润干旱区增加的幅度最大，半干旱区次之，持续变干必将加大沙漠化程度。

5. 气候变化对林业重大工程的影响

气候增暖和干暖化，将对中国六大林业工程的建设产生重要影响，主要表现在植被恢复中的植被种类选择和技术措施、森林灾害控制、重要野生动植物和典型生态系统的保护措施等。中国天然林资源主要分布在长江、黄河源头地区或偏远地区，森林灾害预防和控制的基础设施薄弱，因此面临的林火和病虫灾害威胁可能增大。根据用PRECIS对中国未来气候情景的推测，气候变暖使中国现在的气候带在2020年、2050年和21世纪末，分别向北移动100km、200km和350km左右，这将对中国野生动植物生境和生态系统带来很大影响。未来中国气温升高，特别是部分地区干暖化，将使现在退耕还林工程区内的宜林荒地和退耕地逐步转化为非宜林地和非宜林退耕地，部分荒山造林和退耕还林形成的森林植被有可能退化，形成功能低下的"小老树"林。三北和长江中下游地区等重点防护林建设工程的许多地区，属干旱半干旱气候区，水土流失严重，土层浅薄，土壤水分缺乏，历来是中国造林最困难的地区。未来气候增暖及干暖化趋势，将使这些地区的立地环境变得更为恶劣，造林更为困难。一些现在的宜林地可能需以灌草植被建设取代，特别是在森林—草原过渡区。

6. 林业对气候变化的适应性评估

"适应性"是指系统在气候变化条件下的调整能力，从而缓解潜在危害，利用有利机会。森林生态系统的适应性包括两个方面：一是生态系统和自然界本身的自身调节和恢复能力；二是人为的作用，特别是社会经济的基础条件、人为的调控和影响等。

在自发适应方面，我国针对人工林已经采取了多种适应措施，如：管理密度、硬阔/软阔混交、区域内和区域间木材生长与采伐模式、轮伐期、新气候条件下树木品种和栽培面积改变、调整木材尺寸及质量、调整火灾控制系统等。评价自发适应的途径，主要是利用气候变化影响评价模型，预测短期、即时或者自发性适应措施的有效性。自发适应对策的评估，与气候变化影响的评估直接相关。目前大部分气候变化影响和适应对策评价研究方法，主要由以下几个方面组成：明确研究区域、研究内容，选择敏感的部门等；选择适合大多数问题的评价方法；选择测试方法，进行敏感性分析；选择和应用气候变化情景；评价对生物、自然和社会经济系统的影响；评价自发的调整措施；评价适应对策。

在人为调节适应方面，决策者首先必须明确气候变化确实存在而且将产生持续的影响，尤其是未来气候变化对其所在行业的影响。这需要制定相关政策，坚持气候观测与信息交流，支持相关技术、能力和区域网络研究，发展新的基层组织、政策和公共机构，在发展规划中强调气候变化的位置，建设持续调整和适应能力，分析确定各适应措施的可行性和原因分析等。我国已采取的措施包括：制定和实施各种与保护森林生态系统相关的法律和法规。

如《森林法》《土地管理法》《退耕还林条例》等，以控制和制止毁林，建立自然保护区和森林公园，对现存森林实施保护，大力开展林业生态工程建设等。

当前的林火管理包括许多方式与手段，充分发挥林火对生态系统的有益作用，并防止其破坏性。通过林火与气候变化的研究，改变林火管理策略，适应变化的气候情景。但林火管理涉及许多社会问题，特别是城市郊区的火灾常常影响到居民生命与财产安全，在扑救这些区域火灾时，就不会考虑经济成本。目前对林火管理的经济成本研究还局限于某一地区或某一方面，林火管理政策中也存在一些争议。如林火管理者常常采用计划烧除清理可燃物或预防森林大火的发生，但火烧常常引起空气污染。火后森林的恢复过程取决于火烧程度。在没有受到外界干扰的热带原始森林，森林预计可以在几年内充分恢复。

（二）林业减缓气候变化的作用

森林作为陆地生态系统的主体，以其巨大的生物量储存着大量碳，是陆地上最大的碳贮库和最经济的吸碳器。树木主要由碳水化合物组成，树木生物体中的碳含量约占其干重（生物量）的50%。树木的生长过程就是通过光合作用，从大气中吸收CO_2，将CO_2转化为碳水化合物贮存在森林生物量中。因此，森林生长对大气中CO_2的吸收（固碳作用）能为减缓全球变暖的速率做出贡献。同时森林破坏是大气CO_2的重要排放源，保护森林植被是全球温室气体减排的重要措施之一。林业生物质能源作为"零排放"能源，大力发展林业生物质能源，从而减少化石燃料燃烧，是减少温室气体排放的重要措施。

1. 维持陆地生态系统碳库

森林作为陆地生态系统的主体，以其巨大的生物量储存着大量的碳，森林植物中的碳含量约占生物量干重的50%。全球森林生物量碳储量达282.7GtC，平均每公顷森林的生物量碳贮量71.5tC，如果加上土壤、粗木质残体和枯落物中的碳，每公顷森林碳贮量达161.1tC。据IPCC估计，全球陆地生态系统碳贮量约2477GtC，其中植被碳贮量约占20%，土壤碳约占80%。占全球土地面积约30%的森林，其森林植被的碳贮量约占全球植被的77%，森林土壤的碳贮量约占全球土壤的39%。单位面积森林生态系统碳贮量（碳密度）是农地的1.9～5倍。可见，森林生态系统是陆地生态系统中最大的碳库，其增加或减少都将对大气CO_2产生重要影响。

2. 增加大气CO_2吸收汇

森林植物在其生长过程中通过同化作用，吸收大气中的CO_2，将其固定在森林生物量中。森林每生长1m³木材，约需要吸收1.83tCO_2。在全球每年近60GtC的净初级生产量中，热带森林占20.1GtC，温带森林占7.4GtC，北方森林占2.4GtC。

在自然状态下，随着森林的生长和成熟，森林吸收CO_2的能力降低，同时森林自养和异养呼吸增加，使森林生态系统与大气的净碳交换逐渐减小，系统趋于碳平衡状态，或生态系统碳贮量趋于饱和，如一些热带和寒温带的原始林。但达到饱和状态无疑是一个十分漫长的过程，可能需要上百年甚至更长的时间。即便如此，仍可通过增加森林面积来增强陆地碳贮存。而且如上所述，一些研究测定发现原始林仍有碳的净吸收。森林被自然或人为扰动后，其平衡将被打破，并向新的平衡方向发展，达到新平衡所需的时间取决于目前的碳储量水平、潜在碳贮量和植被与土壤碳累积速率。对于可持续管理的森林，成熟森林被采伐后可以通过再生长达到原来的碳贮量，而收获的木材或木产品一方面可以作为工业或能源的代用品，从而减少工业或能源部门的温室气体源排放；另一方面，耐用木产品可以长期保存，部分可以永久保存，从而减缓大气 CO_2 浓度的升高。

增强碳吸收汇的林业活动包括造林、再造林、退化生态系统恢复、建立农林复合系统、加强森林可持续管理以提高林地生产力等能够增加陆地植被和土壤碳贮量的措施。通过造林、再造林和森林管理活动增强碳吸收汇已得到国际社会广泛认同，并允许发达国家使用这些活动产生的碳汇用于抵消其承诺的温室气体减限排指标。造林碳吸收因造林树种、立地条件和管理措施而异。

有研究表明，由于中国大规模的造林和再造林活动，到2050年，中国森林年净碳吸收能力将会大幅度的增加。

3. 增强碳替代

碳替代措施包括以耐用木质林产品替代能源密集型材料、生物能源（如能源人工林）、采伐剩余物的回收利用（如用作燃料）。由于水泥、钢材、塑料、砖瓦等属于能源密集型材料，且生产这些材料消耗的能源以化石燃料为主，而化石燃料是不可再生的。如果以耐用木质林产品替代这些材料，不但可增加陆地碳贮存，还可减少生产这些材料的过程中化石燃料燃烧引起的温室气体排放。虽然部分木质林产品中的碳最终将通过分解作用返回大气，但由于森林的可再生特性，森林的再生长可将这部分碳吸收回来，避免由于化石燃料燃烧引起的净排放。

据研究，用木材替代水泥、砖瓦等建筑材料，$1m^3$ 木材可减排约 $0.8tCO_2$ 当量。在欧洲，一座木结构房屋平均碳贮量达 $150tCO_2$，与砖结构比较，可减排 $10tCO_2$ 当量；而在澳大利亚，建造一座木结构房屋可减少排放 $10tCO_2$ 当量。当然，木结构房屋需消耗更多的能量用于取暖或降温。

同样，与化石燃料燃烧不同，生物质燃料不会产生向大气的净 CO_2 排放，因为生物质燃料燃烧排放的 CO_2 可通过植物的重新生长从大气中吸收回来，而化石燃料的燃烧则产生向大气的净碳排放，因此用生物能源替代化石燃料可降低人类活动碳排放量。

三、应对气候变化的林业实践

（一）清洁发展机制（CDM）与造林再造林

清洁发展机制（Clean Development Mechanism，CDM）是《京都议定书》第12条确立的、发达国家与发展中国家之间的合作机制。其目的是帮助发展中国家实现可持续发展，同时帮助国家（主要是发达国家）实现其在《京都议定书》第3.1条款下的减限排承诺。在该机制下，发达国家通过以技术和资金投入的方式与发展中国家合作，实施具有温室气体减排的项目，项目实现的可证实的温室气体减排量[核证减排量（Certified Emission Reduction，CERs）]，可用于缔约方承诺的温室气体减限排义务。CDM 被普遍认为是一种"双赢"机制。一方面，发展中国家缺少经济发展所需的资金和先进技术，经济发展常常以牺牲环境为代价，而通过这种项目级的合作，发展中国家可从发达国家获得资金和先进的技术，同时通过减少温室气体排放，降低经济发展对环境带来的不利影响，最终促进国内社会经济的可持续发展。另一方面，发达国家在本国实施温室气体减排的成本较高，对经济发展有很大的负面影响，而在发展中国家的减排成本要低得多，因此通过该机制，发达国家可以以远低于其国内所需的成本实现其减限排承诺，节约大量的资金，并减轻减限排对国内经济发展的压力，甚至还可将技术、产品甚至观念输入到发展中国家。

CDM 起源于巴西提出的关于发达国家承担温室气体排放义务案文中的"清洁发展基金"。根据该提案，发达国家如果没有完成应该完成的承诺，应该受到罚款，用其所提交的罚金建立"清洁发展基金"，按照发展中国家温室气体排放的比例资助发展中国家开展清洁生产领域的项目。在谈判过程中，发达国家将"基金"改为"机制"，将"罚款"变成了"出资"。

CDM 可分为减排项目和汇项目。减排项目指通过项目活动有益于减少温室气体排放的项目，主要是在工业、能源等部门，通过提高能源利用效率、采用替代性或可更新能源来减少温室气体排放。提高能源利用效率包括如高效的清洁燃煤技术、热电联产高耗能工业的工艺技术、工艺流程的节能改造、高效率低损耗电力输配系统、工业及民用燃煤锅炉窑炉、水泥工业过程减排二氧化碳的技术改造、工业终端通用节能技术等项目。替代性能源或可更新能源包括诸如水力发电、煤矿煤层甲烷气的回收利用、垃圾填埋沼气回收利用、废弃能源的回收利用、生物质能的高效转化系统、集中供热和供气、大容量风力发电、太阳能发电等。由于这些减排项目通常技术含量高、成本也较高，属技术和资金密集型项目，对于技术落后、资金缺乏的发展中国家，不但可引入境外资金，而且由于发达国家和发展中国家能源技术上的巨大差距，从而可通过 CDM 项目大大提高本国的技术能力。在这方面对我国尤其有利，这也是 CDM 减排项目在我国受到普遍欢迎并被列入优先考虑的项目的原因。

汇项目指能够通过土地利用、土地利用变化和林业（LULUCF)项目活动增加陆地碳贮量的项目，如造林、再造林、森林管理、植被恢复、农地管理、牧地管理等。

根据项目规模，CDM 项目可分为常规 CDM 项目和小规模 CDM 项目。小规模 A/RCDM 项目是指预期的人为净温室气体汇清除低于 8000tCO_2 每年、由所在国确定的低收入社区或个人开发或实施的 CDM 造林或再造林（A/RCDM) 项目活动。如果小规模 A/RCDM 项目活动引起的人为净温室气体汇清除量大于每年 8000tCO_2，超出部分汇清除将不予发放 tCER 或 lCER。为降低交易成本，对小规模 CDM 项目活动，在项目设计书、基线方法学、监测方法学、审定、核查、核证和注册方面，其方式和程序得以大大简化，要求也降低。

  CDM 项目特别是 A/RCDM 项目涉及一系列复杂的技术和方法学问题，为此，缔约方会议和 CDM 执行理事会相继制定了一系列的国际规则（方式和程序），而且还在不断推出新的规则。对 A/RCDM 项目活动参与条件、合格性要求、DOE、审定和注册等相关规定和要求进行了概述，其他有关项目设计书、监测、核查和核证等相关规则不在此阐述。

  CDM 是发达国家和发展中国家之间有关温室气体减排的合作机制，但参与双方都属自愿性质，而且参与 CDM 的每一方都应指定一个 CDM 国家主管机构。我国 CDM 国家主管机构是国家发展和改革委员会。在发展中国家中，只有《京都议定书》的缔约方才能够参加 CDM 项目活动。我国政府于 2002 年 8 月 30 日核准了《京都议定书》，是《京都议定书》的缔约方，因此有资格成为 CDM 的参与方。发展中国家开展的 A/RCDM 项目活动，还必须确定其对森林的定义满足以下标准。

  （1）最低林木冠层覆盖度为 10%～30%；

  （2）最小面积为 0.05～1.0hm^2；

  （3）最低树高为 2～5m。

  森林定义一旦确定，其在第一承诺期结束前注册的所有 A/RCDM 项目活动所采用的森林定义不变，并通过指定的 CDM 国家主管部门向 CDM 执行理事会报告。我国确定并向 CDM 执行理事会报告的森林定义标准为：最低林木冠层覆盖度为 20%，最小面积为 0.067hm^2，最低树高为 2m。

  发达国家参与方必须满足《京都议定书》缔约方会议第 17/CP.7 号决议第 31～32 款的合格性要求，才能将 CDM 项目所产生的 CERs 用于其在《京都议定书》3.1 条款中的承诺。但是，如果发达国家不将 CDM 用于 3.1 条款的承诺，在不满足第 17/CP.7 号决议第 31～32 款合格性要求的情况下，也可以参与 CDM 项目。

（二）非京都市场

  为推动减排和碳汇活动的有效开展，近年来许多国家、地区和多边国际金融机构（世界银行）相继成立了碳基金。这些基金来自于那些在《京都议定书》规定的国家中有温室气体排放的企业或者一些具有社会责任感的企业，由碳基金组织实施减排或增汇项目。在国际碳基金的资助下，通过发达国家内部、发达国家之间或者发达国家和发展中国家之间合作开展了减排和增汇项目。通过互相买卖碳信用指标，形成了碳交易市场。目前除了按照《京都议定书》规定实施的项目以外，非京都规则的碳交易市场也十分活跃。这个市场被称为志愿市场。

  志愿市场是指不为实现《京都议定书》规定目标而购买碳信用额度的市场主体（公司、政府、非政府组织、个人）之间进行的碳交易。这类项目并非寻求清洁发展机制的注册，项目所产生的碳信用额成为确认减排量（VERs）。购买者可以自愿购买清洁发展机制或非清洁发展机制项目的信用额。此外，国际碳汇市场还有被称为零售市场的交易活动。所谓零售市场，就是那些投资于碳信用项目的公司或组织，以较高的价格小批量出售减排量（碳信用指标）。当然零售商经营的也有清洁发展机制的项目即经核证的减排量（CERs)或减排单位（ERUs)。但是目前零售商向志愿市场出售的大部分仍为确定减排量。

作为发展中国家，虽然中国目前不承担减排义务，但是作为温室气体第二大排放国，建设资源节约型、环境友好型和低排放型社会，是中国展示负责任大国形象的具体行动，也符合中国长远的发展战略。因此，根据《联合国气候变化框架公约》和《京都议定书》的基本精神，中国政府正在致力于为减少温室气体排放、缓解全球气候变暖进行不懈努力。这些努力既涉及节能降耗、发展新能源和可再生能源，也包括大力推进植树造林、保护森林和改善生态环境的一系列行动。企业参与减缓气候变化的行动，既可以通过实施降低能耗，提高能效，使用可再生能源等工业项目，又可以通过植树造林、保护森林的活动来实现。

而目前通过造林减排是最容易，成本最低的方法。因此政府因出面创建一个平台，帮助企业以较低的成本来减排。同时这个平台也是企业志愿减排、体现企业社会责任的窗口。这个窗口的功能需要建立一个基金来实现。于是参照国际碳基金的运作模式和国际志愿市场实践经验，在中国建立了一个林业碳汇基金，命名为"中国绿色碳基金"（简称绿色碳基金）。这是一个以营造林为主、专门生产林业碳汇的基金。该基金的建立，有望促进国内碳交易志愿市场的形成，进而推动中国乃至亚洲的碳汇贸易的发展。为方便运行，目前中国绿色碳基金作为一个专项设在中国绿化基金会。绿色碳基金由国家林业局、中国绿化基金会及相关出资企业和机构组成中国绿色碳基金执行理事会，共同商议绿色碳基金的使用和管理；基金的具体管理由中国绿化基金会负责。国家林业局负责组织碳汇造林项目的规划、实施以及碳汇计量、监测并登记在相关企业的账户上，由国家林业局定期发布。

（三）碳贸易实践

为了促进中国森林生态效益价值化，培育中国林业碳汇市场，争取更多的国际资金投入中国林业生态建设，同时了解实施清洁发展机制林业碳汇项目的全过程，培养中国的林业碳汇专家，2004年国家林业局碳汇管理办公室在广西、内蒙古、云南、四川、辽宁等省（自治区）启动了林业碳汇试点项目。其中，在广西和内蒙古最早按照京都规则实施了清洁发展机制的林业碳汇项目。

1. 广西珠江流域治理再造林项目

"广西珠江流域治理再造林项目"是世界银行贷款"广西综合林业发展和保护项目(GIFDCP)"的一部分，在珠江流域的苍梧县和环江县实施。建设内容包括4个部分：①营造人工商品用材林18.94万 hm²；②生态林管护11.8万 hm²，其中营造多功能防护林 1.8 万 hm^2，封山育林 10.0 万 hm^2；③石灰岩地区生物多样性保护（涉及 5 个自然保护区）；④机构能力建设。而清洁发展机制林业碳汇项目"广西珠江流域治理再造林项目"是总项目框架下营造多功能防护林的一部分，于 2004 年 12 月 30 日完成了包括碳融资文件（CFD）及环境和社会评价报告内容的项目可行性研究报告，并提交世界银行基金委员会（FMC）和供资方审查。2005 年 2 月中旬，可行性研究报告获得了批准。

根据碳汇项目要求，需要首先报批方法学。以中国林业科学研究院张小全研究员为主，制定了清洁发展机制下退化土地造林再造林项目的基线和监测方法学。2005 年 11 月 25 日，方法学获得 CDM 执行理事会批准，成为全球第一个被批准的 CDM 再造林碳汇项目方法学。2006 年 2—4 月，按照中国《清洁发展机制项目运行管理办法》，正式向国家申报该项目设计书，同时接受 CDM 执行理事会授权的指定经营实体的审定。2006 年 11 月，CDM 执行理事会批准了该项目，此后该项目正式开始实施。

（1）项目建设目标

通过再造林活动并计量碳汇，研究和探索清洁发展机制林业碳汇项目相关技术和方法，为我国开展清洁发展机制造林再造林项目摸索经验，并促进当地农民增收和保护生物多样性。

（2）项目内容

本项目共营造 4000 hm^2 多功能防护林，其中苍梧县和环江县各 2000hm^2。通过项目执行，积累再造林碳汇项目活动经验，并监测评价项目的环境、社会和经济影响效果，探索退化土地恢复的碳融资机制。同时通过项目培训，加强当地能力建设。

项目设计造林树种包括：大叶栎、马尾松、荷木、枫香、杉木、桉树，共 6 个树种，5 种不同造林模式。

（3）项目实施主体和经营形式

实施主体：项目的实施主体有苍梧县康源林场、苍梧县富源林场、环江县绿环林业开发有限公司、环江县兴环林业开发有限公司和 18 个农户小组、12 个农户。

经营形式：项目的经营形式有以下 3 种。

①单个农户造林：即当地有经济实力的农户，自己筹措资金，承包当地村民小组集体拥有经营权的土地，开展项目造林活动，林业产品和碳汇的销售收入全部归农户和提供土地的村民小组集体所有。农户和提供土地的村集体的收益分配比例按双方签订的合同执行。

②农户小组造林：即几个或几个以上的农户自愿组合起来，筹措资金，承包当地村民小组集体拥有经营权的土地，开展项目造林活动，林产品和碳汇销售收入全部归农民小组和提供土地的村民小组集体所有。农户联合体和提供土地的村集体的

收益分配比例按双方签订的合同执行。

③农民（村集体）与林场（公司）股份合作造林：即农民（村集体）提供土地，林场（公司）投资造林，提供技术、管理林分并承担自然和投资风险。农民（村集体）与林场（公司）签订合同，以明确造林管理责任、投入和收益分成。收益分成比例为：林产品净收入的40%、碳汇销售收入的60%归当地农民或村集体，林产品收入的60%、碳汇销售收入的40%归当地林场（公司）。另外，林场（公司）将优先雇用当地农民参与整地、造林和管护等活动，并支付农民的劳动报酬。这种经营形式再造林3565.9 hm²，受益农民4815人，其中土地承包经营权为村民小组集体所有的为2467.5 hm²，土地承包经营权为农户所有的为1098.4 hm²。

（4）项目实施期限及工艺流程

项目的实施包括建设期和运行管理期。项目建设期为2006—2009年，包括整地、育苗、造林、施肥、除草、抚育等。造林分两年完成，2006年1660 hm²，2007年2340 hm²。造林后连续抚育3年。运行管理期（计入期）30年（2006—2035年），包括森林病虫害防治、防火、护林、采伐、更新造林、管理、减排量监测等。

（5）项目总投资和筹资情况

清洁发展机制碳汇项目的总成本为2270万美元，其中建设投资302万元，运营成本1968万元。

（6）项目预期减排总量

在2006—2035年的计入期间，预期获得超过773000tCO$_2$-e的人为净温室气体减排量。

（7）项目效益

社会经济效益：经济收入。大约5000个农户将受益。总收入估计可达2110万美元，包括约1560万美元的就业收入，350万美元的木材和非木质林产品的销售收入，200万美元的碳汇销售收入。与2004年相比，人均年净收入将增加34美元。

CDM项目活动将提供大量就业机会。项目计入期内还将产生40个长期工作岗位。项目同时可以提供可持续的薪柴使用，提高社会凝聚力，提供技术培训示范，并在项目边界外产生效益。

环境效益：增强生物多样性保护和促进自然生态系统的稳定。

改善环境服务：调节水流状况，减轻旱灾风险，减少洪水风险；促进提高土壤养分循环；有助于当地气候的稳定。

2. 内蒙古自治区敖汉旗防治荒漠化造林项目

为落实《京都议定书》，国家林业局与意大利环境与国土资源部根据清洁发展机制造林再造林碳汇项目相关规定签订了"中国东北部敖汉旗防治荒漠化青年造林项目"。于2004年开始项目准备。基于该项目起草的"以灌木为辅助的退化土地造林再造林方法学"于2006年2月获得清洁发展机制执行理事会的批准，成为全球第六个获得正式批准的清洁发展机制造林再造林方法学。该项目拟在今后5年内，由意大利政府投资135万美元，当地配套18万美元，共153万美元，在内蒙古自治区敖汉旗荒沙地造林3000 hm²。中方项目管理单位是《联合国防治荒漠化公约》中国履约秘书处，即国家林业局防沙治沙办公室。项目具体实施由内蒙古自治区赤峰市敖汉旗林业局。中国林业科学研究院、赤峰市林业科学研究所负责技术支撑，承担碳汇计量、监测任务。

（1）项目建设目标

结合敖汉旗当地防沙治沙的主要任务和本着因地制宜的原则，项目将种植杨树、柠条、樟子松、山杏等乡土树种，开展林业碳汇和治沙相结合的造林活动，共同探索在中国干旱、半干旱地区开展清洁发展机制林业碳汇项目的技术和能力。意大利方面一是希望获得一定量的碳汇来抵减其第一承诺期的排放量，二是了解在中国开展林业碳汇项目的可行性以及中国林业政策和林权改革的情况，了解当地农民的生态保护意识。同时，期望项目活动对防治荒漠化和土地退化、恢复和保护当地生物多样性有积极作用。在吸收二氧化碳、减缓气候变化的同时，为社区群众创造工作机会，改善社会经济状况，提高社区群众尤其是青年的环保意识。

（2）项目实施区域

项目地点为内蒙古自治区敖汉旗，属沙源区荒地。造林活动将在敖汉旗所属的汉林、治沙、古鲁板蒿、陈家湾子、小河子、木头营子、马头山、三义井及新惠9个国有林场开展。

项目区总人口为2311人，705户。农业人口为2201人，占总人口的95.24%；技术人员和管理人员为110人，占总人口的4.76%。2006年1月，项目完成了4.5万亩的造林任务。

（3）项目的预期收益

共有2500名当地农民从中受益，其中2311人直接受益，大多数是妇女。他们将参加5年项目的全过程。其余的人也将获得环境教育、植树、管理以及碳汇知识等方面的培训，增强环境意识。一些城市志愿者（青年和妇女）也将参与到项目中来。项目可为当地主要是青年提供新的工作机会和收入。同时，项目活动直接创造的农业效益是：间种高产饲草可以收获草种，为畜牧提供大量的饲草；树木成材后，获得木材、种子和薪柴。项目建成后将逐步降低当地风蚀引起的沙化和荒漠化。此外，由于项目处在沙尘暴盛行地区，地表几乎没有其他植被，项目的实施将有助于减缓沙尘暴的影响。到2012年，项目产生的经核证的二氧化碳减排量预计为24万t。

3. 云南腾冲小规模再造林景观恢复项目

项目活动在保护国际（CI）、大自然保护协会（TNC)和云南省林业厅合作的

FCCB 项目框架下实施,并成立云南省林业厅碳汇办公室和县碳汇办公室。

（1）项目建设目标

清洁发展机制小规模再造林项目活动将在云南省腾冲县营造 467.7 hm² 的混交林,其中 37.6 hm² 直接与高黎贡山自然保护区相连,78.2 hm² 与保护区毗邻。项目所选的造林树种都是原生的乡土树种,主要有：秃杉、光皮桦、云南松、桤木。项目将在 2007—2036 年的 30 年的计入期内产生 150966tCO$_2$-e 的 tCER(年均 5032tCO$_2$-e)。

根据 6/CMP.1 号决议："京都议定书第一承诺期下清洁发展机制小规模造林再造林项目活动的简化项目的方式和程序",本项目属于农地和草地转化为林地的小规模再造林项目。

（2）项目实施区域和实施方式

项目涉及腾冲县北部的 3 个乡,5 个村和 1 个国有林场,433 户共计 2108 名村民。其中 264.7 hm² 地块属于当地村民或村民小组集体所有。25.2 hm² 再造林地块在 2001 年 1 月 1 日起承包给当地村民,承包期限为 30 年。30 年到期之后如果农民愿意延期的话将根据中国《土地承包合同法》续签合同,延期另外 30～50 年。当地村民自主决定如何使用土地,并拥有土地上生产的资源。90.6 hm² 再造林土地仍然由当地村民经营。此外,112.4 hm² 为国有土地,归苏江国有林场经营。在本项目活动的规定下,当地农民/社区和所涉及的林场/公司有权使用这些土地。社区和农户拥有木材和林下非木材林产品,而且有法定权力收获并销售这些产品。但是砍伐木材必须要有采伐许可证,木材采伐指标由当地政府审批。林场获得项目产生的碳汇收益。

项目采用 30 年计入期,第一个计入期从 2007 年 6 月 1 日开始。项目活动的实施期为 30 年。在所选的计入期内（2007 年 6 月 1 日—2037 年 5 月 31 日）,由本项目活动产生的人为净温室气体汇清除在 150966t 的二氧化碳以上。

项目建设成本将来自当地商业银行的贷款、当地政府的配套资金和项目参与方自筹。运行成本采用商业银行的长期或者短期贷款,当地政府的配套资金和项目参与方自筹。没有导致官方发展援助和 UNFCCC 资金义务分流的公共资金。

本项目采用 CDM 小规模造林再造林项目方法学（AR-AMS0001/Version04.1）作为项目开发指南。本项目活动引起的温室气体排放包括由于车辆使用燃烧化石燃料引起的排放和施肥引起的 N$_2$O 排放。根据初步估算以及所采用的方法学,施肥引起的 N$_2$O 排放可忽略不计(<10%)。同时,根据所采用的方法学,小规模造林再造林 CDM 项目只考虑项目施肥活动引起的温室气体排放。因此,本项目不考虑温室气体排放。

（3）项目效益

农业仍然是项目区当地社区的主要收入来源。但是产量很低,项目区中人均 GDP 为 217 美元,其中项目区的傈僳族村寨的人均 GDP 甚至低于 100 美元。为了最大限度地增加社会经济效益,再造林的设计过程采用了参与式的流程。参与式农村评估方（PRA）法通过访问和咨询项目区的农户，了解当地农民的喜好、意愿和关心的问题，以便于项目将来对他们的要求做出回应并改善他们的生计。当地农户决定其最乐意接受的当地农民/社区与林场股份安排。预计将有3个乡，5个村，433户，2108名村民将会从本项目中受益。项目主要的社会经济效益包括以下几方面。

① 增加收入：根据林场与当地农户达成的协议，农户将从提供土地所获的木材产品和非木材产品中受益，其次还可以通过再造林过程中出工的报酬。大约433户计2108个农民会从项目中受益。

② 可持续的薪材供给：当地居民对薪柴有一定程度的依赖，尤其是当地的少数民族社区。本项目可以给当地社区提供更多可持续的薪材资源。

③ 增强社会凝聚力：单个农户/社区的操作由于投入、产出方面显得羸弱，尤其是获益时间比农产品周期长的木材产品和非木制产品。此外，缺少组织机构，阻碍他们克服技术障碍。总之，本项目将在个人、社区、林场、当地政府之间形成紧密互动关系，强化他们，尤其是与少数民族社区之间的沟通并形成社会和生产服务的网络。

④ 技术培训与示范：社区调查的结果显示社区农户往往在获得高质量的种源和培育高成活率的幼苗以及防治火灾、森林病虫害方面缺乏一定的技能。这也是当地社区农户营林的一个重要的障碍。本项目中，当地林业系统和林场将组织培训，帮助他们了解评估值项目活动中遇到的问题，比如苗木选择、苗圃管理、整地、再造林模式和病虫害综合治理等。

第二节　荒漠化防治与现代林业

一、我国的荒漠化及防治现状

中国是世界上荒漠化和沙化面积大、分布广、危害重的国家之一，荒漠化不仅造成生态环境恶化和自然灾害，直接破坏人类的生存空间，而且造成巨大的经济损失，全国每年因荒漠化造成的直接经济损失高达640多亿元，严重的土地荒漠化、沙化威胁我国生态安全和经济社会的可持续发展，威胁中华民族的生存和发展。

（一）中国的荒漠化状况

2015年公布的第五次全国荒漠化和沙化监测结果表明，截至2014年，全国荒漠化土地总面积261.16万 km²，占国土总面积的27.20%，沙化土地面积172.12万 km²，占国土面积的17.93%；有明显沙化趋势的土地面积30.03万 km²，占国土面积的3.12%。实际有效治理的沙化土地面积20.37万 km²，占沙化土地面积的11.8%。

荒漠化土地集中分布于新疆、内蒙古、西藏、甘肃、青海5省（自治区），占全国荒漠化总面积的95.64%。沙化土地分布在除上海、台湾、香港和澳门的30个省（自治区、直辖市）的920个县（旗、区），其中96%分布在新疆、内蒙古、西藏、青海、甘肃、河北、陕西、宁夏8省（自治区）。

（二）我国荒漠化发展趋势

中国在防治荒漠化和沙化方面取得了显著的成就。目前，中国荒漠化和沙化状况总体上有了明显改善，与第四次全国荒漠化和沙化监测结果相比，全国荒漠化土地面积减少了121.20万 hm²，沙化土地减少99.02万 hm²。荒漠化和沙化整体扩展的趋势得到了有效的遏制。

我国荒漠化防治所取得的成绩是初步的和阶段性的。治理形成的植被刚进入恢复阶段，一年生草本植物比例还较大，植物群落的稳定性还比较差，生态状况还很脆弱，植物群落恢复到稳定状态还需要较长时间。沙化土地治理难度越来越大。沙区边治理边破坏的现象相当突出。研究表明，全球气候变化对我国荒漠化产生重要影响，我国未来荒漠化生物气候类型区的面积仍会以相当大的比例扩展，区域内的干旱化程度也会进一步加剧。

二、我国荒漠化治理分区

我国地域辽阔，生态系统类型多样，社会经济状况差异大，根据实际情况，将全国荒漠化地区划分为5个典型治理区域。

（一）风沙灾害综合防治区

本区包括东北西部、华北北部及西北大部干旱、半干旱地区。这一地区沙化土地面积大。由于自然条件恶劣，干旱多风，植被稀少，草地沙化严重，生态环境十分脆弱；农村燃料、饲料、肥料、木料缺乏，严重影响当地人民的生产和生活。生态环境建设的主攻方向是：在沙漠边缘地区、沙化草原、农牧交错带、沙化耕地、沙地及其他沙化土地，采取综合措施，保护和增加沙区林草植被，控制荒漠化扩大趋势。以三北风沙线为主干，以大中城市、厂矿、工程项目周围为重点，因地制宜兴修各种水利设施，推广旱作节水技术，禁止毁林毁草开荒，采取植物固沙、沙障固沙等各种有效措施，减轻风沙危害。对于沙化草原、农牧交错带的沙化耕地、条件较好的沙地及其他沙化土地，通过封沙育林育草、飞播造林种草、人工造林种草、退耕还林还草等措施，进行积极治理。因地制宜，积极发展沙产业。鉴于中国沙化土地分布的多样性和广泛性，可细分为3个亚区。

（1）干旱沙漠边缘及绿洲治理类型区：该区主体位于贺兰山以西，祁连山和阿尔金山、昆仑山以北，行政范围包括新疆大部、内蒙古西部及甘肃河西走廊等地区。区内分布塔克拉玛干、古尔班通古特、库姆塔格、巴丹吉林、腾格里、乌兰布和、库布齐7大沙漠。本区干旱少雨，风大沙多，植被稀少，年降水量多在200毫米以下，沙漠浩瀚，戈壁广布，生态环境极为脆弱，天然植被破坏后难以恢复，人工植被必须在灌溉条件下才有可能成活。依水分布的小面积绿洲是人民赖以生存、发展的场所。目前存在的主要问题是沙漠扩展剧烈，绿洲受到流沙的严重威胁；过牧、樵采、乱垦、挖掘，使天然荒漠植被大量减少；不合理的开发利用水资源，挤占了生态用水，导致天然植被衰退死亡，绿洲萎缩。本区以保护和拯救现有天然荒漠植被和绿洲、遏制沙漠侵袭为重点。具体措施：将不具备治理条件和具有特殊生态保护价值的不宜开发利用的连片沙化土地划为封禁保护区；合理调节河流上下游用水，保证生态用水；在沙漠前沿建设乔灌草合理配置的防风阻沙林带，在绿洲外围建立综合防护体系。

（2）半干旱沙地治理类型区：该区位于贺兰山以东、长城沿线以北，以及东北平原西部地区，区内分布有浑善达克、呼伦贝尔、科尔沁和毛乌素4大沙地，其行政范围包括北京、天津、内蒙古、河北、山西、辽宁、吉林、黑龙江、陕西和宁夏10省（自治区、直辖市）。本区是影响华北及东北地区沙尘天气的沙源尘源区之一。干旱多风，植被稀疏，但地表和地下水资源相对丰富，年降水量在300~400毫米之间，沿中蒙边界在200毫米以下。本区天然与人工植被均可在自然降水条件下生长和恢复。目前存在的主要问题是过牧、过垦、过樵现象十分突出，植被衰败，草场退化、沙化发生发展活跃。本区以保护、恢复林草植被，减少地表扬沙起尘为重点。具体措施：牧区推行划区轮牧、休牧、围栏禁牧、舍饲圈养，同时沙化严重区实行生态移民，农牧交错区在搞好草畜平衡的同时，通过封沙育林育草、飞播造林（草）、退耕还林还草和水利基本建设等措施，建设乔灌草相结合的防风阻沙林带，治理沙化土地，遏制风沙危害。

（3）亚湿润沙地治理类型区：该区主要包括太行山以东、燕山以南、淮河以北的黄淮海平原地区，沙化土地主要由河流改道或河流泛滥形成，其中以黄河故道及黄泛区的沙化土地分布面积最大。行政范围涉及北京、天津、河北、山东、河南等省（直辖市）。该区自然条件较为优越，光照和水热资源丰富，年降水量450~800毫米。地下水丰富，埋藏较浅，开垦历史悠久，天然植被仅分布于残丘、沙荒、河滩、洼地、湖区等，是我国粮棉重点产区之一，人口密度大，劳动力资源丰富。目前存在的主要问题是局部地区风沙活动仍强烈，冬春季节风沙危害仍很严重。本区以田、渠、路林网和林粮间作建设为重点，全面治理沙化土地。主要治理措施：在沙地的前沿大力营造防风固沙林带，结合渠、沟、路建设，加强农田防护林、护路林建设，保护农田和河道，并在沙化面积较大的地块大力发展速生丰产用材林。

（二）黄土高原重点水土流失治理区

本区域包括陕西北部、山西西北部、内蒙古中南部、甘肃东部、青海东部及宁夏南部黄土丘陵区。总面积30多万平方千米，是世界上面积最大的黄土覆盖地区，气候干旱，植被稀疏，水土流失十分严重，水土流失面积约占总面积的70%，是黄河泥沙的主要来源地。这一地区土地和光热资源丰富，但水资源缺乏，农业生产结构单一，广种薄收，产量长期低而不稳，群众生活困难，贫困人口量多面广。加快这一区域生态环境治理，不仅可以解决农村贫困问题，改善生存和发展环境，而且对治理黄河至关重要。生态环境建设的主攻方向是：以小流域为治理单元，以县为基本单位，以修建水平梯田和沟坝地等基本农田为突破口，综合运用工程措施、生物措施和耕作措施治理水土流失，尽可能做到泥不出沟。陡坡地退耕还草还林，实行草、灌木、乔木结合，恢复和增加植被。在对黄河危害最大的妣砂岩地区大力营造沙棘水土保持林，减少粗沙流失危害。大力发展雨水集流节水灌溉，推广普及旱作农业技术，提高农产品产量，稳定解决温饱问题。积极发展林果业、畜牧业和农副产品加工业，帮助农民脱贫致富。

（三）北方退化天然草原恢复治理区

我国草原分布广阔，总面积约270万 km^2，占国土面积的1/4以上，主要分布在内蒙古、新疆、青海、四川、甘肃、西藏等地区，是我国生态环境的重要屏障。长期以来，受人口增长、气候干旱和鼠虫灾害的影响，特别是超载过牧和滥垦乱挖，使江河水系源头和上中游地区的草地退化加剧，有些地方已无草可用、无牧可放。生态环境建设的主攻方向是：保护好现有林草植被，大力开展人工种草和改良草场（种），配套建设水利设施和草地防护林网，加强草原鼠虫灾防治，提高草场的载畜能力。禁止草原开荒种地。实行围栏、封育和轮牧，建设"草库伦"，搞好草畜产品加工配套。

（四）青藏高原荒漠化防治区

本区域面积约176万 km^2，该区域绝大部分是海拔3000 m以上的高寒地带，土壤侵蚀以冻融侵蚀为主。人口稀少，牧场广阔，其东部及东南部有大片林区，自然生态系统保存较为完整，但天然植被一旦破坏将难以恢复。生态环境建设的主攻方向是：以保护现有的自然生态系统为主，加强天然草场，长江、黄河源头水源涵养林和原始森林的保护，防止不合理开发。其中分为两个亚区，即：高寒冻融封禁保护区和高寒沙化土地治理区。

（五）西南岩溶地区石漠化治理区

主要以金沙江、嘉陵江流域上游干热河谷和岷江上游干旱河谷，川西地区、三峡库区、乌江石灰岩地区、黔桂滇岩溶地区热带一亚热带石漠化治理为重点，加大生态保护和建设力度。

三、荒漠化防治对策

荒漠化防治是一项长期艰巨的国土整治和生态环境建设工作，需要从制度、政策、机制、法律、科技、监督等方面采取有效措施，处理好资源、人口、环境之间的关系，促进荒漠化防治工作的健康发展。认真实施《全国防沙治沙规划》，落实规划任务，制定年度目标，定期监督检查，确保取得实效。抓好防沙治沙重点工程，落实工程建设责任制，健全标准体系，狠抓工程质量，严格资金管理，搞好检查验收，加强成果管护，确保工程稳步推进。创新体制机制。实行轻税薄费的税赋政策，权属明确的土地使用政策，谁投资、谁治理、谁受益的利益分配政策，调动全社会的积极性。强化依法治沙，加大执法力度，提高执法水平，推行禁垦、禁牧、禁樵措施，制止边治理、边破坏现象，建立沙化土地封禁保护区。依靠科技进步，推广和应用防沙治沙实用技术和模式，加强技术培训和示范工作，增加科技含量，提高建设质量。建设防沙治沙综合示范区，探索防沙治沙政策措施、技术模式和管理体制，以点带片，以片促面，构建防沙治沙从点状拉动到组团式发展的新格局。健全荒漠化监测和预警体系，加强监测机构和队伍建设，健全和完善荒漠化监测体系，实施重点工程跟踪监测，科学评价建设效果。发挥各相关部门的作用，齐抓共管，共同推进防沙治沙工作。

（一）加大荒漠化防治科技支撑力度

科学规划，周密设计。科学地确定林种和草种结构，宜乔则乔，宜灌则灌，宜草则草，乔灌草合理配置，生物措施、工程措施和农艺措施有机结合。大力推广和应用先进科技成果和实用技术。根据不同类型区的特点有针对性地对科技成果进行组装配套，着重推广应用抗逆性强的植物良种、先进实用的综合防治技术和模式，逐步建立起一批高水平的科学防治示范基地，辐射和带动现有科技成果的推广和应用，促进科技成果的转化。

加强荒漠化防治的科技攻关研究。荒漠化防治周期长，难度大，还存在着一系列亟待研究和解决的重大科技课题。如荒漠化控制与治理、沙化退化地区植被恢复与重建等关键技术；森林生态群落的稳定性规律；培育适宜荒漠化地区生长、抗逆性强的树木良种，加快我国林木良种更新，提高林木良种使用率，荒漠化地区水资源合理利用问题，保证生态系统的水分平衡等。

大力推广和应用先进科技成果和实用技术。在长期的防治荒漠化实践中，我国广大科技工作者已经探索、研究出了上百项实用技术和治理模式，如节水保水技术、风沙区造林技术、沙区飞播造林种草技术、封沙育林育草技术、防护林体系建设与结构模式配置技术、草场改良技术、病虫害防治技术、沙障加生物固沙技术、公路铁路防沙技术、小流域综合治理技术和盐碱地改良技术等，这些技术在我国荒漠化防治中已被广泛采用，并在实践中被证明是科学可行的。

（二）建立荒漠化监测和工程效益评价体系

荒漠化监测与效益评价是工程管理的一个重要环节，也是加强工程管理的重要手段，是编制规划、兑现政策、宏观决策的基础，是落实地方行政领导防沙治沙责任考核奖惩的主要依据。为了及时、准确、全面地了解和掌握荒漠化现状及治理成就及其生态防护效益，为荒漠化管理部门进行科学管理、科学决策提供依据，必须加强和完善荒漠化监测与效益评价体系建设，进一步提高荒漠化监测的灵敏性、科学性和可靠性。

加强全国沙化监测网络体系建设。在5次全国荒漠化、沙化监测的基础上，根据《防沙治沙法》的有关要求，要进一步加强和完善全国荒漠化、沙化监测网络体系建设，修订荒漠化监测的有关技术方案，逐步形成以面上宏观监测、敏感地区监测和典型类型区定位监测为内容的，以"3S"技术结合地面调查为技术路线的，适合当前国情的比较完备的荒漠化监测网络体系。

建立沙尘暴灾害评估系统。利用最新的技术手段和方法，预报沙尘暴的发生，评估沙尘暴所造成的损失，为各级政府提供防灾减灾的对策和建议，具有十分重要的意义。近年来，国家林业局在沙化土地监测的基础上，与气象部门合作，开展了沙尘暴灾害损失评估工作。应用遥感信息和地面站点的观测资料，结合沙尘暴影响区域内地表植被、土壤状况、作物面积和物候期、生长期、畜牧业情况及人口等基本情况，通过建立沙尘暴灾害经济损失评估模型，对沙尘暴造成的直接经济损失进行评估。今后，需要进一步修订完善灾害评估模型，以提高灾害评估的准确性和可靠度。

完善工程效益定位监测站（点）网建设。防治土地沙化重点工程，要在工程实施前完成工程区各种生态因子的普查和测定，并随着工程进展连续进行效益定位监测和评价。国家林业局拟在各典型区建立工程效益监测站，利用"3S"技术，点面监测结合，对工程实施实时、动态监测，掌握工程进展情况，评价防沙治沙工程效益。工程监测与效益评价结果应分区、分级进行，在国家级的监测站下面，根据实际情况分级设立各级监测网点。

（三）完善管理体制、创新治理机制

我国北方的土地退化经过近半个世纪的研究和治理，荒漠化和沙化整体扩展的趋势得到初步遏制，但局部地区仍在扩展。基于我国的国情和沙情，我国土地荒漠化和沙化的总体形势仍然严峻，防沙治沙的任务仍然非常艰巨。我国荒漠化治理过多地依赖政府行为，忽视了人力资本的开发和技术成果的推广与转化。制度安排的不合理是影响我国沙漠化治理成效的重要原因之一。要走出现实的困境，就必须完成制度安排的正向变迁，在产权得到保护和补偿制度建立的前提下，通过一系列的制度保证，将荒漠的公益性治理的运作机制转变为利益性治理，建立符合经济主体

理性的激励相容机制，鼓励农牧民和企业参与治沙，从根本上解决荒漠化的贫困根源，使荒漠化地区经济、社会得到良性发展，实现社会、经济、环境三重效益的整体最大化。

1. 设立生态特区和封禁保护区

在我国北方共计有7400多千米的边境风沙线，既是国家的边防线，又是近50个少数民族的生命线。另外西部航天城、军事基地，卫星、导弹发射基地，驻扎在国境线上的无数边防哨卡等，直接关系到国防安全和国家安全。荒漠化地区的许多国有林场（包括苗圃、治沙站）和科研院所是防治荒漠化的主力军，但科学研究因缺乏经费不能开展，许多关键问题如节水技术、优良品种选育、病虫害防治等得不到解决，很多种、苗基地处于瘫痪、半瘫痪状态，职工工资没有保障，工程建设缺乏技术支撑和持续发展后劲。

有鉴于此，建议将沙区现有的军事战略基地（军事基地、航天基地、边防哨所、营地等）和科研基地（长期定位观测站、治沙试验站、新技术新品种试验区等）划为生态特区。

沙化土地封禁保护区是指在规划期内不具备治理条件的以及因保护生态的需要不宜开发利用的连片沙化土地。据测算，按照沙化土地封禁保护区划定的基本条件，我国适合封禁保护的沙化土地总面积约60万km^2，主要分布在西北荒漠和半荒漠地区以及青藏高原高寒荒漠地区，区内分布有塔克拉玛干、古尔班通古特、库姆塔格、巴丹吉林、腾格里、柴达木、亚玛雷克、巴音温都尔等沙漠。行政范围涉及新疆、内蒙古、西藏、甘肃、宁夏、青海6个省（自治区），114个县（旗、区）。这些地区是我国沙尘暴频繁活动的中心区域或风沙移动的路经区，对周边区域的生态环境有明显的影响。因此，加快对这些地区实施封禁保护，促进沙区生态环境的自然修复，减轻沙尘暴的危害，改善区域生态环境，是当前防沙治沙工作所面临的一项十分紧迫的任务。

主要采取的保护措施包括：一是停止一切导致这部分区域生态功能退化的开发活动和其他人为破坏活动；二是停止一切产生严重环境污染的工程项目建设；三是严格控制人口增长，区内人口已超过承载能力的应采取必要的移民措施；四是改变粗放生产经营方式，走生态经济型发展的道路，对已经破坏的重要生态系统，要结合生态环境建设措施，认真组织重建，尽快遏制生态环境恶化趋势；五是进行重大工程建设要经国务院指定的部门批准。沙化土地封禁保护区建设是一项新事物，目前仍处于起步阶段。特别是封禁保护的区域多位于边远地区、贫困地区和少数民族地区，如何妥善处理好封禁保护与地方经济社会发展的关系，保证其健康有序地推进，还没有可以借鉴的成熟模式和经验，还需要在实践过程中不断地探索和总结。封禁保护区建设涉及农、林、国土等不同的行业和部门，建设项目包括封禁保护区居民转移安置、配套设施建设、管理和管护队伍建设、宣传教育等，是一项工作难度大、综合性较强的系统工程。因此，研究制定切实可行的措施与保障机制，对于保证封禁保护区建设成效具有重要意义。

2. 创办专业化治沙生态林场

目前，荒漠化地区"林场变农场，苗圃变农田，职工变农民"的现象比较普遍。近几年在西北地区爆发的黄斑天牛、光肩星天牛虫害使多年来营造的大面积防护林毁于一旦，给农业生产带来严重损失，宁夏平原地区因天牛危害砍掉防护林使农业减产20%～30%，这种本可避免的损失与上述困境有直接的关系。

为了保证荒漠化治理工程建设的质量和投资效益，建议在国家、省、地、县组建生态工程承包公司，由农村股份合作林场、治沙站、国有林场以及下岗人员参与国家和地方政府的荒漠化治理工程投标。所有生态工程建设项目实行招标制审批，合同制管理，公司制承包，股份制经营，滚动式发展机制，自主经营，自负盈亏，独立核算。

3. 出台荒漠化治理的优惠政策

我国先后颁布和制定过多项防沙治沙优惠政策（如发放贴息贷款、沙地无偿使用、减免税收等），但大多数已不能适应新的形势发展。为了鼓励对荒漠化土地的治理与开发，新的优惠政策应包括四个方面：一是资金扶持。由于荒漠化地区治理、开发投资大，除工程建设投资和贴息贷款外，建议将中央农、林、牧、水、能源等各产业部门、扶贫、农业综合开发等资金捆在一起，统一使用，以加大治理和开发的力度和规模。二是贷款优惠。改进现行贴息办法，实行定向、定期、定率贴息。根据工程建设内容的不同实行不同的还贷期限，如投资周期长的林果业，还贷期限以延长至8～15年为宜。简化贷款手续，改革现行贷款抵押办法，放宽贷款条件。三是落实权属。鼓励集体、社会团体、个人和外商承包治理和开发荒漠化土地，实行"谁治理、谁开发、谁受益"的政策，50～70年不变，允许继承、转让、拍卖、租赁等。四是税收减免。

4. 完善生态效益补偿制度

防治荒漠化工程的主体是生态工程，需要长期经营和维护，其回报则主要或全部是具有公益性质的生态效益。为了补偿生态公益经营者付出的投入，弥补工程建设经费的不足，合理调节生态公益经营者与社会受益者之间的利益关系，增强全社会的环境意识和责任感，在荒漠化地区应尽快建立和完善生态效益补偿制度。补偿内容包括三个方面：一是向防治荒漠化工程的生态受益单位和个人，征收一定比例的生态效益补偿金；二是使用治理修复的荒漠化土地的单位和个人必须缴纳补偿金；三是破坏生态者不仅要支付罚款和负责恢复生态，还要缴纳补偿金。收取的补偿金专项用于防治荒漠化工程建设，不得挪用，以保证工程建设持续、快速、健康地发展。

第三节　森林及湿地生物多样性保护

生物多样性是人类赖以生存的基本条件，是人类经济社会得以持续发展的基础。森林是"地球之肺"，湿地是"地球之肾"。森林、湿地及其栖居的各种动植物，构成了生物多样性的主体。面对森林与湿地资源不断破坏、森林及湿地生物多样性日益锐减的严峻形势，积极开展森林及湿地生物多样性保护的研究与实践，对于保护好生物多样性、维护自然生态平衡、推动经济社会可持续发展具有巨大作用和重要意义。

当前全球及中国生物多样性研究的重点是从基本概念、岛屿生物地理学、自然保护区建设等方面解决重要理论、方法与技术问题，为认识和了解生物多样性、开展生物多样性保护的研究与实践提供科学依据。

一、生物多样性保护的生态学理论

（一）岛屿生物地理学

人们早就意识到岛屿的面积与物种数量之间存在着一种对应关系。20世纪60年代，MacArthur和Wilson提出了岛屿生物地理学平衡理论（M-W理论）。他们认为物种存活数目与其生境所占据的面积或空间之间的关系可以用幂函数来表示：$S=cA^z$。这里S表示物种数目；A为生境面积或空间大小；c为常数，表示单位面积（空间）物种数目，随生态域和生物种类不同而有变化；z为统计常量，反映S与A各自取对数后彼此线性关系的斜率，即$\log S=z\log A+\log c$。M-W理论首次从动态方面阐述了物种丰富度与面积及隔离程度的关系，认为岛屿上存活物种的丰富度取决于新物种的迁入和原来占据岛屿的物种的灭绝，迁入和绝灭过程的消长导致物种丰富度动态变化。物种灭绝率随岛屿面积的减小而增大（面积效应），物种迁入率随着隔离距离的增大而减小（距离效应）。当迁入率和灭绝率相等时，物种丰富度处于动态平衡，即物种的数目相对稳定，但物种的组成却不断变化和更新。这种状态下物种的种类更新的速率在数值上等于当时的迁入率或绝灭率，通常称为种周转率。这就是岛屿生物地理学理论的核心内容。

岛屿生物地理学理论的提出和迅速发展是生物地理学领域的一次革命。这一模型是基于对岛屿物种多样性的深入研究而提出的，但它的应用可以从海洋中真正的岛屿扩展到陆地生态系统，保护区、国家公园和其他斑块状栖息地可看作是被非栖息地"海洋"所包围的生境"岛屿"。对一些生物类群的调查也验证了岛屿生物地理学的理论。大量资料表明，面积和隔离程度确实在许多情况下是决定物种丰富度的最主要因素，也正是在这一时期，人们开始发现许多物种已经绝灭而大量物种正濒临绝灭，人们也开始认识到这些物种绝灭对人类的灾难性。为此，人们建立了大批自然保护区和国家公园以拯救濒危物种，岛屿生物地理学理论的简单性及其适用领域的普遍性使这一理论长期成为物种保护和自然保护区设计的理论基础。岛屿生物地理学就被视为保护区设计的基本理论依据之一，保护区的建立以追求群落物种丰富度的最大化为基本原则。

（二）集合种群生态学

狭义集合种群指局域种群的灭绝和侵占，即重点是局域种群的周转。广义集合种群指相对独立地理区域内各局域种群的集合，并且各局域种群通过一定程度的个体迁移而使之联为一体。

用集合种群的途径研究种群生物学有两个前提：①局域繁育种群的集合被空间结构化；②迁移对局部动态有某些影响，如灭绝后，种群重建的可能性。

一个典型的集合种群需要满足4个条件。

条件1：适宜的生境以离散斑块形式存在。这些离散斑块可被局域繁育种群占据。

条件2：即使是最大的局域种群也有灭绝风险。否则，集合种群将会因最大局域种群的永不灭绝而可以一直存在下去，从而形成大陆—岛屿型集合种群。

条件3：生境斑块不可过于隔离而阻碍局域种群的重新建立。如果生境斑块过于隔绝，就会形成不断趋于集合种群水平上灭绝的非平衡集合种群。

条件4：各个局域种群的动态不能完全同步。如果完全同步，那么集合种群不会比灭绝风险最小的局域种群的续存时间更长。这种异步性足以保证在目前环境条件下不会使所有的局域种群同时灭绝。

由于人类活动的干扰，许多栖息地都不再是连续分布，而是被割裂成多个斑块，许多物种就是生活在这样破碎化的栖息地当中，并以集合种群形式存在的，包括一些植物、数种昆虫纲以外的无脊椎动物、部分两栖动物、一些鸟类和部分小型哺乳动物，以及昆虫纲中的很多物种。

集合种群理论对自然保护有以下几个启示。①集合种群的长期续存需要10个以上的生境斑块。②生境斑块的理想间隔应是一个折中方案。③空间现实的集合种群模型可用于对破碎景观中的物种进行实际预测。④较高生境质量的空间变异是有益的。⑤现在景观中集合种群的生存可能具有欺骗性。

在过去几年中，集合种群动态及其在破碎景观中的续存等概念在种群生物学、保护生物学、生态学中牢固地树立起来。在保护生物学中，由于集合种群理论从物种生存的栖息地的质量及其空间动态的角度探索物种灭绝及物种分化的机制，成功地运用集合种群动态理论，可望从生物多样性演化的生态与进化过程上寻找保护珍稀濒危物种的规律。它很大程度上取替了岛屿生物地理学。

另外，随着景观生态学、恢复生态学的发展，基于景观生态学理论的自然保护区研究与规划，以及基于恢复生态学理论的退化生态系统恢复技术，在生物多样性保护方面也正发挥着越来越重要的作用。

二、生物多样性保护技术

（一）一般途径

1. 就地保护

就地保护是保护生物多样性最为有效的措施。就地保护是指为了保护生物多样性，把包含保护对象在内的一定面积的陆地或水体划分出来，进行保护和管理。就地保护的对象主要包括有代表性的自然生态系统和珍稀濒危动植物的天然集中分布区等。就地保护主要是建立自然保护区。自然保护区的建立需要大量的人力物力，因此，保护区的数量终究有限。同时，某些濒危物种、特殊生态系统类型、栽培和家养动物的亲缘种不一定都生活在保护区内，还应从多方面采取措施，如建设设立保护点等。在林业上，应采取有利生物多样性保护的林业经营措施，特别应禁止采伐残存的原生天然林及保护残存的片断化的天然植被，如灌丛、草丛，禁止开垦草地、湿地等。

2. 迁地保护

迁地保护是就地保护的补充。迁地保护是指为了保护生物多样性，把由于生存条件不复存在，物种数量极少或难以找到配偶等原因，而生存和繁衍受到严重威胁的物种迁出原地，通过建立动物园、植物园、树木园、野生动物园、种子库、精子库、基因库、水族馆、海洋馆等不同形式的保护设施，对那些比较珍贵的、具有较高价值的物种进行的保护。这种保护在很大程度上是挽救式的，它可能保护了物种的基因，但长久以后，可能保护的是生物多样性的活标本。因为迁地保护是利用人工模拟环境，自然生存能力、自然竞争等在这里无法形成。珍稀濒危物种的迁地保护一定要考虑种群的数量，特别对稀有和濒危物种引种时要考虑引种的个体数量，因为保持一个物种必须以种群最小存活数量为依据。对某一个种仅引种几个个体对保存物种的意义有限，而且一个物种种群最好来自不同地区，以丰富物种遗传多样性。迁地保护为趋于灭绝的生物提供了生存的最后机会。

3. 离体保护

离体保护是指通过建立种子库、精子库、基因库等对物种和遗传物质进行的保护。这种方法利用空间小、保存量大、易于管理，但该方法在许多技术上有待突破，对于一些不易储藏、储存后发芽率低等"难对付"的种质材料，目前还很难实施离体保护。

（二）自然保护区建设

自然保护区在保护生态系统的天然本底资源、维持生态平衡等多方面都有着极其重要的作用。在生物多样性保护方面，由于自然保护区很好地保护了各种生物及其赖以生存的森林、湿地等各种类型生态系统，为生态系统的健康发展以及各种生物的生存与繁衍提供了保证。自然保护区是各种生态系统以及物种的天然储存库，是生物多样性保护最为重要的途径和手段。

1. 自然保护区地址的选择

保护地址的选择，首先必须明确其保护的对象与目标要求。一般来说需考虑以下因素：（1）典型性。应选择有地带性植被的地域，应有本地区原始的"顶极群落"，即保护区为本区气候带最有代表性的生态系统。（2）多样性。即多样性程度越高，越有保护价值。（3）稀有性。即保护那些稀有的物种及其群体。（4）脆弱性。脆弱的生态系统对极易受环境的改变而发生变化，保护价值较高。另外还要考虑面积因素、天然性、感染力、潜在的保护价值以及科研价值等方面。

2. 自然保护区设计理论

由于受到人类活动干扰的影响，许多自然保护区已经或正在成为生境岛屿。岛屿生物地理学理论为研究保护区内物种数目的变化和保护的目标物种的种群动态变化提供了重要的理论方法，成为自然保护区设计的理论依据。但在一个大保护区好还是几个小保护区好等问题上，一直仍有争议，因此岛屿生物地理学理论在自然保护区设计方面的应用值得进一步研究与认识。

3. 自然保护区的形状与大小

保护区的形状对于物种的保存与迁移起着重要作用。Wilson 和 Willis 认为，当保护区的面积与其周长比率最大时，物种的动态平衡效果最佳，即圆形是最佳形状，它比狭长形具有较小的边缘效应。

对于保护区面积的大小，目前尚无准确的标准。主要应根据保护对象和目的，应基于物种—面积关系、生态系统的物种多样性与稳定性等加以确定。

4. 自然保护区的内部功能分区

自然保护区的结构一般由核心区、缓冲区和实验区组成，不同的区域具有不同的功能。

核心区是自然保护区的精华所在，是被保护物种和环境的核心，需要加以绝对严格保护。核心区具有以下特点：（1）自然环境保存完好；（2）生态系统内部结构稳定，演替过程能够自然进行；（3）集中了本自然保护区特殊的、稀有的野生生物物种。

核心区的面积一般不得小于自然保护区总面积的 1/3。在核心区内可允许进行科学观测，在科学研究中起对照作用。不得在核心区采取人为的干预措施，更不允许修建人工设施和进入机动车辆。应禁止参观和游览的人员进入。

缓冲区是指在核心区外围为保护、防止和减缓外界对核心区造成影响和干扰所划出的区域，它有两方面的作用：（1）进一步保护和减缓核心区不受侵害；（2）可允许进行经过管理机构批准的非破坏性科学研究活动。

实验区是指自然保护区内可进行多种科学实验的地区。实验区内在保护好物种资源和自然景观的原则下，可进行以下活动和实验：（1）栽培、驯化、繁殖本地所特有的植物和动物资源；（2）建立科学研究观测站从事科学试验；（3）进行大专院校的教学实习；（4）具有旅游资源和景点的自然保护区，可划出一定的范围，开展生态旅游。

景观生态学的理论和方法在保护区功能区的边界确定及其空间格局等方面的应用越来越引起人们的关注。

5. 自然保护区之间的生境廊道建设

生境廊道既为生物提供了居住的生境，也为动植物的迁移扩散提供了通道。自然保护区之间的生境廊道建设，有利于不同保护区之间以及保护区与外界之间进行物质、能量、信息的交流。在生境破碎，或是单个小保护区内不能维持其种群存活时，廊道为物种的安全迁移以及扩大生存空间提供了可能。

三、我国生物多样性保护重大行动

（一）全国野生动植物保护及自然保护区建设工程总体规划

1. 总体目标

通过实施全国野生动植物保护及自然保护区工程建设总体规划（规划期为2001—2050年），拯救一批国家重点保护野生动植物，扩大、完善和新建一批国家级自然保护区、禁猎区和种源基地及珍稀植物培育基地，恢复和发展珍稀物种资源。到建设期末，使我国自然保护区数量达到2500个（林业自然保护区数量为2000个），总面积1.728亿 hm^2，占国土面积的18%（林业自然保护区总面积占国土面积的16%）。形成一个以自然保护区、重要湿地为主体，布局合理、类型齐全、设施先进、管理高效、具有国际重要影响的自然保护网络。加强科学研究、资源监测、管理机构、法律法规和市场流通体系建设和能力建设，基本实现野生动植物资源的可持续利用和发展。

2. 工程区分类与布局

根据国家重点保护野生动植物的分布特点，将野生动植物及其栖息地保护总体规划在地域上划分为东北山地平原区、蒙新高原荒漠区、华北平原黄土高原区、青藏高原高寒区、西南高山峡谷区、中南西部山地丘陵区、华东丘陵平原区和华南低山丘陵区共8个建设区域。

3. 建设重点

（1）国家重点野生动植物保护

具体开展大熊猫、朱鹮、老虎（即东北虎、华南虎、孟加拉虎和印支虎）、金丝猴、藏羚羊、扬子鳄、大象、长臂猿、麝、普氏原羚、野生鹿、鹤类、野生雉类、兰科植物、苏铁保护15个重点野生动植物保护项目建设。

（2）国家重点生态系统类型自然保护区建设

森林生态系统保护和自然保护区建设：①热带森林生态系统保护。加强12处58万 hm² 已建国家级自然保护区的建设，新建保护区8处，面积30万 hm²。②亚热带森林生态系统保护。重点加强现有33个国家级自然保护区建设，新建34个国家级自然保护区，增加面积280万 hm²。③温带森林生态系统保护。重点建设现有27处国家级自然保护区，新建16个自然保护区，面积120万 hm²。

荒漠生态系统保护和自然保护区建设：加强30处面积3860万 hm² 重点荒漠自然保护区的建设，新建28处总面积为2000万 hm² 的荒漠自然保护区，重点保护荒漠地区的灌丛植被和生物多样性。

（二）全国湿地保护工程实施规划

湿地为全球三大生态系统之一，"地球之肾"。湿地是陆地（各种陆地类型）与水域（各种水域类型）之间的相对稳定的过渡区或复合区、生态交错区，是自然界陆、水、气过程平衡的产物，形成了各种特殊的、单纯陆地类型和单纯深阔水域类型所不具有的复杂性质（特殊的界面系统、特殊的复合结构、特殊的景观、特殊的物质流通和能量转化途径和通道、特殊的生物类群、特殊的生物地球化学过程等），是地球表面系统水循环、物质循环的平衡器、缓冲器和调节器，具有极其重要的功能。具体表现为生命与文明的摇篮；提供水源，补充地下水；调节流量，控制洪水；保护堤岸，抵御自然灾害；净化污染；保留营养物质；维持自然生态系统的过程；提供可利用的资源；调节气候；航运；旅游休闲；教育和科研等。作为水陆过渡区，湿地孕育了十分丰富而又独特的生物资源，是重要的基因库。

1. 长期目标

根据《全国湿地保护工程规划（2002—2030年）》建设目标，湿地保护工程建设的长期目标是：通过湿地及其生物多样性的保护与管理，湿地自然保护区建设等措施，全面维护湿地生态系统的生态特性和基本功能，使我国自然湿地的下降趋势得到遏制。通过补充湿地生态用水、污染控制以及对退化湿地的全面恢复和治理，使丧失的湿地面积得到较大恢复，使湿地生态系统进入一种良性状态。同时，通过湿地资源可持续利用示范以及加强湿地资源监测、宣教培训、科学研究、管理体系等方面的能力建设，全面提高我国湿地保护、管理和合理利用水平，从而使我国的湿地保护和合理利用进入良性循环，保持和最大限度地发挥湿地生态系统的各种功能和效益，实现湿地资源的可持续利用，使其造福当代、惠及子孙。

2. 建设布局

根据我国湿地分布的特点，全国湿地保护工程的建设布局为东北湿地区、黄河中下游湿地区、长江中下游湿地区、滨海湿地区、东南和南部湿地区、云贵高原湿地区、西北干旱半干旱湿地区、青藏高寒湿地区。

3. 建设内容

湿地保护工程涉及湿地保护、恢复、合理利用和能力建设四个环节的建设内容，它们相辅相成，缺一不可。考虑到我国保护现状和建设内容的轻重缓急，2005—2010年，优先开展湿地的保护和恢复、合理利用的示范项目以及必需的能力建设。

（1）湿地保护工程

对目前湿地生态环境保持较好、人为干扰不是很严重的湿地，主要以保护为主，以避免生态进一步恶化。

自然保护区建设。我国现有湿地类型自然保护区473个，已投资建设了30多处。规划期内投资建设222个。其中，现有国家级自然保护区、国家重要湿地范围内的地方级及少量新建自然保护区共139个。

保护小区建设。为了抢救性保护我国湿地区域内的野生稻基因，需要在全国范围内建设13个野生稻保护小区。

对4个人为干扰特别严重的国家级湿地自然保护区的核心区实施移民。

（2）湿地恢复工程

对一些生态恶化、湿地面积和生态功能严重丧失的重要湿地，目前正在受到破坏亟须采取抢救性保护的湿地，要针对具体情况，有选择性开展湿地恢复项目。2005—2010年共恢复各类湿地58.8万 hm^2。

湿地生态补水。2005—2010年规划在吉林向海、黑龙江扎龙等12处重要湿地实施生态补水示范工程。

湿地污染控制。规划选择污染严重生态价值又大的江苏阳澄湖、溱湖、新疆博斯腾湖、内蒙古乌梁素海4处开展富营养化湖泊湿地生物控制示范，选择大庆、辽河和大港油田进行开发湿地的保护示范。

湿地生态恢复和综合整治工程。对列入国际和国家重要湿地名录，以及位于自然保护区内的自然湿地，已被开垦占用或其他方式改变用途的，规划采取各种补救措施，努力恢复湿地的自然特性和生态特征。2005—2010年湿地生态恢复和综合整治工程包括退耕（养）还泽（滩）、植被恢复、栖息地恢复和红树林恢复4项工程。其中退耕（养）还泽（滩）示范工程4处，总面积11万 hm^2；湿地植被恢复工程7处31.6万 hm^2；栖息地恢复工程13处，总面积24.3万 hm^2，红树林恢复1.8万 hm^2。

（三）国家林木种质资源平台建设项目

1. 总体目标

全面系统地收集保存林木种质资源，基本保存库、区域保存库、扩展保存库与原地保存库等林木种质资源得到有效整理、整合，建立健全林木种质资源平台网站与节点，实现种质资源的标准化、数字化、网络化，提高保存与管理效率，实现种质资源的安全保存与共享，为林木遗传改良和林业发展提供种质材料，最终达到科学利用，造福人类。

2. 建设内容

（1）基本保存库

简称 A 库。针对不同气候带、保存对象等开展林木种质资源的系统收集。全国建立亚热带（江西）针阔树种种质资源保存库、南亚热带（广西）针阔树种种质资源保存库等 18 个保存库，其中已建成 11 个库，正建与待建的库 7 个。

A 库保存种质资源的计划与设计由 NFGRP 项目组统一设计，兼有收集、保存、测定、评价、利用和信息管理以及示范等多种功能。

（2）区域保存库

简称 B 库。在各省级林木良种繁育基地中选建的保存库体系，包括全国 34 个省级单位。已建的 B 库 14 个省（自治区、直辖市）林木种苗站，分管林木良种繁育中心（基地）。

B 库将保存与利用密切结合，实现林木种质资源数字化管理。

（3）扩展研究保存库

简称 C 库。是在 A 库、B 库建立基础上，强化林木种质资源保存功能，增加保存技术研究等而扩展的保存库亚体系，是全国林木种质资源保存体系的重要组成部分。目前 C 库包括：国际竹藤网络中心、花卉中心与花卉协会、亚林所、热林所、资昆所、经济林中心、沙林中心等。

C 库是 A 库的扩展与完善，兼有研究、保存、测定、评价、利用、信息管理及示范等功能。

（4）全国林木种质资源原地保存库

简称 D 库。是特指自然保存区内、外原地保存林的统称。是各个树种种质资源系统保存需要与保护区生态植被区系保护需要相结合的林木种质资源原地（原位、原境）保存体系。

D 库是物种全分布区遗传多样性保存的天然资源的保存方式。在已有自然保护区中建立保存林并定位定量观测、评价，具有保存、测定、评价、信息管理与利用的功能。

（5）特色种质与重点区域性保存库

简称E库。涵盖高等林业院校重点区域性质保存库、地域性典型物种种质资源保存库。兼有保存、展示、研究、利用等多重功能。E库体系为新建，目前包括华南农业大学等。

E库是A、B、C、D库体系的补充与扩展，实现多功能配置，建立各具特色（特点）与有效信息管理的保存库。

（6）国家濒危珍稀树种种质资源保存库

简称F库。在以上A、B、C、D库保存国家特有、濒危珍稀树种种质资源的同时，根据需要重点建立抢救、保存与利用相结合的特色F库体系。

简称F库。以特色地带濒危珍稀树种或树种组为单元，以小型规模为主。序号编制按地域、基地规模、存量与增量资源等拟定并相对稳定。F库保存将遏制基因丢失、开发利用与信息管理相结合。

（7）重点引种成功外来树种种质资源库

简称G库。立足于保存对我国有用、有效的引进种质资源，并非是引种试验。经过严格引种评价，具有安全性的引种成功树种，譬如1~2个生育周期的多地点试验，按照种内群体(含种源、林分)、家系（全同胞、半同胞）、个体或无性系进行种质资源分类保存、信息管理与推荐应用等。

（8）其他

简称L库。不归属于A、B、C、D、E、F、G库的其他库类，需要说明存量与增量的属性及相应的资源编号特征。

（四）工程（项目）建设技术

1. 保护技术

（1）应用景观生态学等理论对保护区进行科学的规划设计；

（2）合理扩大保护区范围；

（3）实施封禁、封育措施，或适当加以人工辅助；

（4）建设保护设施，如隔离围栏、保护区界碑（桩）、野生动植物救护设施设备等，建设宣教工程，如宣传牌、宣传栏、宣传材料制作，以及加强监察巡防等。

2. 恢复技术

（1）基于生态关键种理论，确定生态关键种，实施促进生态关键种生存、生长与繁育更新的恢复技术。

（2）基于外来物种与原有物种竞争关系及其入侵机制的认识，实施原有物种的培育更新并结合其他物理或化学措施，有效控制生物入侵、恢复自然植被群落。

（3）基于群落演替规律和动态模拟为基础，选择应用地带性植被，并对群落结构进行优化调控、改造更新与恢复技术。

（4）基于岛屿生物地理学、景观生态学等理论，扩展保护区及其斑块的面积，丰富生境异质性，合理构建生境廊道，实施退田还湖、退耕还林等措施，有效恢复生物的栖息地。

（5）对于水资源缺乏而退化的湿地，根据湿地区域生态需水量及季节需求，模拟湿地自然进水季节与自然进水过程，应用生态补水技术，实施湿地生态补水工程。

（6）对于污染的湿地，针对污染的类型与强度，选择适宜的材料和设计，实施植物净化修复、"人工浮岛"去污、缓冲带构建以及湿地基底改造等污染修复技术。

（7）对于珍稀濒危物种，研究实施物种的繁殖、培育、野生驯化技术，以有效增加珍稀濒危物种的种群数量。

（8）对于林木种质遗传多样性保存，研究确定核心种质、有效群体大小、遗传多样性分析等方面的技术方法，研究采用科学的异地保存、离体保存等保存技术体系，以全面保存种质遗传多样性。

第四节　现代林业的生物资源与利用

一、林业生物质材料

林业生物质材料是以木本植物、禾本植物和藤本植物等天然植物类可再生资源及其加工剩余物、废弃物和内含物为原材料，通过物理、化学和生物学等高科技手段，加工制造的性能优异，环境友好，具有现代新技术特点的一类新型材料。其应用范围超过传统木材和制品以及林产品的使用范畴，是一种能够适应未来市场需求、应用前景广阔、能有效节约或替代不可再生矿物资源的新材料。

（一）发展林业生物质材料的意义

1. 节约资源、保护环境和实现经济社会可持续发展的需要

现今全世界都在谋求以循环经济、生态经济为指导，坚持可持续发展战略，从保护人类自然资源、生态环境出发，充分有效利用可再生的、巨大的生物质资源，加工制造生物质材料，以节约或替代日益枯竭、不可再生的矿物质资源材料。因此，世界发达国家都大力利用林业生物质资源，发展林业生物质产业，加工制造林业生物质材料，以保障经济社会发展对材料的需求。

近些年，我国经济的快速增长，在相当程度上是依赖资金、劳动力和自然资源等生产要素的粗放投入实现的。例如，2003年我国消耗的各类国内资源和进口资源约50亿t，其中原油、原煤、铁矿石、钢材、氧化铝和水泥的消耗量分别约为世界消耗量的7.4%、31%、30%、25%和40%，而创造的GDP只相当于世界总量的大约

4%，表明我国经济快速增长中付出了高资源消耗强度的代价。近年来我国矿产资源紧缺矛盾日益突出，石油、煤炭、铜、铁、锰、铬储量持续下降，缺口及短缺进一步加大，面临资源难以为继的严峻局面。据有关最新资料统计，中国45种主要矿产的现有储量，能保证2010年需求的只有24种，能保证2020年需求的只有6种。由此可见，在我国大力发展林业生物质材料产业，生产林业生物质材料，以节约或替代矿物资源材料更是迫在眉睫，刻不容缓。随着国家生物经济的发展和建设创新型国家战略的实施，我国林业生物质材料产业的快速发展必将在国家经济和社会可持续发展中保障材料供给发挥越来越重要的作用。

2. 我国实现林农增收和建设社会主义新农村的需要

我国是一个多山的国家，山区面积占国土总面积的69%，山区人口占全国总人口的56%。近年来，国家林业局十分重视林业生物质资源的开发，特别是在天然林资源保护工程实施以后，通过加强林业废弃物、砍伐加工剩余物以及非木质森林资源的资源化加工利用，取得显著成效，大大地带动了山区经济的振兴和林农的脱贫致富。全国每年可带动4500万林农就业，相当于农村剩余劳动力的37.5%。毫无疑问，通过生物质材料学会，沟通和组织全国科研院所，研究和开发出生物质材料成套技术，培育出生物质材料新兴产业，实现对我国丰富林业生物质资源的延伸加工，调整林业产业结构，拓展林农就业空间，增加林农就业机会，提高林农收入，改善生态环境和建设社会主义新农村具有重大战略意义。

3. 实现与国际接轨和参加国际竞争的需要

当前，人类已经面临着矿物质资源的枯竭。因此，如何以生物经济为指导，合理开发和利用林业生物质材料所具有的可再生性和生态环境友好性双重性质，以再生生物质资源节约或代替金属和其他源于矿物质资源化工材料的研究，已引起国际上广泛地重视。为此，世界各国纷纷将生物质材料研究列为科技重点，并成立相应的研究组织，或将科研院所或高等院校的"木材科学与技术"机构更名或扩大为"生物质材料科学"机构，准备在这一研究领域展开源头创新竞争，率先领导一场新的产业革命。如美国众议院通过一项农业法案，批准在2003—2007年每年拨款1400万美元，以资助生物质材料研究；美国明尼苏达大学将"木材和纸张科学学院"更名为"生物基产品学院"，新组建的澳大利亚科学院—新西兰林科院联合体（ENSIS）设有"生物质材料研究中心"；日本东京大学研究生院将"木材科学专业"更名为"生物质材料专业"。我国最近颁布的《国家中长期科学和技术发展规划纲要（2006—2020年）》已将农林生物质综合开发利用列为重点领域农业领域的优先主题加以研究。因此，完善我国生物质材料研究和开发体系，有利于进行国际学术交流和参加国际竞争，提高我国生物质材料科学研究水平。

（二）林业生物质材料发展基础和潜力

1. 发展林业生物质材料产业有稳定持续的资源供给

太阳能或者转化为矿物能积存于固态（煤炭）、液态（石油）和气态（天然气）中；或者与水结合，通过光合作用积存于植物体中。对转化和积累太阳能而言，植物特别是林木资源具有明显的优势。森林是陆地生态系统的主体，蕴藏着丰富的可再生资源，是世界上最大的可加以利用的生物质资源库，是人类赖以生存发展的基础资源。森林资源的可再生性、生物多样性、对环境的友好性和对人类的亲和性，决定了以现代科学技术为依托的林业生物产业在推进国家未来经济发展和社会进步中具有重大作用，不仅显示出巨大的发展潜力，而且顺应了国家生物经济发展的潮流。近年实施的六大林业重点工程，已营造了大量的速生丰产林，目前资源培育力度还在进一步加大。此外，丰富的沙生灌木和非木质森林资源以及大量的林业废弃物和加工剩余物也将为林业生物质材料的利用提供重要资源渠道，这些都将为生物质材料的发展提供资源保证。

2. 发展林业生物质材料研究和产业具有坚实的基础

长期以来，我国学者在林业生物质材料领域，围绕天然生物质材料、复合生物质材料以及合成生物质材料方面做了广泛的科学研究工作，研究了天然林木材和人工林木材及竹、藤材的生物学、物理学、化学与力学和材料学特征以及加工利用技术，研究了木质重组材料、木基复合材料、竹藤材料及秸秆纤维复合/重组材料等各种生物质材料的设计与制造及应用，研究了利用纤维素质原料粉碎冲击成型而制造一次性可降解餐具，利用淀粉加工可降解塑料，利用木粉的液化产物制备环保型酚醛胶粘剂等，基本形成学科方向齐全、设备先进、研究阵容强大、成果丰硕的木材科学与技术体系，打下了扎实的创新基础。近几年来，我国林业生物质材料产业已经呈现出稳步跨越、快速发展的态势，正经历着从劳动密集型到劳动与技术、资金密集型转变，从跟踪仿制到自主创新的转变，从实验室探索到产业化的转变，从单项技术突破到整体协调发展的转变，产业规模不断扩大，产业结构不断优化，产品质量明显提高，经济效益持续攀升。

我国学者围绕天然生物质材料、复合生物质材料以及合成生物质材料方面做了广泛的科学研究工作，研究了天然林木材和人工林木材的生物学、物理学、化学与力学和材料学特征以及加工利用技术，研究了木质重组材料、木基复合材料、竹藤材料及秸秆纤维复合/重组材料等各种生物质材料的设计与制造及应用研究。

3. 发展林业生物质材料适应未来的需要

材料工业方向必将发生巨大变化，发展林业生物质材料适应未来工业目标。生物质材料是未来工业的重点材料。生物质材料产业开发利用已初见端倪，逐步在商业和工业上取得成功，在汽车材料、航空材料、运输材料等方面占据了一定的地位。

随着林木培育、采集、储运、加工、利用技术的日趋成形和完善，随着生物质材料产业体系的形成和建立，相对于矿物质资源材料来说，随着矿物质材料价格的不可抑制的高涨，生物质材料从根本上平衡和协调了经济增长与环境容量之间的相互关系，是一种清洁的可持续利用的材料。生物质材料将实现规模化快速发展，并将逐渐占据重要地位。

4. 发展林业生物质材料产业将促进林业产业的发展，有益于新农村建设

中国宜林地资源较丰富，特别是中国有较充裕廉价的劳动力资源，可以通过培育林木生物质资源，实现资源优势和人力资源优势向经济优势的转化，利于国家、惠及农村、富在农民。

发展林业生物质材料产业将促动我国林产工业跨越性发展。我国正处在传统产业向现代产业转变的加速期，对现代产业化技术装备需求迫切。林业生物质材料技术基础将先进的适应资源特点的技术和高性能产品为特征的高新技术相结合，适应了我国现阶段对现代化技术的需求。

5. 发展林业生物质材料产业需改善管理体制上的不确定性

不可忽视的是目前生物质材料产业还缺乏系统规划和持续开发能力。林业生物质材料产业的资源属林业部门管理，而产品分别归属农业、轻工、建材、能源、医药、外贸等部门管理，作为一个产品类型分支庞大而各产品相对弱小的产业，系统的发展规划尚未列入各管理部门的规划重点，导致在应用方面资金投入、人才投入较弱。

此外在管理和规划上需重点关注的问题有以下几点。

（1）随着林业生物质材料产业的壮大，逐渐完善或建立相应的资源供给、环境控制、收益回报等政策途径。

（2）在实践的基础上，在产品和地区的水平上建立林业生物质材料产业可持续发展示范点。

（3）以基因技术和生物技术为主的技术突破来促进生产力的提高。

（4）按各产品分类，从采集、运输和产品产出上降低成本，提高市场竞争力。

（5）重点发展环境友好型工程材料和化工材料等，开拓林业生物质材料在建筑、装饰、交通等方面的应用。

（6）重点开展新型产品在不同领域的应用性研究，示范并推动林业生物质材料产业的发展。

从长远战略规划出发，进一步开展生物质材料产出与效率评估、生物质材料及产品生命循环研究。

（三）林业生物质材料发展重点领域与方向

1. 主要研发基础与方向

具体产业领域发展途径是以生物质资源为原料，采用相应的化学加工方法，以

获取能替代石油产品的化学资源，采用现代制造理论与技术，对生物质材料进行改性、重组、复合等，在满足传统市场需求的同时，发展被赋予新功能的新材料；拓展生物质材料应用范围，替代矿物源材料（如塑料、金属等）在建筑、交通、日用化工等领域上的使用；相应地按照材料科学学科的研究方法和基本理念，林业生物质材料学科研发基础与方向由以下9个研究领域组成。

（1）生物质材料结构、成分与性能

主要开展木本植物、禾本植物、藤本植物等生物质材料及其衍生新材料的内部组织与结构形成规律、物理、力学和化学特性，包括生物质材料解剖学与超微结构、生物质材料物理学与流体关系学、生物质材料化学、生物质材料力学与生物质材料工程学等研究，为生物质材料定向培育和优化利用提供科学依据。

（2）生物质材料生物学形成及其对材料性能的影响

主要开展木本植物、禾本植物、藤本植物等生物质材料在物质形成过程中与营林培育的关系，以及后续加工过程中对加工质量和产品性能的影响研究。在研究生物质材料基本性质及其变异规律的基础上，一方面研究生物质材料性质与营林培育的关系，另一方面研究生物质材料性质与加工利用的关系，实现生物质资源的定向培育和高效合理利用。

（3）生物质材料理化改良

主要开展应用物理的、化学的、生物的方法与手段对生物质材料进行加工处理的技术，克服生物质材料自身的缺陷，改善材料性能，拓宽应用领域，延长生物质材料使用寿命，提高产品附加值。

（4）生物质材料的化学资源化

主要开展木本植物、禾本植物、藤本植物等生物质材料及其废弃物的化学资源转换技术研究开发，以获取能替代石油基化学产品的新材料。

（5）生物质材料生物技术

主要通过酶工程和发酵工程等生物技术手段，开展生物质材料生物降解、酶工程处理生物质原料制造环保性生物质材料、生物质材料生物漂白和生物染色、生物质材料病虫害生物防治、生物质废弃物资源生物转化利用等领域的基础研究技术开发。

（6）生物质重组材料设计与制备

主要开展以木本植物、禾本植物和藤本植物等生物质材料为基本单元进行重组的技术，研究开发范围包括木质人造板和非木质人造板的设计与制备，制成具有高强度、高模量和优异性能的生物质结构（工程）材料、功能材料和环境材料。

（7）生物质基复合材料设计与制备

主要开展以木本植物、禾本植物和藤本植物等生物质材料为基体组元，与其他有机高聚物材料或无机非金属材料或金属材料为增强体组元或功能体单元进行组合的技术研究，研究开发范围包括生物质基金属复合材料、生物质基无机非金属复合材料、生物质基有机高分子复合材料的设计与制备，满足经济社会发展对新材料的需求。

（8）生物质材料先进制造技术

主要以现代电子技术、计算机技术、自动控制理论为手段，研究生物质材料的现代设计理论和方法，生物质材料的先进加工制造技术以及先进生产资源管理模式，以提升传统生物质材料产业，实现快速、灵活、高效、清洁的生产模式。

（9）生物质材料标准化研究

主要开展木材、竹材、藤材及其衍生复合材料等生物质材料产品的标准化基础研究、关键技术指标研究、标准制定与修订等，为规范生物质材料产业的发展提供技术支撑。

2. 重点产业领域进展

林产工业正逐步转变传统产业的内涵，采用现代技术及观念，利用林业低质原料和废弃原料，发展具有广泛意义的生物质材料的重点主题有三方面：一是原料劣化下如何开发和生产高等级产品，以及环境友好型产品；二是重视环境保护与协调，节约能源降低排出，提高经济效益；三是利用现代技术，如何拓展应用领域，创新性地推动传统产业进步。林业生物质材料已逐渐发展成4类。

（1）化学资源化生物质材料

包括木基塑料（木塑挤出型材、木塑重组人造板、木塑复合卷材、合成纤维素基塑料）、纤维素生物质基复合功能高分子材料、木质素基功能高分子复合材料、木材液化树脂、松香松节油基生物质复合功能高分子材料等。

（2）功能性改良生物质材料

包括陶瓷化复合木材、热处理木材、密实化压缩增强木材、木基/无机复合材料、功能性（如净化、保水、导电、抗菌）木基材料、防虫防腐型木材等。

陶瓷化复合木材通过国家"攀登计划"、"863"计划等课题的资助，我国已逐步积累和形成了此项拥有自主知识产权的制造技术，在理论和实践上均有创新，目前处于生产性实验阶段；目前热处理木材和密实化压缩增强木材相关产品和技术在国内建有10多家小型示范生产线，产品应用在室外材料和特种增强领域。

（3）生物质结构工程材料

包括木结构用规格材、大跨度木（竹）结构材料及构件、特殊承载木基复合材料、最优组态工程人造板、植物纤维基工程塑料等。

中国木基结构工程材料在建筑领域应用已达到50万 m^2 以上，主要采用的是进口材料。目前国内正在构建木结构用规格材和大跨度木（竹）结构材料及构件相关标准架构，建成和再建示范性建筑约2000m^2，大跨度竹结构房屋已应用在云南屏边县希望小学；大型风力发电用竹结构风叶进入产业化阶段；微米长纤维轻质与高密度车用模压材料取得突破性进展等。

（4）特种生物质复合材料

快速绿化用生物质复合卷材、高附加值层积装饰塑料、多彩植物纤维复合装饰吸音材料、陶瓷化单板层积材、三维纹理与高等级仿真木基材料、木质碳材料等。

特种生物质复合材料基本上处于技术开发与产业推广阶段，木基模压汽车内衬件广泛用于汽车业，总量不超过 1 万 m³；高附加值层积装饰塑料已应用于特种增强和装饰方面，如奥运用比赛用枪、刀具装饰性柄、纽扣等；植物纤维复合装饰吸音材料已用于高档内装修，以及公路隔音板等。

二、林业生物质能源

生物质能一直与太阳能、风能以及潮汐能一起作为新能源的代表，由于林业生物质资源量丰富且可以再生，其含硫量和灰分都比煤炭低，而含氢量较高，现在受关注的程度直线上升。

（一）林业生物质能源发展现状与趋势

1. 能源林培育

目前，世界上许多国家都通过引种栽培，建立新的能源基地，如"石油植物园""能源农场"。美国已筛选了 200 多种专门的能源作物——快速生长的草本植物和树木；法国、瑞典等国家利用优良树种无性系营造短轮伐期能源林，并且提出"能源林业"的新概念，把 1/6 现有林用作能源林。最有发展前途能源作物是短期轮作能源矮林和禾本科类植物，选择利用的能源树种主要是柳树、杨树、桉树、刺槐、巨杉、梧桐等。围绕培育速生、高产、高收获物的能源林发展目标，在不同类型能源林树种选育、良种繁育、集约栽培技术、收获技术等方面取得了一系列卓有成效的研究成果。

欧洲柳树能源林研究与商业化应用早于北美，1976 年瑞典率先发起能源林业工程，并一直在寻找产量大、热值高的生物质材料，目前已经选择用于实际生产的高热值速生树种如柳树与杨树作为主要能源树种以提供生物燃料，占到瑞典能源的 15%。目前瑞典柳树能源林商业化种植干物质产量是 4～5t·公顷/年，在施肥清除杂草的措施下可达 10t·公顷/年。

我国有经营薪炭林的悠久历史，但研究系统性不高、技术含量低、规模较小。1949 年后，开始搞一些小规模的薪炭林，但大都是天然林、残次生林和过量樵采的人工残林，人工营造的薪炭林为数不多，规模较小，经营管理技术不规范，发展速度缓慢，具有明显的局部性、自发性、低产性等特点。全国薪炭林试点建设阶段大体在"六五"试点起步，随后有了一定的发展。但近些年，薪炭林的建设逐年滑坡，造林面积逐年减少。根据第六次全国森林资源清查结果，薪炭林面积 303.44 万 hm²，占森林总面积的 1.7%；蓄积 5627.00 万 m³，占森林总蓄积的 0.45%；分别较第五次森林资源清查结果相比均减少了 50%。说明我国薪炭林严重缺乏，亟须要发展，以增加面积和蓄积，缓解对煤炭、其他用途林种消耗的压力。并且，日益增长的对生物质能源的需求，如生物发电厂、固体燃料等，更加大了对能源林的需求。

在木本油料植物方面，我国幅员辽阔，地域跨度广，水热资源分布差异大，含油植物种类丰富，分布范围广，共有 151 个科 1553 种，其中种子含油量在 40% 以上的植物为 154 个种，但是可用作建立规模化生物质燃料油原料基地乔灌木种不足 30 种，分布集中成片可建做原料基地，并能利用荒山、沙地等宜林地进行造林建立起规模化的良种供应基地的生物质燃料油植物仅 10 种左右，其中包括麻疯树、油桐、乌桕、黄连木、文冠果等。从世界范围来看，真正被用于生物柴油生产的木本油料优良品种选育工作才刚刚开始。

2. 能源产品转化利用

（1）液体生物质燃料

生物质资源是唯一能够直接转化为液体燃料的可再生能源，以其产量巨大、可储存和碳循环等优点已引起全球的广泛关注。目前液体生物质燃料主要被用于替代化石燃油作为运输燃料。开发生物质液体燃料是国际生物质能源产业发展最重要的方向，已开始大规模推广使用的主要液体燃料产品有燃料乙醇、生物柴油等。

①燃料乙醇

燃料乙醇是近年来最受关注的石油替代燃料之一，以巴西和美国最为突出。美国生产燃料乙醇采用的技术路线为纤维素原料稀酸水解—戊糖己糖联合发酵工艺。欧盟有采用以植物纤维为原料，通过稀酸水解技术，将其中的半纤维素转化为绿色平台化合物糠醛；再将水解残渣（纤维素和木质素）进行真空干燥，并进行纤维素的浓酸水解，从而大幅度提高水解糖得率（大于 70%)，为木质纤维素制备燃料乙醇的经济可行性提供了较好的思路。

我国自 20 世纪 50 年代起，先后开展了稀酸常压、稀酸加压、浓酸大液比水解，纤维素酶水解法的研究并建成了南岔水解示范厂，主要利用原料为木材加工剩余物，制取目标为酒精和饲料酵母。与国外先进水平相比，存在着技术落后，设备老化，消耗高，效益低，成本居高不下。但这些研究目前在我国尚处于起步阶段，水解技术与国外相比仍有相当差距，而且很不经济。

从战略角度看，世界各国都将各类植物纤维素，作为可供使用生产燃料酒精丰富而廉价的原料来源，其中利用木质纤维素制取燃料酒精是解决原料来源和降低成本的主要途径之一。而纤维素生产酒精产业化的主要瓶颈是纤维素原料的预处理以及降解纤维素为葡萄糖的纤维素酶的生产成本过高。因此，该领域将以提高转化效率和降低生产成本的目标展开相关研究，如高效纤维素原料预处理和催化水解技术，用基因技术改造出能同时转化多种单糖或直接发酵纤维素原料为乙醇的超级微生物和能生产高活性纤维素酶的特种微生物，植物纤维资源制取乙醇关键技术的整合与集成等。

②生物柴油

生物柴油是化石液体燃料理想的替代燃料油，是无污染的可再生绿色能源，被认为是继燃料乙醇之后第二个可望得到大规模推广应用的生物液体能源产品。目前，生产生物柴油的主要原料有：菜籽油（德国）、葵花籽油（意大利、法国）、大豆油（美国）、棕榈油（马来西亚）、亚麻油和橄榄油（西班牙）、棉籽油（希腊）、动物油脂（爱尔兰）、废弃煎炸油（澳大利亚）。生产方法可以分为3大类：化学法、生物法和FT合成技术。化学法包括裂解法、酯交换法、酯化法；生物法主要是指生物酶催化制备生物柴油技术。

③生物质油

生物质油是生物质热解生成的液体燃料，被称为生物质裂解油，与固体燃料相比，生物质油易于储存和运输，其热值为传统燃料用油的一半以上，并可作为化工原料生产特殊化工产品。目前，生物质油有2种具有开发价值的用途：a. 代替化石燃料；b. 提取某些化学物质。国外热解实验装置归纳为5种类型：携带床反应器、多层真空热解磨、流化床反应器、润旋反应器、旋转维壳反应器。Twente所得产液率最高为70%。闪速热解液化可使液体产量最高达到80%。闪速热解在相对较低的温度下进行，较高的加热速率（1000～10000℃/s），较短的停留时间，一般为1秒，所以对设备的要求较高。在各种反应装置中，旋转锥式热解反应器具有较高的生物质油产率，以锯屑为原料经热解其生物质油产率为60%。

我国的山东理工大学、广州能源所、沈阳农业大学、浙江大学、华东理工大学等在热解液化方面做了一系列的理论和实验研究工作。将来的研究工作主要集中在热解原料特性数据的搜集、检测，快速热解液化机理的研究，热解工艺过程的实验研究和液体产物处理等几个方面。

（2）气体生物质燃料

林业生物质气体燃料主要有生物质气化可燃气、生物质氢气以及燃烧产生的电能和热能。

①生物质气化

生物质气化是以生物质为原料，以氧气（空气、富氧或纯氧）、水蒸气或氢气等作为气化介质，在高温条件下通过热化学反应将生物质中可燃部分转化为可燃气的过程，生物质气化时产生的气体有效成分为CO、H_2和CH_4等，称为生物质燃气。对于生物质气化过程的分类有多种形式。如果按照制取燃气热值的不同可分为：制取低热值燃气方法（燃气热值低于$8MJ/m^3$），制取中热值燃气方法（燃气热值为

16~33MJ/m³），制取高热值燃气方法（燃气热值高于33MJ/m³）；如果按照设备的运行方式的不同，可以将其分为固定床、流化床和旋转床。如果按照汽化剂的不同，可以将其分为干馏气化、空气气化、氧气气化、水蒸气气化、水蒸气—空气气化和氢气气化等。生物质气化炉是气化反应的关键设备。在气化炉中，生物质完成了气化反应过程并转化为生物质燃气。目前主要应用的生物质气化设备有热解气化炉、固定床气化炉以及流化床气化炉等几种形式。

生物质气化发电技术是把生物质转化为可燃气，再利用可燃气推动燃气发电设备进行发电。它既能解决生物质难于燃用而且分布分散的缺点，又可以充分发挥燃气发电技术设备紧凑而且污染少的优点，所以气化发电是生物质能最有效、最洁净的利用方法之一。气化发电系统主要包括3个方面：一是生物质气化，在气化炉中把固体生物质转化为气体燃料；二是气体净化，气化出来的燃气都含有一定的杂质，包括灰分、焦炭和焦油等，需经过净化系统把杂质除去，以保证燃气发电设备的正常运行；三是燃气发电，利用燃气轮机或燃气内燃机进行发电，有的工艺为了提高发电效率，发电过程可以增加余热锅炉和蒸汽轮机。

生物质气化及发电技术在发达国家已受到广泛重视，生物质能在总能源消耗中所占的比例增加相当迅速。美国在利用生物质能发电方面处于世界领先地位。美国建立的Battelle生物质气化发电示范工程代表生物质能利用的世界先进水平，可生产中热值气体。据报道，美国有350多座生物质发电站，主要分布在纸浆、纸产品加工厂和其他林产品加工厂，这些工厂大都位于郊区。发电装机总容量达7000MW，提供了大约6.6万个工作岗位。到2010年，生物质发电将达到13000MW装机容量，届时有16.2万hm²的能源农作物和生物质剩余物作为气化发电的原料，同时可安排约17万名就业人员。美国能源部生物质发电计划的目标是到2020年实现生物质发电的装机容量为45000MW，年发电2250亿~3000亿度。

欧洲也在生物质发电方面进行了很多研究，也建立了许多示范工程。促进生物质为基础的电力通过绿色电力发展，在2010年从现在的可再生能源发电的14%上升到22%。奥地利成功地推行了建立燃烧木材剩余物的区域供电站的计划，生物质能在总能耗中的比例由原来的3%增到目前的25%，已拥有装机容量为1M~2MW的区域供热站90座。瑞典和丹麦正在实施利用生物质进行热电联产的计划，使生物质能在转换为高品位电能的同时满足供热的需求，以大大提高其转换效率。1999年，瑞典地区供热和热电联产所消耗的能源中，26%是生物质能。芬兰是世界上利用林业废料/造纸废气物等生物质发电最成功的国家之一，其技术与设备为国际领先水平。福斯特威勒公司是芬兰最大的能源公司，也是制造具有世界先进水平的燃烧生物质的循环流化床锅炉公司，最大发电量为30万kW。该公司生产的发电设备主要利用木材加工业、造纸业的废弃物为燃料，废弃物的最高含水量可达60%，排烟温度为140℃，热电效率达88%。

我国生物质气化供气，作为家庭生活的气体燃料，已经推广应用了400多套小型的气化系统，主要应用在农村，规模一般在可供200～400户家庭用气，供气户数4万余户。用于木材和农副产品烘干的有800多台。生物质气化发电技术也得到了应用，第一套应用稻糠发电的小型气化机组是在1981年，1MW级生物质气化发电系统已推广应用20多套。气化得到的气体热值为4M～10MJ/m³，气化的热效率一般为70%左右，发电的热效率比较低，小型的气化系统只有12%左右，MW级的发电效率也不到18%。

提高气化效率、改善燃气质量、提高发电效率是未来生物质气化发电技术开发的重要目标，采用大型生物质气化联合循环发电（BIGCC）技术有可能成为生物质能转化的主导技术之一，效率可达40%以上；同时，开发新型高效率的气化工艺也是重要发展方向之一。

②生物质制氢

氢能是一种新型的洁净能源，是新能源研究中的热点，在21世纪有可能在世界能源舞台上成为一种举足轻重的二次能源。国际上氢能研究从20世纪90年代以来受到特别重视。美国早在1990年就通过了SparkM.Matsunaga氢能研究与发展、示范法案，启动了一系列氢能研究项目。日本通产省于1993年启动了世界能源网络项目，到2020年计划投入30亿美元开发氢能系统的关键技术。目前制氢的方法很多，主要有水电解法、热化学法、太阳能法、生物法等。生物质制氢技术是制氢的重要发展方向，主要集中在生物法和热化学转换法。意大利开发了生物质直接气化制氢技术，过程简单，产氢速度快，成本显著低于电解制氢、乙醇制氢等，欧洲正在积极推进这项技术的开发。

生物质资源丰富、可再生，其自身是氢的载体，通过生物法和热化学转化法可以制得富氢气体。随着"氢经济社会"的到来，无污染、低成本的生物质制氢技术将有一个广阔的应用前景。

3. 固体生物质燃料

固体生物质燃料是指不经液化或气化处理的固态生物质，通过改善物理性状和燃烧条件以提高其热利用效率和便于产品的运输使用。固体生物质燃料适合于利用林地抚育更新和林产加工剩余物以及农区燃料用作物秸秆。由于处理和加工过程比较简单，投能和成本低，能量的产投比高，是原料富集地区的一种现实选择，欧洲和北美多用于供热发电。固体生物质燃料有成型、直燃和混合燃烧3种燃烧方式和技术。

（1）生物质成型燃料

生物质燃料致密成型技术（BBDF）是将农林废弃物经粉碎、干燥、高压成型为各种几何形状的固体燃料,具有密度高、形状和性质均一、燃烧性能好、热值高、便于运输和装卸等特点,是一种极具竞争力的燃料。从成型方式上来看,生物质成型技术主要有加热成型和常温成型两种方式。生物质成型燃料生产的关键是成型装备,按照成型燃料的物理形状分为颗粒成型燃料、棒状成型燃料和块状燃料成型燃料等形式。

我国在生物质成型燃料的研究和开发方面开始于20世纪70年代,主要有颗粒燃料和棒状燃料两种,以加热生物质中的木质素到软化状态产生胶粘作用而成型,在实际应用过程中存在能耗相对较高、成型部件易磨损以及原料的含水率不能过高等不足。近几年在借鉴国外技术的基础上,开发出的"生物质常温成型"新技术大大降低了生物质成型的能耗,并开展了产业化示范。

(2)生物质直接燃烧技术

直接燃烧是一项传统的技术,具有低成本、低风险等优越性,但热利用效率相对较低。锅炉燃烧发电技术适用于大规模利用生物质。生物质直接燃烧发电与常规化石燃料发电的不同点主要在于原料预处理和生物质锅炉,锅炉对原料适用性和锅炉的稳定运行是技术关键。

林业生物质直接燃烧发电主要集中在美国、芬兰和瑞典等国家,其中美国是世界上林业废物直接燃烧发电规模最大的国家,拥有超过500座以林业生物质为原料的电厂,大部分分布在纸浆、纸制品和其他木材加工厂的周围,美国生物质直接燃烧发电占可再生能源发电量的70%,生物质发电装机容量已达1050万千瓦,预计到2015年装机容量将达1630万千瓦。芬兰燃用林业生物质的流化床锅炉技术国际领先。瑞典在林业生物质收集技术方面居世界领先地位,生物质热电厂也多采用循环流化床锅炉。过去,林业生物质直燃发电大多采用中温中压层燃炉,以降低锅炉结渣和腐蚀的风险。随着技术的发展,高温高压流化床锅炉发电也越来越多地采用;装机容量一般大于20MW,高的可以达到100MW以上,芬兰和瑞典也在尝试在较小的生物质发电项目中利用循环流化床锅炉。

生物质直接燃烧发电的关键是生物质锅炉。我国已有锅炉生产企业曾生产过木柴(木屑)锅炉、蔗渣锅炉,品种较全,应用广泛,锅炉容量、蒸汽压力和温度范围大。但是由于国内生物质燃料供应不足,国内市场应用多为中小容量产品,大型设备主要是出口到国外生物质供应量大集中的国际市场。常州综研加热炉有限公司与日本合资开发了一种燃烧木材加工剩余物的大型锅炉,用于木材加工企业在生产过程中所需要供热系统的加热,以降低木材产品生产的成本。

(3)生物质混燃技术

混燃是最近10年来许多工业化国家采用的技术之一,有许多稻草共燃的实验和示范工程。混合燃烧发电包括:直接混合燃烧发电、间接混合燃烧发电和并联混合燃烧发电3种方式。直接混合燃烧发电是指生物质燃料与化石燃料在同一锅炉内混合燃烧产生蒸汽，带动蒸汽轮机发电，是生物质混合燃烧发电的主要方式，技术关键为锅炉对燃料的适应性、积灰和结渣的防治、避免受热面的高温腐蚀和粉煤灰的工业利用。

国内很多研究机构和发电企业开始自主进行燃煤锅炉直接混燃生物质发电的研究和实践，清华大学热能工程系和秦皇岛福电集团在75t/小时燃煤循环流化床锅炉上进行直接混燃发电试验。研究表明：在入炉生物质的量占入炉总热值的20%以下，只需要增加一套生物质预处理设备，燃煤锅炉几乎不需要进行任何改变，锅炉即可稳定运行，甚至还可以改进燃烧性能。

生物质混合燃烧发电技术具有良好的经济性，但是，由于目前一般混燃项目还不能得到电价补贴政策的优惠，生物质混合燃烧发电技术在我国推广应用，还需要在财税政策方面的改进，才可能有大的发展。

（二）林业生物质能源发展的重点领域

1. 专用能源林资源培育技术平台

生物质资源是开展生物质转化的物质基础，对于发展生物产业和直接带动现代农业的发展息息相关。该方向应重点开展能源植物种质资源与高能植物选育及栽培。针对目前能源林单产低、生长期长、抗逆性弱、缺乏规模化种植基地等问题，结合林业生态建设和速生丰产林建设，加速能源植物品种的遗传改良，加快培育高热值、高生物量、高含油量、高淀粉产量优质能源专用树种，开发低质地上专用能源植物栽培技术，并在不同类型宜林地、边际性土地上进行能源树种定向培育和能源林基地建设，为生物质能源持续发展奠定资源基础。能源林主要包括纤维类能源林、木本油料能源林和木本淀粉类能源林3大类。

（1）木质纤维类能源林

以利用林木木质纤维直燃（混燃）发电或将其转化为固体、液体、气体燃料为目标，重点培育具有大生物量、抗病虫害的柳树、杨树、桉树、栎类和竹类等速生短轮伐期能源树种，建立配套的栽培及经营措施；解决现有低产低效能源林改造恢复技术，优质高产高效能源林可持续经营技术，绿色生长调节剂和配方施肥技术，病虫害检疫和预警技术。加强沙生灌木等可在边际性土地上种植的能源植物新品种的选育，优化资源经营模式，提高沙柳、柠条等灌木资源利用率，建立沙生灌木资源培育和能源化利用示范区。

（2）木本油料能源林

以黄连木、油桐、麻疯树、文冠果等主要木本燃料油植物为对象，大力进行良种化，解决现有低产低效林改造技术和丰产栽培技术；加快培育高含油量、抗逆性强且能在低质地生长的木本油料能源专用新树种，突破立地选择、密度控制、配方施肥等综合培育技术。以公司加农户等多种方式，建立木本油料植物规模化基地。

（3）木本淀粉类能源林

以提制淀粉用于制备燃料乙醇为目的，进行非食用性木本淀粉类能源植物资源调查和利用研究，大力选择、培育具有高淀粉含量的木本淀粉类能源树种，在不同生态类型区开展资源培育技术研究和高效利用技术研究。富含淀粉的木本植物主要是壳斗科、禾本科、豆科、蕨类等，主要是利用果实、种子以及根等。重点研究不同种类木本淀粉植物的产能率，开展树种良种化选育，建立木本淀粉类能源林培育利用模式和产业化基地，加强高效利用关键技术研究。

2. 林业生物质热化学转化技术平台

热化学平台研究和开发目标是将生物质通过热化学转化成生物油、合成气和固体碳。尤其是液体产品，主要作为燃料直接应用或升级生产精制燃料或者化学品，替代现有的原油、汽油、柴油、天然气和高纯氢的燃油和产品。另外，由于生物油中含有许多常规化工合成路线难以得到的有价值成分，它还是用途广泛的化工原料和精细日化原料，如可用生物原油为原料生产高质量的黏合剂和化妆品；也可用它来生产柴油、汽油的降排放添加剂。热化学转化平台主要包括热解、液化、气化和直接燃烧等技术。

3. 林业生物质糖转化技术平台

糖平台的技术目标是要开发使用木质纤维素生物质来生产便宜的，能够用于燃料、化学制品和材料生产的糖稀。降低适合发酵成酒精的混合糖与稀释糖的成本。美国西北太平洋国家实验室（PNNL）和国家再生能源实验室（NREL）已对可由戊糖和己糖生产的300种化合物，根据其生产和进一步加工高附加值化合物的可行性进行了评估和筛选，提出了30种候选平台化合物。并从中又筛选出12种最有价值的平台化合物。但是，制约该平台的纤维素原料的预处理以及降解纤维素为葡萄糖的纤维素酶的生产成本过高、戊糖/己糖共发酵菌种等瓶颈问题尚未突破。

4. 林业生物质衍生产品的制备技术平台

（1）生物基材料转化

在进行生物质能源转化的同时，开展生物基材料的研究开发亦是国内外研究热点。应加强生物塑料（包括淀粉基高分子材料、聚乳酸、PHA、PTT、PBS)、生物基功能高分子材料、木基材料等生物基材料制备、应用和性能评价技术等方面的研究，重点在现有可生物降解高分子材料基础上，集成淀粉的低成本和聚乳酸等生物可降解树脂的高性能优势，开发全降解生物基塑料（亦称淀粉塑料）和地膜产品，开发连续发酵乳酸和从发酵液中直接聚合乳酸技术，降低可生物降解高分子树脂的成本，保证生物质材料的经济性；形成完整的生产全降解生物质材料技术、装备体系。

（2）生物基化学品转化

利用可再生的生物质原料生产生物基化学品同样具有广阔的前景。应加快生物乙烯、乳酸、1,3-丙二醇、丁二酸、糠醛、木糖醇等乙醇和生物柴油的下游及共生化工产品的研究，重点开展生物质绿色平台化合物制备技术，包括葡萄糖、乳酸、乙醇、糠醛、羟甲基糠醛、木糖醇、乙酰丙酸、环氧乙烷等制备技术。加强以糠醛为原料生产各种新型有机化合物、新材料的研究和开发。

（三）林业生物质能源主要研究方向

1. 能源林培育

重点培育适合能源林的柳树、杨树和桉树等速生短轮伐期品种，建立配套的栽培及经营措施；在木本燃料油植物树种的良种化和丰产栽培技术方面，以黄连木、油桐、麻疯树、文冠果等主要木本燃料油植物为对象，大力进行良种化，解决现有低产低效林改造技术；改进沙生灌木资源培育建设模式，提高沙柳、柠条等灌木资源利用率，建立沙生灌木资源培育和能源化利用示范区。

2. 燃料乙醇

重点加大纤维素原料生产燃料乙醇工艺技术的研究开发力度，攻克植物纤维原料预处理技术、戊糖己糖联合发酵技术，降低酶生产成本，提高水解糖得率，使植物纤维基燃料乙醇生产达到实用化。在华东或东北地区进行以木屑等木质纤维为原料生产燃料乙醇的中试生产；在木本淀粉资源集中的南方省（自治区）形成燃料乙醇规模化生产。

3. 生物柴油

重点突破大规模连续化生物柴油清洁生产技术和副产物的综合利用技术，形成基于木本油料的具有自主知识产权、经济可行的生物柴油生产成套技术；开展生物柴油应用技术及适应性评价研究。在木本油料资源集中区开展林油一体化的生物柴油示范。并根据现有木本油料资源分布以及原料林基地建设规划与布局，形成一定规模的生物柴油产业化基地。

4. 生物质气化发电/供热

主要发展大规模连续化生物质直接燃烧发电技术、生物质与煤混合燃烧发电技术和生物质热电联产技术；针对现有生物质气化发电技术存在燃气热值低、气化过程产生的焦油多的技术瓶颈，研究开发新型高效气化工艺。在林业剩余物集中区建立兆瓦级大规模生物质气化发电/供热示范工程；在柳树、灌木等资源集中区建立生物质直燃/混燃发电示范工程；在三北地区建立以沙生灌木为主要原料，集灌木能源林培育、生物质成型燃料加工、发电/供热一体化的热电联产示范工程。通过示范，形成分布式规模化生物质发电系统。

5. 固体成型燃料

重点以降低生产能耗、降低产品成本、提高模具耐磨性为主攻方向，开发一体化、可移动的颗粒燃料加工技术和装备，开发大规模林木生物质成型燃料设备以及抚育、收割装备；形成固体成型燃料生产、供热燃烧器具、客户服务等完善的市场和技术体系。在产业化示范的基础上，在三北地区建立一定规模的以沙生灌木为原料的生物质固化成型燃料产业化基地；在东北、华南和华东等地建立具有一定规模的以林业剩余物或速生短轮伐期能源林为原料的生物质固化成型燃料产业化基地。

6. 石油基产品替代

重点研究完全可降解、低成本生物质塑料，用生物质塑料取代石油基塑料；开发脂肪酸酯、甘油、乙烯、乙醇下游产品，以增加生物质产业的领域范围和经济效益。

7. 生物质快速热解制备生物质油

重点研究林业生物质原料高温快速裂解、催化裂解液化、高压裂解液化、超临界液化、液化油分离提纯等技术，并开展相关的应用基础研究，在此基础上开发生物质油精制与品位提升的新工艺，提高与化石燃料的竞争力。

8. 林业生物质能源相关技术和产品标准研究

根据林业生物质能源利用发展的总体要求，重点制定林业生物质能资源调查、评价技术规定和标准，能源林培育、栽培技术规程，生物质发电、成型燃料等产品标准以及相应的生产技术规程。实现产地环境、生产原料投入监控、产品质量、包装贮运等方面的标准基本配套，建立起具有国际水准的绿色环保的林业生物质能源利用的标准体系程。实现产地环境、生产原料投入监控、产品质量、包装贮运等方面的标准基本配套，建立起具有国际水准的绿色环保的林业生物质能源利用的标准体系。

第五节 森林文化体系建设

生态文化建设是一个涉及多个管理部门的社会系统工程，需要多部门乃至全社会共同协调与配合。森林文化建设是生态文化体系建设的突破口和着力点。

一、森林文化体系建设现状

我国具有悠久的历史文化传承。丰富的自然人文景观和浓郁的民族、民俗、乡土文化积淀，为现代森林文化建设提供了有益的理论依据和翔实的物质基础。中华人民共和国成立以来，特别是改革开放以来，各级党委和政府高度重视林业发展和森林文化体系建设，并在实践中不断得以丰富、发展与创新，积累了许多宝贵的经验。

（一）我国森林文化文化发展现状与趋势

在全国，由于各地的历史文化、地理区位和民族习俗的不同，森林文化体系建设备具特色,在总体上显示出资源丰富、潜力巨大、前景广阔的特点。

1. 资源丰富

我国历史文化、民族习俗和自然地域的多样性,决定了森林与生态文化发展背景、资源积累、表现形式和内在含义的五彩纷呈与博大精深。在人与人、人与自然、人与社会长期共存、演进的过程中,各地形成了丰富而独具特色的森林生态文化。自然生态资源与历史人文资源融为一体,物质文化形态与非物质文化形态交相辉映,不仅为满足当代人,乃至后代人森林生态文化多样化需求提供了物质载体,而且关注、传播、保护、挖掘、继承和弘扬森林文化,必将成为构建生态文明社会的永恒主题。以山西省为例。该省至今保留数以千计的古树名木,仅入选《山西古稀树木》一书的就有109种1149株。享有盛誉的洪洞老槐树,如今已演绎成百姓"寻根问祖"的祭祀文化形式。太原晋祠的周代侧柏、解州关帝庙的古柏群等,堪称树木文化中的瑰宝。在木质建筑文化方面,世界最高、最古老的应县辽代木塔不仅建筑雄伟,而且木雕工艺精美绝伦;平遥古城诸多商号钱庄与祁县乔家大院、灵石王家大院等,既是晋商文化的象征,又是我国北方私家园林造园艺术与木雕艺术的结晶。在园林文化方面,有太原晋祠、解州关帝庙、永济普救寺等。森林公园和风景名胜区方面,则有四大佛教圣地之首的五台山以及北岳恒山、永济五老峰、方山北武当等。再看新疆。新疆拥有独特的天山文化、荒漠文化和林果文化(诸如吐鲁番的葡萄、库尔勒的香梨、阿克苏的大枣、石河子的蟠桃等)。新疆森林以其雄伟、宽广、险峻、奇丽的自然美征服世人,不仅为社会提供精神产品,同时吸引文学家、艺术家以其为题材创作无数脍炙人口的文艺作品。新疆各族人民长期生活在森林、草原与绿洲之中,对绿色情有独钟,祖祖辈辈养成了植绿、护绿、爱绿的良好习俗和自觉的生态意识、生态道德。在新疆,许多反映古老文明兴衰存亡与沧桑变迁的文化遗迹,显现出人与自然共存的历史进程。生态旅游资源方面,新疆拥有乔戈里山、喀纳斯湖、塔克拉玛干沙漠、古尔班通古特沙漠、乌尔禾雅丹地貌、天山库车大峡谷、天山托木尔冰川、天山雪岭云杉林、轮台胡杨林、巴音布鲁克湿地、喀纳斯湖畔的图瓦村、伊犁草原等,它们以其独特的文化底蕴与绮丽的自然魅力,吸引和征服着国内外游客。此外,甘肃的伏羲文化、三国文化、大地湾文化、秦国早期文化、敦煌与麦积山石窟文化,云南的茶文化、花文化、蝴蝶文化、民居民俗文化、江南山水文化、园林文化,西部和东北的动物文化(大熊猫、东北虎、金丝猴、野骆驼、野驴、野马、马鹿、藏羚羊等)、湿地文化(天鹅、白鹤、鹳雀、大雁等)和恐龙化石文化等,同样在国内独树一帜。在广袤的中华大地上,到处都可以如数家珍般列举出反映各自生态文化的精品实例。人类在与森林、草原、湿地、沙漠的朝夕相处、共生共荣中,所形成的良好习俗与传统,已深深融入当地的民族文化、宗教文化、民俗文化、乡规民约和图腾崇拜之中。这些宝贵的森林与生态文化资源,为建设繁荣的生态文化体系奠定了良好的基础。

2. 起步良好

进入21世纪以来，党中央、国务院做出了《关于加快林业发展的决定》，加快实施林业重点工程，确立了以生态建设为主的林业发展战略，我国林业建设取得了举世瞩目的巨大成就。近年来，各省（自治区、直辖市）立足本地区实际，贯彻生态建设、生态保护的理念，调整经济社会发展战略和林业发展战略，不断加大生态保护和建设力度，以适应经济社会全面协调可持续发展需要。各省不仅先后出台了贯彻《关于加快林业发展的决定》的意见，而且广东、浙江、福建、湖南等省提出了建设生态省的战略构想，开展了现代林业发展战略研究与规划，林业建设取得巨大成就。以海南省为例。海南依托丰富的人文资源，独特的地域文化和民族文化，率先在全国提出建设生态省的发展思路，为生态建设立法。在《海南生态省建设规划纲要》中指出，"生态文化建设是生态省建设的重要组成部分"。森林与生态文化正在成为社会主义先进文化的重要内容，推动生态建设的强大动力，经济社会发展的朝阳产业和建设生态文明社会的重要基础。

3. 需求强劲

随着国民经济的快速发展，生态形势的日趋严峻，全社会对良好生态环境和先进生态文化的需求空前高涨。这种生态文化需求包括精神层面和物质层面。在生态文化需求的精神层面上，研究、传播和培育生态理论、生态立法、生态伦理和生态道德方面显得尤为迫切。文化是一种历史现象，每一社会都有与其相适应的文化，并随着社会物质生产的发展而发展。先进文化为社会发展提供精神动力和智力支持，同先进生产力一起，成为推动社会发展的两只轮子。生态文化是人与自然和谐相处、协同发展的文化，对生态建设和林业发展有强大的推动作用。在生态文化需求的物质层面上，大力发展生态文化产业，既推动了林业产业发展、促进山区繁荣和林农致富，又满足人们生态文化消费的需要。

4. 潜力巨大

森林与生态文化建设和产业发展的潜力巨大，前景广阔。一是生态文化资源开发潜力巨大。我国历史悠久，地域辽阔，蕴藏着极其丰富的自然与人文资源。在这些资源中，有的是世界历史文化的遗产，有的是国家和民族的象征，有的是人类艺术的瑰宝，有的是自然造化的结晶。这些特殊的、珍贵的、不可再生的自然垄断性资源，不仅有着独特的、极其重要的自然生态、历史文化和科教审美价值，而且蕴藏着丰厚的精神财富和潜在的物质财富。其中相当一部分资源还未得到有效的保护、挖掘、开发和利用。二是生态文化科学研究、普及与提高的潜力巨大。党的十七大报告中把"建设生态文明"列为全面建设小康社会的重要目标，这不仅关系到产业结构调整和增长方式、消费模式的重大转变，而且赋予研究和构建生态文化体系以新的使命。这就是通过生动活泼的生态文化活动，增强人们的生态意识、生态责任、生态伦理和生态道德，促进人与自然和谐共存，经济与社会协调发展，全社会生态文明观念牢固树立。三是生态文化产业的市场潜力巨大。据国家旅游局预测，到2020年，我国国内居民出游率将达到311%，国内旅游人数达到45亿人次，旅游业总收入将超过3.3万亿元。在我国人均GDP达到3000美元后，走进森林、回归自然的户外游憩将成为消费热点，旅游方式也将从"走马观灯"式向探索自然奥秘转变，真正感受生态文化魅力的"知性之旅"。

5. 顺应潮流

建设先进而繁荣的生态文化体系，顺应时代潮流。随着近代工业化进程加快，全球生态环境日趋恶化，引起国际社会的热切关注。20世纪80年代，联合国成立了环境与发展委员会。1987年，由挪威首相G.H.布伦特兰夫人主持撰写的《我们共同的未来》报告，全面地阐述了可持续发展的概念。这一概念被1992年联合国环境与发展大会所接受，成为指导人类未来发展的共同理论。此后，许多国际知名学者认识到文化对于生态建设的重要性。罗马俱乐部的创始人贝切利指出："人类创造了技术圈，入侵生物圈，进行过多的榨取，从而破坏了人类自己明天的生活基础。因此如果我们想自救的话，只有进行文化价值观念的革命。"美国、德国、日本、澳大利亚等许多发达国家，高度重视森林可持续经营和生态文化体系建设，收到明显效果。在这些国家，全社会的生态伦理意识深入人心，生态制度比较完备，生态环境显著改善，生态文明程度明显提高。世界各国森林经营理论也由传统的永续利用转变为可持续经营，城市森林建设已成为生态化城市的发展方向，传统林业正迅速向现代林业转变。

（二）我国森林文化建设取得的主要经验

1. 政府推动，社会参与

森林生态文化体系建设是一项基础性、政策性、技术性和公众参与性很强的社会公益事业。各级政府积极倡导和组织生态文化体系建设，把生态文化体系建设纳入当地国民经济和社会发展中长期规划，充分发挥政府在统筹规划、宏观指导、政策引导、资源保护与开发中的主体地位和主导作用，通过有效地基础投入和政策扶持，促进市场配置资源，鼓励多元化投入，实现有序开发和实体运作。这既是经验积累，也是发展方向。比如，云南省提出建设绿色经济强省的目标，启动了七彩云南保护行动计划。贵州省实施"生态立省"战略，构筑两江生态屏障，再造贵州秀美山川。四川省把"到2010年，建成长江上游生态屏障"作为全省经济社会发展的主要目标之一。这些发展思路，对西南地区生态建设和林业发展产生重大影响。同时，全社会广泛参与是生态文化体系建设的根本动力，大幅度提高社会公众的参与程度，是生态文化体系建设的重要目标。广东、浙江等省把培育和增强民众的生态意识、生态伦理、生态道德和生态责任列为构建生态文明社会的重要标志，将全省范围内的所有城市公园免费向公众开放，让美丽的山水、园林、绿地贴近市民，深入生活，营造氛围，陶冶情操，收到事半功倍的良好效果。

2. 林业主导，工程带动

森林、湿地、沙漠三大陆地生态系统，以及与之相关的森林公园、自然保护区、乡村绿地、城市森林与园林等是构建生态文化体系的主要载体，涉及诸多行业和部门。林业部门是保障国体生态安全，实施林业重大生态工程的主管部门，在生态文化体系建设中发挥着不可替代的主导地位和作用。这是确保林业重点工程与生态文化建设相得益彰，协调发展的基本经验。广州市在创建森林城市活动中，以实施"青山绿水"工程为切入点，林业主导，各业协同，遵循"自然与人文相宜，传统与现代相兼，生态建设与文化建设相结合"的原则，精心打造城市生态体系，不仅提升了城市品位和魅力，而且促进了全市生产方式、生活方式、消费观念和生态意识的变化。新疆阿克苏市柯柯牙绿化工程，五届领导班子一任接着一任干，一张蓝图画到底。经过20多年的艰苦奋斗，使全市森林覆盖率由增加到30.6%，生态环境得到明显改善。

3. 宣传教育，注重普及

森林生态文化重在传承弘扬，贵在普及提高。各地通过各种渠道开展群众喜闻乐见的生态文化宣传普及和教育活动。一是深入挖掘生态文化的丰富内涵。如云南、贵州省林业厅经常组织著名文学艺术家、画家、摄影家等到林区采风，通过新闻媒体和精美的影视戒剧、诗歌散文等作品，宣传普及富有当地特色的生态文化，让广大民众和游客更加热爱祖国、热爱家乡、热爱自然。二是以各种纪念与创建活动为契机开展生态文化宣教普及。各地普遍地运用群众，特别是青少年和儿童参与性、兴趣性、知识性较强的植树节、爱鸟周、世界地球日、荒漠化日等纪念日和创建森林城市活动，潜移默化，寓教于乐。三是结合旅游景点开展生态文化宣传教育活动。例如云南省丽江市东巴谷生态民族村，在景区中设置大量与生态文化有关的景点，向游客传播生态知识和生态文化理念。四是建立生态文化科普教育示范基地。各地林业部门与科协、教育、文化部门联合，依托当地的自然保护区、森林公园、植物园，举办知识竞赛，兴办绿色学校，开办生态夏令营，开展青年环保志愿行动和绿色家园创建活动。

4. 丰富载体，创新模式

森林与生态文化基础设施是开展全民生态文化教育的重要载体，也是衡量一个地方生态文明程度的重要标志。截至2006年底，全国已建立各级森林公园2067处，规划总面积1569万 hm^2，其中国家级森林公园660处，面积1125万 hm^2。福建省已建成31个省级以上自然保护区，有25个自然保护区在开展科普教育活动，普遍建了森林博物馆、观鸟屋、宣教中心等。福州国家森林公园利用自身优势，建成了目前全国唯一规模最大的森林博物馆，已成为生态文化传播基地。地处海口市的海南热带森林博览园，是一个集旅游观光、系统展示与科普教育等多功能于一体的热带滨海城市森林公园。海南省霸王岭自然保护区挖掘树文化的内涵，开辟出多条栈道，为树木挂牌。各地生态文化培育和传播的模式得到不断创新。诸如海南儋州市自2002年创立以来创办的生态文化论坛和文明生态村，以及福州旗山国家森林公园推出的"森林人家"已成为闻名全国的森林生态文化旅游品牌，在新农村建设中焕发了青春。

5. 产业拉动，兴林富民

森林生态文化产业的发展促进了山区繁荣和农民增收致富。据统计，森林公园通过发展森林旅游已经使2700个乡、12000个村、近2000万农民受益，带动森林公园周边4654个村脱贫，直接吸纳农业人口就业数量近50万个。农民意识到山川秀美是一笔巨大的财富，农民有了热爱家园的自豪感，自觉珍惜资源、保护环境，变被动保护为主动保护，爱绿、护绿、兴绿成为新风尚。尤其是湖南、福建两省森林旅游业特色鲜明，方兴未艾。不仅带动了茶文化、竹文化、花卉文化等产业的发展，而且对繁荣生态文化，增强当地林农生态保护意识，带动周边乡村经济发展和林农致富起到了显著作用。

同时，由于生态文化体系建设作为现代林业发展的重要内容还刚刚开始，毋庸置疑各地在森林生态文化建设中仍普遍存在一些问题，比较突出的有以下几点。

（1）森林生态文化知识的普及不够，生态文明意识还比较薄弱

具体表现为用科学发展观正确认识和处理人与自然、生态保护与产业开发、生态指标与政绩考核的相互关系上，还存在片面强调眼前而忽视长远，只顾当代人而不顾后代人的不可持续的观点。由于生态文化体系建设提出来的时间比较短，各地对生态文化体系建设的理解还比较模糊，从工作层面上讲，对生态文化体系建设抓什么、怎么抓的问题不十分明确。

（2）森林生态文化体系建设的投入不足，基础设施不够完善

近年来，我国自然保护区、森林公园建设有了长足进步，但总体上仍然资金不足，运转较为艰难。生态文化基础设施跟不上而导致产业开发滞后。生态文化方面的图书资料、音像作品等基本资料相当匮乏，造成有些地方只有资源而没有文化。从国家层面上至今还没有一个森林博物馆。

（3）森林生态文化体系建设的管理体制不顺，职责不清

生态文化体系和林业生态体系、林业产业体系并称为林业三大体系，是新时期全面推进现代林业建设的主要目标和任务。对于这样一个崭新的课题，各地没有明确的组织机构、相应的人员和经费保证。从管理体制上，林业部门在生态文化体系建设中的主体地位有待强化，协调能力亟待加强。尤其在职责分工、利益分配、责任划分等问题上，由于利益驱动，往往造成自然保护区和森林公园保护的责任由林

业部门承担，而旅游开发的收益却不能反哺林业的做法，不利于调动各方的积极性，严重影响了生态文化体系建设。

（4）森林生态文化产品单一，产业不够发达

当前，我国生态文化体系建设还存在思想认识不足、基础设施薄弱、理论研究滞后、服务体系欠缺、品牌效应不高等突出问题。尤其是中西部地区，由于起步较晚，后发优势没有得到充分显现。加上从业人员的综合素质较低，专业技能与基本素质培训的任务还很艰巨。

（5）森林生态文化理论研究滞后，科技支撑不足

森林生态文化体系建设亟须科学的理论来指导。尽管近几年来不少专家学者从不同角度对生态文化进行了研究，但是还没有形成成熟系统的理论体系。对森林生态文化体系建设的科学研究和人才培养投入亟待加大。

二、森林文化建设行动

生态文化建设是一个涉及多个管理部门的整体工程，需要林业、环保、文化、教育、宣传、旅游、建设、财政、税收等多部门的协调与配合。森林文化是生态文化的主体，森林文化建设是生态文化体系建设的突破口和着力点，由林业部门在生态文化建设中承担主导作用。建议国家成立生态文化建设领导小组，协调各个部门在生态文化建设中的各种关系，确保全国生态文化体系建设"一盘棋"。在林业部门内部将生态文化体系建设作为与林业生态体系建设、林业产业体系建设同等重要的任务来抓，加强领导，明确职责，建成强有力的组织体系和健全有效的工作机制，加快推进生态文化体系建设。

（一）森林制度文化建设行动

为使生态文化建设走上有序化、法制化、规范化轨道，必须尽快编制规划，完善政策法规，构建起生态文化建设的制度体系。

1. 开展战略研究，编制建设规划

开展森林文化发展战略研究，是新形势提出的新任务。战略研究的内容应该包括森林文化建设与发展的各个方面，尤其是从战略的高度，系统深入地研究影响经济社会和现代林业发展全局和长远的森林文化问题，如战略思想、目标、方针、任务、布局、关键技术、政策保障，指导全国的生态文化建设。建议选择在生态文化建设有基础的单位和地区作为试点，然后总结推广。

2. 完善法律法规，强化制度建设

在条件成熟的情况下，逐步出台和完善各项林业法规，如《森林法》《国家森林公园管理条例》《自然保护区法》《古树名木保护条例》《野生动物保护法》等。做到有法可依、有法必依、执法必严、违法必究。提高依法生态建设的水平，为生态文

明提供法制保障。在政策、财税制度方面给森林文化建设予以倾斜和支持，特别是基础设施和条件建设方面给予支持。鼓励支持生态文化理论和科学研究的立项，制定有利于生态文化建设的产业政策，鼓励扶持新型生态文化产业发展，尤其要鼓励生态旅游业等新兴文化产业的发展。建立生态文化建设的专项经费保障制度，生态文化基础设施建设投入纳入同级林业基本建设计划，争取在各级政府预算内基本建设投资中统筹安排解决等。逐步建立政府投入、民间融资、金融信贷扶持等多元化投入机制。从而使森林文化的建设成果更好地为发展山区经济、增加农民收入、调整林区产业结构，满足人民文化需求服务。

3. 理顺管理体制，建立管理机构

结合新形势和新任务的实际需要，设立生态文化相关管理机构。加强对管理人员队伍生态文化的业务培训，提高人员素质。加快生态文化体系建设制度化进程。生态文化体系建设需要规范的制度做保障。建立和完善各级林业部门新闻发言人、新闻发布会、突发公共事件新闻报道制度，准确及时地公布我国生态状况，通报森林、湿地、沙漠信息。建立生态文化宣传活动工作制度，及时发布生态文化建设的日常新闻和重要信息。理顺各相关部门在森林文化建设中的利益关系，均衡利益分配，促进森林文化的持续健康发展。

（二）发展森林文化产业行动

大力发展生态文化产业，各地应突出区域特色，挖掘潜力，依托载体，延长林业生态文化产业链，促进传统林业第一产业、第二产业向生态文化产业升级。

1. 丰富森林文化产品

既要在原有基础上做大做强山水文化、树文化、竹文化、茶文化、花文化、药文化等物质文化产业，也要充分开发生态文化资源，努力发展体现人与自然和谐相处这一核心价值的文艺、影视、音乐、书画等生态文化精品。丰富生态文化的形式和内容。采取文学、影视、戏剧、书画、美术、音乐等丰富多彩的文化形态，努力在全社会形成爱护森林、保护生态，崇尚绿色的良好氛围。大力发展森林旅游、度假、休闲、游憩等森林旅游产品，以及图书、报刊、音像、影视、网络等生态文化产品。

2. 提供森林文化服务

大力发展生态旅游，把生态文化建设与满足人们的游憩需求有机地结合起来，把生态文化成果充实到旅游产品和服务之中。同时，充分挖掘生态文化培训、咨询、网络、传媒等信息文化产业，打造森林氧吧、森林游憩和森林体验等特色品牌。有序开发森林、湿地、沙漠自然景观与人文景观资源，大力发展以生态旅游为主的生态文化产业。鼓励社会投资者开发经营生态文化产业，提高生态文化产品规模化、专业化和市场化水平。

（三）培育森林文化学科与人才行动

中国生态文化体系建设是一个全新的时代命题，也是历史赋予现代林业的一项重大历史使命。最近获悉，"中国生态文化协会"已经民政部批准，即将于2008年10月宣告成立，该协会挂靠国家林业局，协同相关部门开展工作。这将为加强关于生态文化建设的理论与实践研究进一步弘扬生态文化，倡导绿色生活、共建生态文明，提供一个广阔的平台。

1. 培育森林文化学科

建议国家林业局支持设立专项课题，组织相关专家学者，围绕构建人与自然和谐的核心价值观，加强生态文化学术研究，推动生态文化学科建设。在理论上，对于如何建设中国特色生态文化，如何在新的基础上继承和发展传统的生态文化，丰富、凝练生态价值观，需要进一步开展系统、深入的课题研究。重点加强生态变迁、森林历史、生态哲学、生态伦理、生态价值、生态道德、森林美学、生态文明等方面的研究和学科建设。支持召开一些关于生态文化建设的研讨会，出版一批学术专著，创办学术期刊，宣传生态文化研究成果。在对我国生态文化体系建设情况进行专题调查研究和借鉴学习国外生态文化建设经验的基础上，构建我国生态文化建设的理论体系，形成比较系统的理论框架。

2. 培养森林文化人才

加强生态文化学科建设、科技创新和教育培训，培养生态文化建设的科学研究人才、经营管理人才，打造一支专群结合、素质较高的生态文化体系建设队伍。各相关高等院校、科研院所和学术团体应加强合作，通过合作研究、合作办学等多种形式，加强生态文化领域的人才培养；建立生态文化研究生专业和研究方向，招收硕士、博士研究生，培养生态文化研究专业或方向的高层次人才；通过开展生态文化项目研究，提高理论研究水平，增强业务素质。

3. 推进森林文化国际交流

扩大开放，推进国际生态文化交流。开展生态文化方面的国际学术交流和考察活动，建立与国外同行间的友好联系；推动中国生态文化产业的发展，向国际生态文明接轨，提高全民族的生态文化水平；加强生态文化领域的国际合作研究，促进东西方生态文化的交流与对话；推进生态文化领域的国际化进程，在中国加快建设和谐社会中发挥生态文化应有的作用。

（四）开展森林文化科普及公众参与行动

1. 建设森林文化物质载体

建立以政府投入为主，全社会共同参与的多元化投入机制。在国家林业局的统一领导下，启动一批生态文化载体建设工程。对改造整合现有的生态文化基础设施，完善功能，丰富内涵。切实抓好自然保护区、森林公园、森林植物园、野生动物园、湿地公园、城市森林与园林等生态文化基础设施建设。充分利用现有的公共文化基础设施，积极融入生态文化内容，丰富和完善生态文化教育功能。广泛吸引社会投资，在有典型林区、湿地、荒漠和城市，建设一批规模适当、独具特色的生态文化博物馆、文化馆、科技馆、标本馆、科普教育和生态文化教育示范基地，拓展生态文化展示宣传窗口。保护好旅游风景林、古树名木和各种纪念林，建设森林氧吧、生态休闲保健场所，充分发掘其美学价值、历史价值、游憩价值和教育价值，为人们了解森林、认识生态、探索自然、休闲保健提供场所和条件。

2. 开展形式多样的森林文化普及教育活动

拓宽渠道，扩展平台，加强对生态文化的传播。在采用报纸、杂志、广播、电视等传统传播媒介和手段的基础上，充分利用互联网、手机短信、博客等新兴媒体渠道，广泛传播生态文化；利用生态文化实体性渠道和平台，结合"世界地球日""植树节"等纪念日和"生态文化论坛"等平台，积极开展群众性生态文化传播活动。特别重视生态文化在青少年和儿童中的传播，做到生态文化教育进教材、进课堂、进校园文化、进户外实践。继续做好由政府主导的"国家森林城市""生态文化示范基地"的评选活动，使生态文化理念成为全社会的共识与行动，最终建立健全形式多样、覆盖广泛的生态文化传播体系。

3. 发展森林文化传媒

建设新的传播渠道，发挥好各类森林文化刊物、出版物、网络、广播电视、论坛等传媒的作用，加强森林文化的宣传普及。编辑出版生态文化相关领域的学术期刊、书籍，宣传生态文化研究成果；鉴于《生态文化》已有，建议再创建《森林文化》杂志；开展生态文化期刊发展战略和编辑出版的理论、技术、方法研究；组织期刊发展专题研讨会、报告会等学术交流活动；评选优秀期刊、优秀编辑和优秀论文；开展生态文化期刊编辑咨询工作；向有关部门反映会员的意见和要求，维护其合法权益；宣传贯彻生态文化期刊出版的法令、法规和规范，培训生态文化期刊编辑、出版、编务人员；举办为会员服务的其他非营利性的业务活动。

4. 完善森林文化建设的公众参与机制

把森林文化建设与全民义务植树活动、各种纪念日、纪念林结合起来、鼓励绿地认养、提倡绿色生活和消费。通过推行义务植树活动、志愿者行动、设立公众举报电话、奖励举报人员、建立生态问题公众听证会制度等公众参与活动，培育公众的生态意识和保护生态的行为规范，激励公众保护生态的积极性和自觉性，在全社会形成提倡节约、爱护生态的社会价值观念、生活方式和消费行为。推动"国树、国花、国鸟"的法定程序，尽快确定"国树、国花、国鸟"。各地也可开展"省树、省花、省鸟""市树、市花、市鸟"等活动。

第五章　现代林业与生态文明建设

第一节　现代林业与生态环境文明

一、现代林业与生态建设

维护国家的生态安全必须大力开展生态建设。国家要求"在生态建设中，要赋予林业以首要地位"，这是一个很重要的命题。这个命题至少说明现代林业在生态建设中占有极其重要的位置——首要位置。

为了深刻理解现代林业与生态建设的关系，首先必须明确生态建设所包括的主要内容。生态建设（生态文明建设）是中国共产党第十七次全国代表大会提出的实现全面建设小康社会奋斗目标的新要求，是与经济建设、政治建设、文化建设、社会建设相并列的五大建设之一。关于经济建设、政治建设、文化建设、社会建设，在十七大报告中都有专节进行论述，而关于生态（文明）建设并没有专节来论述，相关表述如下："加强能源资源节约和生态环境保护，增强可持续发展能力。坚持节约资源和保护环境的基本国策，关系人民群众切身利益和中华民族生存发展。必须把建设资源节约型、环境友好型社会放在工业化、现代化发展战略的突出位置，落实到每个单位、每个家庭。要完善有利于节约能源资源和保护生态环境的法律和政策，加快形成可持续发展体制机制。落实节能减排工作责任制。开发和推广节约、替代、循环利用和治理污染的先进适用技术，发展清洁能源和可再生能源，保护土地和水资源，建设科学合理的能源资源利用体系，提高能源资源利用效率。发展环保产业。加大节能环保投入，重点加强水、大气、土壤等污染防治，改善城乡人居环境。加强水利、林业、草原建设，加强荒漠化石漠化治理，促进生态修复。加强应对气候变化能力建设，为保护全球气候做出新贡献。"

其次必须认识现代林业在生态建设中的地位。生态建设的根本目的，是为了提升生态环境的质量，提升人与自然和谐发展、可持续发展的能力。现代林业建设对于实现生态建设的目标起着主体作用，在生态建设中处于首要地位。这是因为，森林是陆地生态系统的主体，在维护生态平衡中起着决定作用。林业承担着建设和保护"三个系统一个多样性"的重要职能，即建设和保护森林生态系统、管理和恢复湿地生态系统、改善和治理荒漠生态系统、维护和发展生物多样性。科学家把森林生态系统喻为"地球之肺",把湿地生态系统喻为"地球之肾",把荒漠化喻为"地球的癌症",把生物多样性喻为"地球的免疫系统"。这"三个系统一个多样性",对保持陆地生态系统的整体功能起着中枢作用和杠杆作用,无论损害和破坏哪一个系统,都会影响地球的生态平衡,影响地球的健康长寿,危及人类生存的根基。只有建设和保护好这些生态系统,维护和发展好生物多样性,人类才能永远地在地球这一共同的美丽家园里繁衍生息、发展进步。

(一)森林被誉为大自然的总调节器,维持着全球的生态平衡

地球上的自然生态系统可划分为陆地生态系统和海洋生态系统。其中森林生态系统是陆地生态系统中组成最复杂、结构最完整、能量转换和物质循环最旺盛、生物生产力最高、生态效应最强的自然生态系统;是构成陆地生态系统的主体;是维护地球生态安全的重要保障,在地球自然生态系统中占有首要地位。森林在调节生物圈、大气圈、水圈、土壤圈的动态平衡中起着基础性、关键性作用。

森林生态系统是世界上最丰富的生物资源和基因库。仅热带雨林生态系统就有200万~400万种生物。森林的大面积被毁,大大加速了物种消失的速度。近200年来,濒临灭绝的物种就有将近600种鸟类、400余种兽类、200余种两栖类以及2万余种植物,这比自然淘汰的速度快1000倍。

森林是一个巨大的碳库,是大气中CO_2重要的调节者之一。一方面,森林植物通过光合作用,吸收大气中的CO_2;另一方面,森林动植物、微生物的呼吸及枯枝落叶的分解氧化等过程,又以CO_2、CO、CH_4的形式向大气中排放碳。

森林对涵养水源、保持水土、减少洪涝灾害具有不可替代的作用。据专家估算,目前我国森林的年水源涵养量达3474亿t,相当于现有水库总容量(4600亿t)的75.5%。根据森林生态定位监测,4个气候带54种森林的综合涵蓄降水能力为40.93~165.84mm,即每公顷森林可以涵蓄降水约1000m³。

(二)森林在生物世界和非生物世界的能量和物质交换中扮演着主要角色

森林作为一个陆地生态系统,具有最完善的营养级体系,即从生产者(森林绿色植物)、消费者(包括草食动物、肉食动物、杂食动物以及寄生和腐生动物)到分解者全过程完整的食物链和典型的生态金字塔。由于森林生态系统面积大,树木形体高大,结构复杂,多层的枝叶分布使叶面积指数大,因此光能利用率和生产力在天然生态系统中是最高的。除了热带农业以外,净生产力最高的就是热带森林,连温带农业也比不上它。以温带地区几个生态系统类型的生产力相比较,森林生态系统的平均值是最高的。以光能利用率来看,热带雨林年平均光能利用率可达4.5%,落叶阔叶林为1.6%,北方针叶林为1.1%,草地为0.6%,农田为0.7%。由于森林面积大,光合利用率高,因此森林的生产力和生物量均比其他生态系统类型高。据推算,全球生物量总计为1856亿t,其中99.8%是在陆地上。森林每年每公顷生产的

干物质量达 6~8t，生物总量达 1664 亿 t，占全球的 90% 左右，而其他生态系统所占的比例很小，如草原生态系统只占 4.0%，苔原和半荒漠生态系统只占 1.1%。

全球森林每年所固定的总能量约为 13×10^{17} kJ，占陆地生物每年固定的总能量 20.5×10^{17} kJ 的 63.4%。因此，森林是地球上最大的自然能量储存库。

（三）森林对保持全球生态系统的整体功能起着中枢和杠杆作用

在世界范围内，由于森林剧减，引发日益严峻的生态危机。人类历史初期，地球表面约 2/3 被森林覆盖，约有森林 76 亿 hm^2。19 世纪中期减少到 56 亿 hm^2。最近 100 多年，人类对森林利用和破坏的程度进一步加重。到 2005 年，世界森林面积已经下降到 39.59 亿 hm^2，仅占陆地面积的 30.3%。这就是说，地球上的森林已经减少了一半。联合国发布的《2000 年全球环境展望》指出，人类对木材和耕地的需求，使全球森林减少了 50%，30% 的森林变成农业用地；原始森林 80% 遭到破坏，剩下的原始森林不是支离破碎，就是残次退化，而且分布不均，难以支撑人类文明的大厦。

森林减少是由人类长期活动的干扰造成的。在人类文明之初，人少林茂兽多，常用焚烧森林的办法，获得熟食和土地，并借此抵御野兽的侵袭。进入农耕社会之后，人类的建筑、薪材、交通工具和制造工具等，皆需要采伐森林，尤其是农业用地、经济林的种植，皆由原始森林转化而来。工业革命兴起，大面积森林又变成工业原材料。直到今天，城乡建设、毁林开垦、采伐森林，仍然是许多国家经济发展的重要方式。

伴随人类对森林的一次次破坏，接踵而来的是森林对人类的不断报复。巴比伦文明毁灭了，玛雅文明消失了，黄河文明衰退了。水土流失、土地荒漠化、洪涝灾害、干旱缺水、物种灭绝、温室效应，无一不与森林面积减少、质量下降密切相关。

大量的数据资料表明，20 世纪 90 年代全球灾难性的自然灾害比 60 年代多 8 倍。1999 年联合国环境规划署（UNEP）发表的《2008 年全球环境展望》指出：地球将越来越干旱、燥热、缺水，气候的反复无常也会越来越严重。由于水资源匮乏、土地退化、热带雨林毁坏、物种灭绝、过量捕鱼、大型城市空气污染等问题，地球已呈现全面的生态危机。这些自然灾害与厄尔尼诺现象有关，但是人类大肆砍伐森林、破坏环境是导致严重自然灾害的一个重要因素。

我国森林的破坏导致了水患和沙患两大心腹之患。西北高原森林的破坏导致大量泥沙进入黄河，使黄河成为一条悬河。长江流域的森林破坏也是近现代以来长江水灾不断加剧的根本原因。北方几十万平方千米的沙漠化土地和日益肆虐的沙尘暴，也是森林破坏的恶果。人们总是经不起森林的诱惑，索取物质材料，却总是忘记森林作为大地屏障、江河的保姆、陆地生态的主体，对于人类的生存具有不可替代的整体性和神圣性。恩格斯早就深刻地警告："美索不达米亚、希腊、小亚细亚以及其他各地的居民，为了想得到耕地，把森林都砍光了，但是他们梦想不到，这些地方今天竟因此成为荒芜不毛之地。"美国前副总统阿尔·戈尔在《濒临失衡的地球》一书中这样写道："虽然我们依然需要大量了解森林与雨云之间的共生现象，我们却确实知道森林被毁之后，雨最后也会逐渐减少，湿度也会降低。具有讽刺意味的是，在原是森林的那个地区，还会继续有一个时期的大雨，冲走不再受到林冠荫蔽、不再为树根固定的表土……"

地球上包括人类在内的一切生物都以其生存环境为依托。森林是人类的摇篮、生存的庇护所，它用绿色装点大地，给人类带来生命和活力，带来智慧和文明，也带来资源和财富。森林是陆地生态系统的主体，是自然界物种最丰富、结构最稳定、功能最完善也最强大的资源库、再生库、基因库、碳储库、蓄水库和能源库，除了能提供食品、医药、木材及其他生产生活原料外，还具有调节气候、涵养水源、保持水土、防风固沙、改良土壤、减少污染、保护生物多样性、减灾防洪等多种生态功能，对改善生态、维持生态平衡、保护人类生存发展的自然环境起着基础性、决定性和不可替代的作用。在各种生态系统中，森林生态系统对人类的影响最直接、最重大，也最关键。离开了森林的庇护，人类的生存与发展就会丧失根本和依托。

森林和湿地是陆地最重要的两大生态系统，它们以 70% 以上的程度参与和影响着地球化学循环的过程，在生物界和非生物界的物质交换和能量流动中扮演着主要角色，对保持陆地生态系统的整体功能、维护地球生态平衡、促进经济与生态协调发展发挥着中枢和杠杆作用。林业就是通过保护和增强森林、湿地生态系统的功能来生产出生态产品。这些生态产品主要包括：吸收 CO_2、释放 O_2、涵养水源、保持水土、净化水质、防风固沙、调节气候、清洁空气、减少噪声、吸附粉尘、保护生物多样性等。

二、现代林业与生物安全

（一）生物安全问题

生物安全是生态安全的一个重要领域。目前，国际上普遍认为，威胁国家安全的不只是外敌入侵，诸如外来物种的入侵、转基因生物的蔓延、基因食品的污染、生物多样性的锐减等生物安全问题也危及人类的未来和发展，也直接影响着国家安全。维护生物安全，对于保护和改善生态环境，保障人的身心健康，保障国家安全，促进经济、社会可持续发展，具有重要的意义。在生物安全问题中，与现代林业紧密相关的主要是生物多样性锐减及外来物种入侵。

1. 生物多样性锐减

由于森林的大规模破坏，全球范围内生物多样性显著下降。根据专家测算，由于森林的大量减少和其他种种因素，现在物种的灭绝速度是自然灭绝速度的 1000 倍。

这种消亡还呈惊人的加速之势，20世纪70年代是每周1个，80年代每天1个，90年代几乎每小时1个。有许多物种在人类还未认识之前，就携带着它们特有的基因从地球上消失了，而它们对人类的价值很可能是难以估量的。现存绝大多数物种的个体数量也在不断减少，据英国生物学家诺尔曼·迈耶斯估计，自1900年以来，人类大概已毁灭了已存物种的75%。1990—2000年，每年可能灭绝1.5万~5万个物种。世界自然基金会在《2004地球生存报告》中说：自20世纪70年代以后的30年中，全球野生动物的数量减少了35%。我国处于濒危状态的动植物物种数量为总量的15%~20%，高于世界10%~15%的平均水平，生物多样性保护的任务十分艰巨。

我国的野生动植物资源十分丰富，在世界上占有重要地位。由于我国独特的地理环境，有大量的特有种类，并保存着许多古老的孑遗动植物属种，如有活化石之称的大熊猫、白鳍豚、水杉、银杉等。但随着生态环境的不断恶化，野生动植物的栖息环境受到破坏，对动植物的生存造成极大危害，使其种群急剧减少，有的已灭绝，有的正面临灭绝的威胁。

据统计，麋鹿、高鼻羚羊、犀牛、野马、白臀叶猴等珍稀动物已在我国灭绝。高鼻羚羊是20世纪50年代以后在新疆灭绝的。大熊猫、金丝猴、东北虎、华南虎、云豹、丹顶鹤、黄腹角雉、白鳍豚、多种长臂猿等20个珍稀物种分布区域已显著缩小，种群数量骤减，正面临灭绝危害。例如，1985年，在长江口观测到126种底栖动物，由于沿江城市的污水排放，目前只剩下50余种。联合国《国际濒危物种贸易公约》列出的640种世界性濒危物种中，我国占了156种，约为其总数的1/4。1988年被列为国家重点保护的野生动物已达258种。不少过去常见的野生动物也被列入重点保护对象。

我国高等植物中濒危或接近濒危的物种已达4000~5000种，占高等植物总数的15%~20%，高于世界平均水平。有的植物已经灭绝，如崖柏、雁荡润楠、喜雨草等。一种植物的灭绝将引起10~30种其他生物的丧失。许多曾分布广泛的种类，现在分布区域已明显缩小，且数量锐减。1984年国家公布重点保护植物354种，其中一级重点保护植物8种，二级重点保护植物159种。据初步统计，公布在名录上的植物已有部分灭绝。

关于生态破坏对微生物造成的危害，在我国尚不十分清楚，但一些野生食用菌和药用菌，由于过度采收造成资源日益枯竭的状况越来越严重。

2. 外来物种大肆入侵

根据世界自然保护联盟（IUCN）的定义，外来物种入侵是指在自然、半自然生态系统或生态环境中，外来物种建立种群并影响和威胁到本地生物多样性的过程。毋庸置疑，正确的外来物种的引进会增加引种地区生物的多样性，也会极大丰富人们的物质生活。相反，不适当的引种则会使得缺乏自然天敌的外来物种迅速繁殖，并抢夺其他生物的生存空间，进而导致生态失衡及其他本地物种的减少和灭绝，严重危及一国的生态安全。从某种意义上说，外来物种引进的结果具有一定程度的不可预见性。这也使得外来物种入侵的防治工作显得更加复杂和困难。在国际层面上，目前已制定有以《生物多样性公约》为首的防治外来物种入侵等多边环境条约以及与之相关的卫生、检疫制度或运输的技术指导文件等。

目前我国的入侵外来物种有400多种，其中有50余种属于世界自然保护联盟公布的全球100种最具威胁的外来物种。据统计，我国每年因外来物种造成的损失已高达1198亿元，占国内生产总值的1.36%。其中，松材线虫、美国白蛾、紫茎泽兰等20多种主要外来农林昆虫和杂草造成的经济损失每年560多亿元。最新全国林业有害生物普查结果显示，20世纪80年代以后，林业外来有害生物的入侵速度明显加快，每年给我国造成经济损失数量之大触目惊心。外来生物入侵既与自然因素和生态条件有关，更与国际贸易和经济的迅速发展密切相关，人为传播已成为其迅速扩散蔓延的主要途径。因此，如何有效抵御外来物种入侵是摆在我们面前的一个重要问题。

（二）现代林业对保障生物安全的作用

生物多样性包括遗传多样性、物种多样性和生态系统多样性。森林是一个庞大的生物世界，是数以万计的生物赖以生存的家园。森林中除了各种乔木、灌木、草本植物外，还有苔藓、地衣、蕨类、鸟类、兽类、昆虫等生物及各种微生物。据统计，目前地球上500万～5000万种生物中，有50%～70%在森林中栖息繁衍，因此森林生物多样性在地球上占有首要位置。在世界林业发达国家，保持生物多样性成为其林业发展的核心要求和主要标准，比如在美国密西西比河流域，人们对森林的保护意识就是从猫头鹰的锐减而开始警醒的。

1. 森林与保护生物多样性

森林是以树木和其他木本植物为主体的植被类型，是陆地生态系统中最大的亚系统，是陆地生态系统的主体。森林生态系统是指由以乔木为主体的生物群落（包括植物、动物和微生物）及其非生物环境（光、热、水、气、土壤等）综合组成的动态系统，是生物与环境、生物与生物之间进行物质交换、能量流动的景观单位。森林生态系统不仅分布面积广并且类型众多，超过陆地上的任何其他生态系统，它的立体成分体积大、寿命长、层次多，有着巨大的地上和地下空间及长效的持续周期，是陆地生态系统中面积最大、组成最复杂、结构最稳定的生态系统，对其他陆地生态系统有很大的影响和作用。森林不同于其他陆地生态系统，具有面积大、分布广、树形高大、寿命长、结构复杂、物种丰富、稳定性好、生产力高等特点，是维持陆地生态平衡的重要支柱。

森林拥有最丰富的生物种类。有森林存在的地方，一般环境条件不太严酷，水分和温度条件较好,适于多种生物的生长。而林冠层的存在和森林多层性造成在不同的空间形成了多种小环境,为各种需要特殊环境条件的植物创造了生存的条件。丰富的植物资源又为各种动物和微生物提供了食料和栖息繁衍的场所。因此,在森林中有着极其丰富的生物物种资源。森林中除建群树种外,还有大量的植物包括乔木、亚乔木、灌木、藤本、草本、菌类、苔藓、地衣等。森林动物从兽类、鸟类,到两栖类、爬虫、线虫、昆虫,以及微生物等,不仅种类繁多,而且个体数量大,是森林中最活跃的成分。全世界有500万~5000万个物种,而人类迄今从生物学上描述或定义的物种(包括动物、植物、微生物)仅有140万~170万种,其中半数以上的物种分布在仅占全球陆地面积7%的热带森林里。例如,我国西双版纳的热带雨林2500m^{2}内(表现面积)就有高等植物130种,而东北平原的羊草草原1000m^2(表现面积)只有10~15种,可见森林生态系统的物种明显多于草原生态系统。至于农田生态系统,生物种类更是简单量少。当然,不同的森林生态系统的物种数量也有很大差异,其中热带森林的物种最为丰富,它是物种形成的中心,为其他地区提供来了各种"祖系原种"。例如,地处我国南疆的海南岛,土地面积只占全国土地面积的0.4%,但却拥有维管束植物4000余种,约为全国维管束植物种数的1/7;乔木树种近千种,约为全国的1/3;兽类77种,约为全国的21%;鸟类344种,约为全国的26%。由此可见,热带森林中生物种类的丰富程度。另外,还有许多物种在我们人类尚未发现和利用之前就由于大规模的森林被破坏而灭绝了,这对我们人类来说是一个无法挽回的损失。目前,世界上有30余万种植物、4.5万种脊椎动物和500万种非脊椎动物,我国有木本植物8000余种,乔木2000余种,是世界上森林树种最丰富的国家之一。

森林组成结构复杂。森林生态系统的植物层次结构比较复杂,一般至少可分为乔木层、亚乔木层、下木层、灌木层、草本层、苔藓地衣层、枯枝落叶层、根系层以及分布于地上部分各个层次的层外植物垂直面和零星斑块、片层等。它们具有不同的耐阴能力和水湿要求,按其生态特点分别分布在相应的林内空间小生境或片层,年龄结构幅度广,季相变化大,因此形成复杂、稳定、壮美的自然景观。乔木层中还可按高度不同划分为若干层次。例如,我国东北红松阔叶林地乔木层常可分为3层:第一层由红松组成;第二层由椴树、云杉、裂叶榆和色木等组成;第三层由冷杉、青楷槭等组成。在热带雨林内层次更为复杂,乔木层就可分为4或5层,有时形成良好地垂直郁闭,各层次间没有明显的界线,很难分层。例如,我国海南岛的一块热带雨林乔木层可分为三层或三层以上。第一层由蝴蝶树、青皮、坡垒细子龙等散生巨树构成,树高可达40m;第二层由山荔枝、多种厚壳楂、多种蒲桃、多种柿树,各种樫木和大花第伦桃等组成,这一层有时还可分层,下层乔木有粗毛野桐、几种白颜、白茶和阿芳等。下层乔木下面还有灌木层和草本层,地下根系存在浅根层和深根层。此外还有种类繁多的藤本植物、附生植物分布于各层次。森林生态系统中各种植物和成层分布是植物对林内多种小生态环境的一种适应现象，有利于充分利用营养空间和提高森林的稳定性。由耐阴树种组成的森林系统，年龄结构比较复杂，同一树种不同年龄的植株分布于不同层次形成异龄复层林。如西藏的藓类长苞冷杉林为多代的异龄天然林，年龄从40年生至300年生以上均有，形成比较复杂的异龄复层林。东北的红松也有不少为多世代并存的异龄林，如带岭的一块蕨类榛子红松林，红松的年龄分配延续10个龄级，年龄的差异达200年左右。异龄结构的复层林是某些森林生态系统的特有现象，新的幼苗、幼树在林层下不断生长繁衍代替老的一代，因此这一类森林生态系统稳定性较大，常常是顶级群落。

  森林分布范围广，形体高大，长寿稳定。森林约占陆地面积的29.6%。由落叶或常绿以及具有耐寒、耐旱、耐盐碱或耐水湿等不同特性的树种形成的各种类型的森林(天然林和人工林，分布在寒带、温带、亚热带、热带的山区、丘陵、平地，甚至沼泽、海涂滩地等地方。森林树种是植物界中最高大的植物，由优势乔木构成的林冠层可达十几米、数十米，甚至上百米。我国西藏波密地丽江云杉高达60～70m，云南西双版纳地望天树高达70～80m。北美红杉和巨杉也都是世界上最高大的树种，能够长到100m以上，而澳大利亚的桉树甚至可高达150m。树木的根系发达，深根性树种的主根可深入地下数米至十几米。树木的高大形体在竞争光照条件方面明显占据有利地位，而光照条件在植物种间生存竞争中往往起着决定性作用。因此，在水分、温度条件适于森林生长的地方，乔木在与其他植物的竞争过程中常占优势。此外，由于森林生态系统具有高大的林冠层和较深的根系层，因此它们对林内小气候和土壤条件的影响均大于其他生态系统，并且还明显地影响着森林周围地区的小气候和水文情况。树木为多年生植物，寿命较长。有的树种寿命很长，如我国西藏巨柏其年龄已达2200多年，山西晋祠的周柏和河南嵩山的周柏，据考证已活3000年以上，台湾阿里山的红桧和山东莒县的大银杏也有3000年以上的高龄。北美的红杉寿命更长，已达7800多年。但世界上有记录的寿命最长的树木，要数非洲加纳利群岛上的龙血树，它曾活在世上8000多年。森林树种的长寿性使森林生态系统较为稳定，并对环境产生长期而稳定的影响。

  2. 湿地与生物多样性保护

  "湿地"一词最早出现在1956年，由美国联邦政府开展湿地清查时首先提出。1972年2月，由加拿大、澳大利亚等36个国家在伊朗小镇拉姆萨尔签署了《关于特别是作为水禽栖息地的国际重要湿地公约》(《湿地公约》)，《湿地公约》把湿地定义为"湿地是指不问其为天然或人工、长久或暂时的沼泽地、泥炭地或水域地带，带有静止或流动的淡水、半咸水或咸水水体，包括低潮时水深不超过6m的水域"。按照这个定义，湿地包括沼泽、泥炭地、湿草甸、湖泊、河流、滞蓄洪区、河口三角洲、滩涂、水库、池塘、水稻田，以及低潮时水深浅于6m的海域地带等。目前，全球湿地面积约有570万 km²，约占地球陆地面积的6%。其中，湖泊占2%，泥塘占30%，泥沼占26%，沼泽占20%，洪泛平原约占15%。

　　湿地覆盖地球表面仅为6%，却为地球上20%已知物种提供了生存环境。湿地复杂多样的植物群落，为野生动物尤其是一些珍稀或濒危野生动物提供了良好的栖息地，是鸟类、两栖类动物的繁殖、栖息、迁徙、越冬的场所。例如，象征吉祥和长寿的濒危鸟类——丹顶鹤，在从俄罗斯远东迁徙至我国江苏盐城国际重要湿地的2000km的途中，要花费约1个月的时间，在沿途25块湿地停歇和觅食，如果这些湿地遭受破坏，将给像丹顶鹤这样迁徙的濒危鸟类带来致命的威胁。湿地水草丛生特殊的自然环境，虽不是哺乳动物种群的理想家园，却能为各种鸟类提供丰富的食物来源和营巢、避敌的良好条件。可以说，保存完好的自然湿地，能使许多野生生物能够在不受干扰的情况下生存和繁衍，完成其生命周期，由此保存了许多物种的基因特性。

　　我国是世界上湿地资源丰富的国家之一，湿地资源占世界总量的10%，居世界第四位，亚洲第一位。我国1992年加入《湿地公约》。《湿地公约》划分的40类湿地，我国均有分布，是全球湿地类型最丰富的国家。根据我国湿地资源的现状以及《湿地公约》对湿地的分类系统，我国湿地共分为五大类，即四大类自然湿地和一大类人工湿地。自然湿地包括海滨湿地、河流湿地、湖泊湿地和沼泽湿地，人工湿地包括水稻田、水产池塘、水塘、灌溉地，以及农用洪泛湿地、蓄水区、运河、排水渠、地下输水系统等。我国单块面积大于100hm²的湿地总面积为3848万 hm²(人工湿地只包括库塘湿地)。其中，自然湿地3620万 hm²，占国土面积的3.77%；人工库塘湿地228万 hm²。自然湿地中，沼泽湿地1370.03万 hm²，滨海湿地594.17万 hm²，流湿地820.70万 hm²，湖泊湿地835.155hm²。

　　3. 与外来物种入侵

　　2003年全国林业有害生物普查结果显示，外来入侵的林业有害生物34种，其中，害虫23种，病原微生物类5种，有害植物6种。在28种从国外（或境外）1980年以后入侵的林业病虫害中，有10种是21世纪以来传入的。此外，1980年后有376种林业病虫害在我国省际扩散蔓延，其中，害虫238种，病害138种。

　　我国每年林业有害生物发生面积1067万 hm² 左右，外来入侵的约280万 hm²，占26%。1980年后入侵的林业病虫害种类发生220多万 hm²，约占外来林业病虫害发生总面积的80%。此外，外来有害植物中的紫茎泽兰、飞机草、薇甘菊、加拿大一枝黄花在我国发生面积逐年扩大，目前已达553多万 hm²。

　　外来林业有害生物对生态安全构成极大威胁。外来入侵种通过竞争或占据本地物种生态位，排挤本地物种的生存，甚至分泌释放化学物质，抑制其他物种生长，使当地物种的种类和数量减少，不仅造成巨大的经济损失，更对生物多样性、生态安全和林业建设构成了极大威胁。近年来，随着国际和国内贸易频繁，外来入侵生物的扩散蔓延速度加剧。2000年以来，相继发生刺桐姬小蜂、刺槐叶瘿蚊、红火蚁、西花蓟马、枣实蝇5种外来林业有害生物入侵。已入侵的外来林业病虫害正在扩散蔓延。

（三）加强林业生物安全保护的对策

1. 加强保护森林生物多样性

根据森林生态学原理，在充分考虑物种的生存环境的前提下，用人工促进的方法保护森林生物多样性。一是强化林地管理。林地是森林生物多样性的载体，在统筹规划不同土地利用形式的基础上，要确保林业用地不受侵占及毁坏。林地用于绿化造林，采伐后及时更新，保证有林地占林业用地的足够份额。在荒山荒地造林时，贯彻适地适树营造针阔混交林的原则，增加森林的生物多样性。二是科学分类经营。实施可持续林业经营管理对森林实施科学分类经营，按不同森林功能和作用采取不同的经营手段，为森林生物多样性保护提供了新的途径。三是加强自然保护区的建设。对受威胁的森林动植物实施就地保护和迁地保护策略，保护森林生物多样性。建立自然保护区有利于保护生态系统的完整性，从而保护森林生物多样性。目前，还存在保护区面积比例不足，分布不合理，用于保护的经费及技术明显不足等问题。四是建立物种的基因库。这是保护遗传多样性的重要途径，同时信息系统是生物多样性保护的重要组成部分。因此，尽快建立先进的基因数据库，并根据物种存在的规模、生态环境、地理位置建立不同地区适合生物进化、生存和繁衍的基因局域保护网，最终形成全球性基金保护网，实现共同保护的目的。也可建立生境走廊，把相互隔离的不同地区的生境连接起来构成保护网、种子库等。

2. 防控外来有害生物入侵蔓延

一是加快法制进程，实现依法管理。建立完善的法律体系是有效防控外来物种的首要任务。要修正立法目的，制定防控生物入侵的专门性法律，要从国家战略的高度对现有法律法规体系进行全面评估，并在此基础上通过专门性立法来扩大调整范围，对管理的对象、权利与责任等问题做出明确规定。要建立和完善外来物种管理过程中的责任追究机制，做到有权必有责、用权受监督、侵权要赔偿。二是加强机构和体制建设，促进各职能部门行动协调。外来入侵物种的管理是政府一项长期的任务，涉及多个环节和诸多部门，应实行统一监督管理与部门分工负责相结合，中央监管与地方管理相结合，政府监管与公众监督相结合的原则，进一步明确各部门的权限划分和相应的职责，在检验检疫，农、林、牧、渔、海洋、卫生等多部门之间建立合作协调机制，以共同实现对外来入侵物种的有效管理。三是加强检疫封锁。实践证明，检疫制度是抵御生物入侵的重要手段之一，特别是对于无意引进而言，无疑是一道有效的安全屏障。要进一步完善检验检疫配套法规与标准体系及各项工作制度建设，不断加强信息收集、分析有害生物信息网络，强化疫情意识，加大检疫执法力度，严把国门。在科研工作方面，要强化基础建设，建立控制外来物种技术支持基地；加强检验、监测和检疫处理新技术研究，加强有害生物的生物学、生态学、毒理学研究。四是加强引种管理，防止人为传人。要建立外来有害生物入侵风险的评估方法和评估体系。立引种政策，建立经济制约机制，加强引种后的监管。五是加强教育引导，提高公众防范意识。还要加强国际交流与合作。

3. 加强对林业转基因生物的安全监管

随着国内外生物技术的不断创新发展，人们对转基因植物的生物安全性问题也越来越关注。可以说，生物安全和风险评估本身是一个进化过程，随着科学的发展，生物安全的概念、风险评估的内容、风险的大小以及人们所能接受的能力都将发生变化。与此同时，植物转化技术将不断在转化效率和精确度等方面得到改进。因此，在利用转基因技术对树木进行改造的同时，我们要处理好各方面的关系。一方面应该采取积极的态度去开展转基因林木的研究；另一方面要加强转基因林木生态安全性的评价和监控，降低其可能对生态环境造成的风险，使转基因林木扬长避短，开创更广阔的应用前景。

三、现代林业与人居生态质量

（一）现代人居生态环境问题

城市化的发展和生活方式的改变在为人们提供各种便利的同时，也给人类健康带来了新的挑战。在中国的许多城市，各种身体疾病和心理疾病，正在成为人类健康的"隐形杀手"。

1. 空气污染

我们周围空气质量与我们的健康和寿命紧密相关。据统计，中国每年空气污染导致1500万人患支气管病，有200万人死于癌症，而重污染地区死于肺癌的人数比空气良好的地区高 4.7～8.8 倍。

2. 土壤、水污染

现在，许多城市郊区的环境污染已经深入到土壤、地下水，达到了即使控制污染源，短期内也难以修复的程度。2005年的一项调查显示：珠江三角洲几个城市近40%的农田菜地土壤重金属污染超标，其中10%属严重超标，而汞、镍污染最严重，在这些土壤里生长的蔬菜、大米等作物，重金属残留情况不容忽视。

3. 灰色建筑、光污染

夏季阳光强烈照射时，城市里的玻璃幕墙、釉面砖墙、磨光大理石和各种涂层反射线会干扰视线，损害视力。长期生活在这种视觉空间里，人的生理、心理都会受到很大影响。

4. 紫外线、环境污染

强光照在夏季时会对人体有灼伤作用，而且辐射强烈，使周围环境温度增高，影响人们的户外活动。同时城市空气污染物含量高，对人体皮肤也十分有害。

5. 噪声污染

城市现代化工业生产、交通运输、城市建设造成环境噪声的污染也日趋严重，已成城市环境的一大公害。

6. 心理疾病

很多城市的现代化建筑不断增加，人们工作生活节奏不断加快，而自然的东西越来越少，接触自然成为偶尔为之的奢望，这是造成很多人心理疾病的重要因素城市灾害。城市建筑集中，人口密集，发生地震、火灾等重大灾害时，把人群快速疏散到安全地带，对于减轻灾害造成的人员伤亡非常重要。

（二）人居森林和湿地的功能

1. 城市森林的功能

发展城市森林、推进身边增绿是建设生态文明城市的必然要求，是实现城市经济社会科学发展的基础保障，是提升城市居民生活品质的有效途径，是建设现代林业的重要内容。国内外经验表明，一个城市只有具备良好的森林生态系统，使森林和城市融为一体，高大乔木绿色葱茏，各类建筑错落有致，自然美和人文美交相辉映，人与自然和谐相处，才能称得上是发达的、文明的现代化城市。当前，我国许多城市，特别是工业城市和生态脆弱地区城市，生态承载力低已经成为制约经济社会科学发展的瓶颈。在城市化进程不断加快、城市生态面临巨大压力的今天，通过大力发展城市森林，为城市经济社会科学发展提供更广阔的空间，显得越来越重要、越来越迫切。近年来，许多国家都在开展"人居森林"和"城市林业"的研究和尝试。事实证明，几乎没有一座清洁优美的城市不是靠森林起家的。比如奥地利首都维也纳，市区内外到处是森林和绿地，因此被誉为茫茫绿海中的"岛屿"。此外，日本的东京、法国的巴黎、英国的伦敦，森林覆盖率均为30%左右。城市森林是城市生态系统中具有自净功能的重要组成部分，在调节生态平衡、改善环境质量以及美化景观等方面具有极其重要的作用。从生态、经济和社会3个方面阐述城市森林为人类带来的效益。

净化空气，维持碳氧平衡。城市森林对空气的净化作用，主要表现在能杀灭空气中分布的细菌，吸滞烟灰粉尘，稀释、分解、吸收和固定大气中的有毒有害物质，再通过光合作用形成有机物质。绿色植物能扩大空气负氧离子量，城市林带中空气负氧离子的含量是城市房间里的200~400倍。据测定，城市中一般场所的空气负氧离子含量是1000~3000个/cm^3，多的可达10000~60000个/cm^3，在广东鼎湖山自然保护区的飞水潭瀑布右侧面3m的高处，空气负离子含量可高达105600个/cm^3；而在城市污染较严重的地方，空气负离子的浓度只有40~100个/cm^3。北华大学的王洪俊的研究表明，以乔灌草结构的复层林中空气负离子水平最高，空气质量最佳，空气清洁度等级最高，而草坪的各项指标最低，说明高大乔木对提高空气质量起主导作用。城市森林能有效改善市区内的碳氧平衡。植物通过光合作用吸收CO_2，释放O_2，在城市低空范围内从总量上调节和改善城区碳氧平衡状况，缓解或消除局部缺氧，改善局部地区空气质量。国内学者对北京近郊建成区城市森林的研究表明：城市森林日平均吸收$CO_2$3.3万t，释放$O_2$22.3万t，蒸腾吸热4.48亿J/m^2。城市森林具有良好的滞尘功能。1995年北京市近郊区居住区绿地总滞粉尘量2170t，平均每天滞尘量5.95t。

调节和改善城市小气候，增加湿度，减弱噪声。城市近自然森林对整个城市的降水、湿度、气温、气流都有一定的影响，能调节城市小气候。城市地区及其下风侧的年降水总量比农村地区偏高5%~15%。其中雷暴雨增加10%~15%；城市年平均相对湿度都比郊区低5%~10%。林草能缓和阳光的热辐射，使酷热的天气降温、失燥，给人以舒适的感觉。据测定，夏季乔灌草结构的绿地气温比非绿地低4.8℃，空气湿度可以增加10%~20%。林区同期的3种温度的平均值及年较差都低于市区；四季长度比市区的秋、冬季各长1候，夏季短2候。城市森林对近地层大气有补湿功能。林区的年均蒸发量比市区低19%，其中，差值以秋季最大（25%），春季最小（16%）；年均降水量则林区略多4%，又以冬季为最多（10%）。树木增加的空气湿度相当于相同面积水面的10倍。植物通过叶片大量蒸腾水分而消耗城市中的辐射热，并通过树木枝叶形成的浓荫阻挡太阳的直接辐射热和来自路面、墙面和相邻物体的反射热产生降温增湿效益，对缓解城市热岛效应具有重要意义。此外，城市森林可减弱噪音。据测定，绿化林带可以吸收声音的26%，绿化的街道比不绿化的可以降低噪声8~10dB。日本的调查表明，40m宽的林带可以减低噪声10~13dB；高6~7m的立体绿化带平均能减低噪声10~13dB。

涵养水源、防风固沙。树木和草地对保持水土有非常显著的功能。据试验，在坡度为30°、降雨强度为200mm/h的暴雨条件下，当草坪植物的盖度分别为100%、91%、60%和31%时，土壤的侵蚀分别为0、11%、49%和100%。据北京市园林局测定，1hm^2树木可蓄水30万t。北京城外平原区与中心区相比，降水减少了4.6%，但城外地下径流量比城中增加了2.5倍，保水率增加了36%。伦敦城区降水量比城外增加了2%，城外地下径流量比城内增加了3.43倍，保水率增加了22%。

维护生物物种的多样性。城市森林的建设可以提高初级生产者（树木）的产量，保持食物链的平衡，同时为兽类、昆虫和鸟类提供栖息场所，使城市中的生物种类和数量增加，保持生态系统的平衡，维护和增加生物物种的多样性。

城市森林带来的社会效益。城市森林社会效益是指森林为人类社会提供的除经济效益和生态效益之外的其他一切效益，包括对人类身心健康的促进、对人类社会结构的改进以及对人类社会精神文明状态的改进。美国一些研究者认为，森林社会效益的构成因素包括：精神和文化价值、游憩、游戏和教育机会，对森林资源的接近程度，国有林经营和决策中公众的参与，人类健康和安全，文化价值等。城市森林的社会效益表现在美化市容，为居民提供游憩场所。以乔木为主的乔灌木结合的"绿道"系统，能够提供良好的遮阴与湿度适中的小环境，减少酷暑行人曝晒的痛苦。城市森林有助于市民绿色意识的形成。城市森林还具有一定的医疗保健作用。城市森林建设的启动，除了可以提供大量绿化施工岗位外，还可以带动苗木培育、绿化养护等相关产业的发展，为社会提供大量新的就业岗位。河北省森林在促进社会就业上就取得了18.64亿元的效益。城市森林为市民带来一定的精神享受，让人们在城市的绿色中减轻或缓解生活的压力，能激发人们的艺术与创作灵感。城市森林能美化市容，提升城市的地位。

2. 湿地在改善人居方面的功能

湿地与人类的生存、繁衍、发展息息相关，是自然界最富生物多样性的生态系统和人类最主要的生存环境之一，它不仅为人类的生产、生活提供多种资源，而且具有巨大的环境功能和效益，在抵御洪水、调节径流、蓄洪防旱、降解污染、调节气候、控制土壤侵蚀、促淤造陆、美化环境等方面有其他系统不可替代的作用。湿地被誉为"地球之肾"和"生命之源"。由于湿地具有独特的生态环境和经济功能，同森林——"地球之肺"有着同等重要的地位和作用，是国家生态安全的重要组成部分，湿地的保护必然成为全国生态建设的重要任务。湿地的生态服务价值居全球各类生态系统之首，不仅能储藏大量淡水（据国家林业局的统计，我国湿地维持着2.7万亿t淡水，占全国可利用淡水资源总量的96%，为名副其实的最大淡水储存库），还具有独一无二的净化水质功能，且其成本极其低廉（人工湿地工程基建费用为传统二级生活性污泥法处理工艺的1/2~1/3）；运行成本亦极低，为其他方法的1/6~1/10。因此，湿地对地球生态环境保护及人类和谐持续发展具有极为重要的作用。

物质生产功能。湿地具有强大的物质生产功能，它蕴藏着丰富的动植物资源。七里海沼泽湿地是天津沿海地区的重要饵料基地和初级生产力来源。据初步调查，七里海在20世纪70年代以前，水生、湿生植物群落100多种，其中具有生态价值的约40哺乳动物约10种，鱼蟹类30余种。芦苇作为七里海湿地最典型的植物，苇地面积达7186hm^2，具有很高的经济价值和生态价值，不仅是重要的造纸工业原料，又是农业、盐业、渔业、养殖业、编织业的重要生产资料，还能起到防风抗洪、改善环境、改良土壤、净化水质、防治污染、调节生态平衡的作用。另外，七里海可利用水面达 666.7hm²，年产河蟹 2000t，是著名的七里海河蟹的产地。

大气组分调节功能。湿地内丰富的植物群落能够吸收大量的 CO_2 放出 O_2 湿地中的一些植物还具有吸收空气中有害气体的功能，能有效调节大气组分。但同时也必须注意到，湿地生境也会排放出甲烷、氨气等温室气体。沼泽有很大的生物生产效能，植物在有机质形成过程中，不断吸收 CO_2 和其他气体，特别是一些有害的气体。沼泽地上的 O_2 很少消耗于死亡植物残体的分解。沼泽还能吸收空气中的粉尘及携带的各种菌，从而起到净化空气的作用。另外，沼泽堆积物具有很大的吸附能力，污水或含重金属的工业废水，通过沼泽能吸附金属离子和有害成分。

水分调节功能。湿地在时空上可分配不均的降水，通过湿地的吞吐调节，避免水旱灾害。七里海湿地是天津滨海平原重要的蓄滞洪区，安全蓄洪深度 3.5～4m。沼泽湿地具有湿润气候、净化环境的功能，是生态系统的重要组成部分。其大部分发育在负地貌类型中，长期积水，生长了茂密的植物，其下根茎交织，残体堆积。据实验研究，每公顷的沼泽在生长季节可蒸发掉 7415t 水分，可见其调节气候的巨大功能。

净化功能。一些湿地植物能有效地吸收水中的有毒物质，净化水质，如氮、磷、钾及其他一些有机物质，通过复杂的物理、化学变化被生物体储存起来，或者通过生物的转移（如收割植物、捕鱼等）等途径，永久地脱离湿地，参与更大范围的循环。沼泽湿地中有相当一部分的水生植物，包括挺水性、浮水性和沉水性的植物，具有很强的清除毒物的能力，是毒物的克星。正因为如此，人们常常利用湿地植物的这一生态功能来净化污染物中的病毒，有效地清除了污水中的"毒素"，达到净化水质的目的。例如，凤眼莲、香蒲和芦苇等被广泛地用来处理污水，用来吸收污水中浓度很高的重金属镉、铜、锌等。在印度的卡尔库塔市，城内设有一座污水处理场，所有生活污水都排入东郊的人工湿地，其污水处理费用相当低，成为世界性的典范。

提供动物栖息地功能。湿地复杂多样的植物群落，为野生动物尤其是一些珍稀或濒危野生动物提供了良好的栖息地，是鸟类、两栖类动物的繁殖、栖息、迁徙、越冬的场所。沼泽湿地特殊的自然环境虽有利于一些植物的生长，却不是哺乳动物种群的理想家园，只是鸟类能在这里获得特殊的享受。因为水草丛生的沼泽环境为各种鸟类提供了丰富的食物来源和营巢、避敌的良好条件。在湿地内常年栖息和出没的鸟类有天鹅、白鹳、鹈鹕、大雁、白鹭、苍鹰、浮鸥、银鸥、燕鸥、苇莺、掠鸟等约 200 种。

调节城市小气候。湿地水分通过蒸发成为水蒸气，然后又以降水的形式降到周围地区，可以保持当地的湿度和降雨量。

能源与航运。湿地能够提供多种能源，水电在中国电力供应中占有重要地位，水能蕴藏占世界第一位，达 6.8 亿 kW 巨大的开发潜力。我国沿海多河口港湾，蕴藏着巨大的潮汐能。从湿地中直接采挖泥炭用于燃烧，湿地中的林草作为薪材，是湿地周边农村中重要的能源来源。另外，湿地有着重要的水运价值，沿海沿江地区经济的快速发展，很大程度上是受惠于此。中国约有10万km内河航道，内陆水运承担了大约30%的货运量。

旅游休闲和美学价值。湿地具有自然观光、旅游、娱乐等美学方面的功能，中国有许多重要的旅游风景区都分布在湿地区域。滨海的沙滩、海水是重要的旅游资源，还有不少湖泊因自然景色壮观秀丽而吸引人们向往，辟为旅游和疗养胜地。滇池、太湖、洱海、杭州西湖等都是著名的风景区，除可创造直接的经济效益外，还具有重要的文化价值。尤其是城市中的水体，在美化环境、调节气候、为居民提供休憩空间方面有着重要的社会效益。湿地生态旅游是在观赏生态环境、领略自然风光的同时，以普及生态、生物及环境知识，保护生态系统及生物多样性为目的的新型旅游，是人与自然的和谐共处，是人对大自然的回归。发展生态湿地旅游能提高公共生态保护意识、促进保护区建设，反过来又能向公众提供赏心悦目的景色，实现保护与开发目标的双赢。

教育和科研价值。复杂的湿地生态系统、丰富的动植物群落、珍贵的濒危物种等，在自然科学教育和研究中都有十分重要的作用，它们为教育和科学研究提供了对象、材料和试验基地。一些湿地中保留着过去和现在的生物、地理等方面演化进程的信息，在研究环境演化、古地理方面有着重要价值。

3. 城乡人居森林促进居民健康

科学研究和实践表明，数量充足、配置合理的城乡人居森林可有效促进居民身心健康，并在重大灾害来临时起到保障居民生命安全的重要作用。

清洁空气。有关研究表明，每公顷公园绿地每天能吸收900kg的CO_2，并生产600kg的O_2；一棵大树每年可以吸收500磅的大气可吸入颗粒物；处于SO_2污染区的植物，其体内含硫量可为正常含量的5～10倍。

饮食安全。利用树木、森林对城市地域范围内的受污染土地、水体进行修复，是最为有效的土壤清污手段，建设污染隔离带与已污染土壤片林，不仅可以减轻污染源对城市周边环境的污染，也可以使土壤污染物通过植物的富集作用得到清除，恢复土壤的生产与生态功能。

绿色环境。"绿色视率"理论认为，在人的视野中，绿色达到25%时，就能消除眼睛和心理的疲劳，使人的精神和心理最舒适。林木繁茂的枝叶、庞大的树冠使光照强度大大减弱，减少了强光对人们的不良影响，营造出绿色视觉环境，也会对人的心理产生多种效应，带来许多积极的影响，使人产生满足感、安逸感、活力感和舒适感。

肌肤健康。医学研究证明：森林、树木形成的绿荫能够降低光照强度，并通过有效地截留太阳辐射，改变光质，对人的神经系统有镇静作用，能使人产生舒适和愉快的情绪，防止直射光产生的色素沉着，还可防止荨麻疹、丘疹、水疱等过敏反应。

维持宁静。森林对声波有散射、吸收功能。在公园外侧、道路和工厂区建立缓冲绿带，都有明显减弱或消除噪声的作用。研究表明，密集和较宽的林带（19～30m）结合松软的土壤表面，可降低噪声50%以上。

自然疗法。森林中含有高浓度的O_2、丰富的空气负离子和植物散发的"芬多精"。到树林中去沐浴"森林浴"，置身于充满植物的环境中，可以放松身心，舒缓压力。研究表明，长期生活在城市环境中的人，在森林自然保护区生活1周后，其神经系统、呼吸系统、心血管系统功能都有明显的改善作用，机体非特异免疫能力有所提高，抗病能力增强。

安全绿洲。城市各种绿地对于减轻地震、火灾等重大灾害造成的人员伤亡非常重要，是"安全绿洲"和临时避难场所。1923年9月1日日本东京发生8.3级大地震，大火烧了3天，烧毁房屋44万所，有5.6万人遇难，后乐园、上野及滨离宫等大面积绿地成为人们避难的"安全岛"。

此外，在家里种养一些绿色植物，可以净化室内受污染的空气。以前，我们只是从观赏和美化的作用来看待家庭种养花卉。现在，科学家通过测试发现，家庭的绿色植物对保护家庭生活环境有重要作用，如龙舌兰可以吸收室内70%的苯、50%的甲醛等有毒物质。

我们关注生活、关注健康、关注生命，就要关注我们周边生态环境的改善，关注城市森林建设。遥远的地方有森林、有湿地、有蓝天白云、有瀑布流水、有鸟语花香，但对我们居住的城市毕竟遥不可及，亲身体验机会不多。城市森林、树木以及各种绿色植物对城市污染、对人居环境能够起到不同程度的缓解、改善作用，可以直接为城市所用、为城市居民所用，带给城市居民的是日积月累的好处，与居民的健康息息相关。

第二节　现代林业与生态物质文明

一、现代林业与经济建设

（一）林业推动生态经济发展的理论基础

1. 自然资本理论

自然资本理论为森林对生态经济发展产生巨大作用提供立论根基。生态经济是对200多年来传统发展方式的变革，它的一个重要的前提就是自然资本正在成为人类发展的主要因素，自然资本将越来越受到人类的关注，进而影响经济发展。森林资源作为可再生的资源，是重要的自然生产力，它所提供的各种产品和服务将对经济具有较大的促进作用，同时也将变的越来越稀缺。按照著名经济学家赫尔曼.E.戴利（2001)的观点，用来表明经济系统物质规模大小的最好指标是人类占有光合作用产物的比例，森林作为陆地生态系统中重要的光合作用载体，约占全球光合作用的1/3，森林的利用对于经济发展具有重要的作用。

2. 生态经济理论

生态经济理论为林业作用于生态经济提供发展方针。首先，生态经济要求将自然资本的新的稀缺性作为经济过程的内生变量，要求提高自然资本的生产率以实现自然资本的节约，这给林业发展的启示是要大力提高林业本身的效率，包括森林的利用效率。其次，生态经济强调好的发展应该是在一定的物质规模情况下的社会福利的增加，森林的利用规模不是越大越好，而是具有相对的一个度，林业生产的规模也不是越大越好，关键看是不是能很合适地嵌入到经济的大循环中。再次，在生态经济关注物质规模一定的情况下，物质分布需要从占有多的向占有少的流动，以达到社会的和谐，林业生产将平衡整个经济发展中的资源利用。

3. 环境经济理论

环境经济理论提高了在生态经济中发挥林业作用的可操作性。环境经济学强调当人类活动排放的废弃物超过环境容量时，为保证环境质量必须投入大量的物化劳动和活劳动。这部分劳动已越来越成为社会生产中的必要劳动，发挥林业在生态经济中的作用越来越成为一种社会认同的事情，其社会和经济可实践性大大增加。环境经济学理论还认为为了保障环境资源的永续利用，也必须改变对环境资源无偿使用的状况，对环境资源进行计量，实行有偿使用，使社会不经济性内在化，使经济活动的环境效应能以经济信息的形式反馈到国民经济计划和核算的体系中，保证经济决策既考虑直接的近期效果，又考虑间接的长远效果。环境经济学为林业在生态经济中的作用的发挥提供了方法上的指导，具有较强的实践意义。

4. 循环经济理论

循环经济的"3R"原则为林业发挥作用提供了具体目标。"减量化、再利用和资源化"是循环经济理论的核心原则，具有清晰明了的理论路线，这为林业贯彻生态经济发展方针提供了具体、可行的目标。首先，林业自身是贯彻"3R"原则的主体，林业是传统经济中的重要部门，为国民经济和人民生活提供丰富的木材和非木质林产品，为造纸、建筑和装饰装潢、煤炭、车船制造、化工、食品、医药等行业提供重要的原材料，林业本身要建立循环经济体，贯彻好"3R"原则。其次，林业促进其他产业乃至整个经济系统实现"3R"，森林具有固碳制氧、涵养水源、保持水土、防风固沙等生态功能，为人类的生产生活提供必需的 O_2，吸收 CO_2，净化经济活动中产生的废弃物，在减缓地球温室效应、维护国土生态安全的同时，也为农业、水利、水电、旅游等国民经济部门提供着不可或缺的生态产品和服务，是循环经济发展的重要载体和推动力量，促进了整个生态经济系统实现循环经济。

（二）现代林业促进经济排放减量化

1. 林业自身排放的减量化

林业本身是生态经济体，排放到环境中的废弃物少。以森林资源为经营对象的林业第一产业是典型的生态经济体，木材的采伐剩余物可以留在森林，通过微生物的作用降解为腐殖质，重新参与到生物地球化学循环中。随着生物肥料、生物药剂的使用，初级非木质林产品生产过程中几乎不会产生对环境具有破坏作用的废弃物。林产品加工企业也是减量化排放的实践者，通过技术改革，完全可以实现木竹材的全利用，对林木的全树利用和多功能、多效益的循环高效利用，实现对自然环境排放的最小化。例如，竹材加工中竹竿可进行拉丝，梢头可以用于编织，竹下端可用于烧炭，实现了全竹利用；林浆纸一体化循环发展模式促使原本分离的林、浆、纸3个环节整合在一起，让造纸业负担起造林业的责任，自己解决木材原料的问题，发展生态造纸，形成以纸养林，以林促纸的生产格局，促进造纸企业永续经营和造纸工业的可持续发展。

2. 林业促进废弃物的减量化

森林吸收其他经济部门排放的废弃物，使生态环境得到保护。发挥森林对水资源的涵养、调节气候等功能，为水电、水利、旅游等事业发展创造条件，实现森林和水资源的高效循环利用，减少和预防自然灾害，加快生态农业、生态旅游等事业的发展。林区功能型生态经济模式有林草模式、林药模式、林牧模式、林菌模式、林禽模式等。森林本身具有生态效益，对其他产业产生的废气、废水、废弃物具有吸附、净化和降解作用，是天然的过滤器和转化器，能将有害气体转化为新的可利用的物质，如对SO_2、碳氢化合物、氟化物，可通过林地微生物、树木的吸收，削减其危害程度。

林业促进其他部门减量化排放。森林替代其他材料的使用，减少了资源的消耗和环境的破坏。森林资源是一种可再生的自然资源，可以持续性地提供木材，木材等森林资源的加工利用能耗小，对环境的污染也较轻，是理想的绿色材料。木材具有可再生、可降解、可循环利用、绿色环保的独特优势，与钢材、水泥和塑料并称四大材料，木材的可降解性减少了对环境的破坏。另外，森林是一种十分重要的生物质能源，就其能源当量而言，是仅次于煤、石油、天然气的第四大能源。森林以其占陆地生物物种50%以上和生物质总量70%以上的优势而成为各国新能源开发的重点。我国生物质能资源丰富，现有木本油料林总面积超过400万hm^2，种子含油量在40%以上的植物有154种，每年可用于发展生物质能源的生物量为3亿t左右，折合标准煤约 2 亿 t。利用现有林地，还可培育能源林 1333.3 万 hm²，每年可提供生物柴油 500 多万 t。大力开发利用生物质能源，有利于减少煤炭资源过度开采，对于弥补石油和天然气资源短缺、增能源总量、调整能源结构、缓解能源供应压力、保障能源安全有显著作用。

森林发挥生态效益，在促进能源节约中发挥着显著作用。森林和湿地由于能够降低城市热岛效应，从而能够减少城市在夏季由于空调而产生的电力消耗。由于城市热岛增温效应加剧城市的酷热程度，致使夏季用于降温的空调消耗电能大大增加。例如，美国 10 万人口以上的城市，气温每增加 10T（约 5.6℃），能源消耗按价值计算会增加 1%～2%。几乎 3%～8% 的电力需求是用于因城市热岛影响而增加的消耗，浓密的树木遮阴能降低夏天空调费用的 7%～40%。据估算，我国森林可以降低夏季能源消耗的 10%～15%，降低冬季取暖能耗 10%～20%，相当于节省了 1.5 亿～3.0 亿 t 煤，约合 750 亿～1500 亿元。

（三）现代林业促进产品的再利用

1. 森林资源的再利用

森林资源本身可以循环利用。森林是物质循环和能量交换系统，森林可以持续地提供生态服务。森林通过合理地经营，能够源源不断地提供木质和非木质产品。木材采掘业的循环过程为"培育—经营—利用—再培育"，林地资源通过合理的抚育措施，可以保持生产力，经过多个轮伐期后仍然具有较强的地力。关键是确定合理的轮伐期，自法正林理论诞生开始，人类一直在探索循环利用森林，至今我国规定的采伐限额制度也是为了维护森林的可持续利用；在非木质林产品生产上也可以持续产出。森林的旅游效益也可以持续发挥，而且由于森林的林龄增加，旅游价值也持续增加，所蕴含的森林文化也在不断积淀的基础上更新发展，使森林资源成为一个从物质到文化、从生态到经济均可以持续再利用的生态产品。

2. 林产品的再利用

森林资源生产的产品都易于回收和循环利用，大多数的林产品可以持续利用。在现代人类的生产生活中，以森林为主的材料占相当大的比例，主要有原木、锯材、木制品、人造板和家具等以木材为原料的加工品、松香和橡胶及纸浆等林化产品。这些产品在技术可能的情况下都可以实现重复利用，而且重复利用期相对较长，这体现在二手家具市场发展、旧木材的利用、橡胶轮胎的回收利用等。

3. 林业促进其他产品的再利用

森林和湿地促进了其他资源的重复利用。森林具有净化水质的作用，水经过森林的过滤可以再被利用；森林具有净化空气的作用，空气经过净化可以重复变成新鲜空气；森林还具有保持水土的功能，对农田进行有效保护，使农田能够保持生产力；对矿山、河流、道路等也同时存在保护作用，使这些资源能够持续利用。湿地具有强大的降解污染功能,维持着 96% 的可用淡水资源。以其复杂而微妙的物理、化学和生物方式发挥着自然净化器的作用。湿地对所流入的污染物进行过滤、沉积、分解和吸附,实现污水净化,据测算,每公顷湿地每天可净化 400t 污水,全国湿地可净化水量 154 亿 t,相当于 38.5 万个日处理 4 万 t 级的大型污水处理厂的净化规模。

二、现代林业与粮食安全

(一)林业保障粮食生产的生态条件

森林是农业的生态屏障,林茂才能粮丰。森林通过调节气候、保持水土、增加生物多样性等生态功能,可有效改善农业生态环境,增强农牧业抵御干旱、风沙、干热风、台风、冰雹、霜冻等自然灾害的能力,促进高产稳产。实践证明,加强农田防护林建设,是改善农业生产条件,保护基本农田,巩固和提高农业综合生产能力的基础。在我国,特别是北方地区,自然灾害严重。建立农田防护林体系,包括林网、经济林、四旁绿化和一定数量的生态片林,能有效地保证农业稳产高产。由于林木根系分布在土壤深层,不与地表的农作物争肥,并为农田防风保湿,调节局部气候,加之林中的枯枝落叶及林下微生物的理化作用,能改善土壤结构,促进土壤熟化,从而增强土壤自身的增肥功能和农田持续生产的潜力。据实验观测,农田防护林能使粮食平均增产 15%~20%。在山地、丘陵的中上部保留发育良好的生态林,对于山下部的农田增产也会起到促进作用。此外,森林对保护草场、保障畜牧业、渔业发展也有积极影响。

相反,森林毁坏会导致沙漠化,恶化人类粮食生产的生态条件。100 多年前,恩格斯在《自然辩证法》中深刻地指出,"我们不要过分陶醉于我们对自然界的胜利。对于每一次这样的胜利,自然界都报复了我们。……美索不达米亚、希腊、小亚细亚以及其他各地的居民为了想得到耕地,把森林都砍完了,但是他们梦想不到,这些地方今天竟因此成为荒芜不毛之地,因为他们使这些地方失去了森林,也失去了积聚和贮存水分的中心。阿尔卑斯山的意大利人,在山南坡砍光了在北坡被十分细心保护的松林。他们没有预料到,这样一来他们把他们区域里的高山畜牧业的基础给摧毁了;他们更没有预料到,他们这样做,竟使山泉在一年中的大部分时间内枯竭了,而在雨季又使更加凶猛的洪水倾泻到平原上。"这种因森林破坏而导致粮食安全受到威胁的情况,在中国也一样。由于森林资源的严重破坏,中国西部及黄河中游地区水土流失、洪水、干旱和荒漠化灾害频繁发生,农业发展也受到极大制约。

(二)林业直接提供森林食品和牲畜饲料

林业可以直接生产木本粮油、食用菌等森林食品,还可为畜牧业提供饲料。中国的 2.87 亿 hm² 林地可为粮食安全做出直接贡献。经济林中相当一部分属于木本粮油、森林食品,发展经济林大有可为。经济林是我国五大林种之一,也是经济效益和生态效益结合得最好的林种。按《森林法》规定,"经济林是指以生产果品、食用油料、饮料、调料、工业原料和药材等为主要目的的林木"。我国适生的经济林树种繁多,达 1000 多种,主栽的树种有 30 多个,每个树种的品种多达几十个甚至上百个。经济林已成为我国农村经济中一项短平快、效益高、潜力大的新型主导产业。我国经济林发展速度迅猛。近年来,全国年均营造经济林 133 万 hm² 以上,占当年人工造林面积的 40% 左右。我国经济林产品年总产量居世界首位,截至 2010 年,达 1.27 亿 t。我国加入 WTO、实施农村产业结构战略性调整、开展退耕还林以及人民生活水平的不断提高,为我国经济林产业的大发展提供了前所未有的机遇和广阔市场前景,我国经济林产业建设将会呈现更加蓬勃发展的强劲势头。

第三节 现代林业与生态精神文明

一、现代林业与生态教育

(一)森林和湿地生态系统的实践教育作用

森林生态系统是陆地上覆盖面积最大、结构最复杂、生物多样性最丰富、功能最强大的自然生态系统,在维护自然生态平衡和国土安全中处其他任何生态系统都无可替代的主体地位。健康完善的森林生态系统是国家生态安全体系的重要组成部分,也是实现经济与社会可持续发展的物质基础。人类离不开森林,森林本身就是一座内容丰富的知识宝库,是人们充实生态知识、探索动植物王国奥秘、了解人与自然关系的最佳场所。森林文化是人类文明的重要内容,是人类在社会历史过程中用智慧和劳动创造的森林物质财富和精神财富综合的结晶。森林、树木、花草会分泌香气,其景观具有季相变化,还能形成色彩斑斓的奇趣现象,是人们休闲游憩、健身养生、卫生保健、科普教育、文化娱乐的场所,让人们体验"回归自然"的无穷乐趣和美好享受,这就形成了独具特色的森林文化。

湿地是重要的自然资源,具有保持水源、净化水质、蓄洪防旱、调节气候、促游造陆、减少沙尘暴等巨大生态功能,也是生物多样性富集的地区之一,保护了许多珍稀濒危野生动植物物种。湿地不仅仅是我们传统认识上的沼泽、泥炭地、滩涂等,还包括河流、湖泊、水库、稻田以及退潮时水深不超过 6m 的海域。湿地不仅为人类提供大量食物、原料和水资源,而且在维持生态平衡、保持生物多样性以及蓄洪防旱、降解污染等方面起到重要作用。我国是世界上湿地生物多样性最丰富的国家之一,共拥有湿地面积 6590 多万 hm²,约占世界湿地总面积的 10%,居亚洲第一位,世界第四位。我国政府高度重视湿地保护工作,并于 1992 年加入《湿地公约》。

因此，在开展生态文明观教育的过程中，要以森林、湿地生态系统为教材，把森林、野生动植物、湿地和生物多样性保护作为开展生态文明观教育的重点，通过教育让人们感受到自然的美。自然美作为非人类加工和创造的自然事物之美的总和，它给人类提供了美的物质素材。生态美学是一种人与自然和社会达到动态平衡、和谐一致的处于生态审美状态的崭新的生态存在论美学观。这是一种理想的审美的人生，一种"绿色的人生"，是对人类当下"非美的"生存状态的一种批判和警醒，更是对人类永久发展、世代美好生存的深切关怀，也是对人类得以美好生存的自然家园的重建。生态审美教育对于协调人与自然、社会起着重要的作用。

通过这种实实在在的实地教育，会给受教育者带来完全不同于书本学习的感受，加深其对自然的印象，增进与大自然之间的感情，必然会更有效地促进人与自然和谐相处。森林与湿地系统的教育功能至少能给人们的生态价值观、生态平衡观、自然资源观带来全新的概念和内容。

生态价值观要求人类把生态问题作为一个价值问题来思考，不能仅认为自然界对于人类来说只有资源价值、科研价值和审美价值，而且还有重要的生态价值。所谓生态价值是指各种自然物在生态系统中都占有一定的"生态位"，对于生态平衡的形成、发展、维护都具有不可替代的功能作用。它是不以人的意志为转移的，它不依赖人类的评价，不管人类存在不存在，也不管人类的态度和偏好，它都是存在的。毕竟在人类出现之前，自然生态就已存在了。生态价值观要求人类承认自然的生态价值、尊重生态规律，不能以追求自己的利益作为唯一的出发点和动力，不能总认为自然资源是无限的、无价的和无主的，人们可以任意地享用而不对它承担任何责任，而应当视其为人类的最高价值或最重要的价值。人类作为自然生态的管理者，作为自然生态进化的引导者，义不容辞地具有维护、发展、繁荣、更新和美化地球生态系统的责任。它"是从更全面更长远的意义上深化了自然与人关系的理解"。正如马克思曾经说过的，自然环境不再只是人的手段和工具，而是作为人的无机身体成为主体的一部分，成为人的活动的目的性内容本身。应该说，"生态价值"的形成和提出，是人类对自己与自然生态关系认识的一个质的飞跃，是20世纪人类极其重要的思想成果之一。

在生态平衡观看来，包括人在内的动物、植物甚至无机物，都是生态系统里平等的一员，它们各自有着平等的生态地位，每一生态成员各自在质上的优劣、在量上的多寡，都对生态平衡起着不可或缺的作用。今天，虽然人类已经具有了无与伦比的力量优势，但在自然之网中，人与自然的关系不是敌对的征服与被征服的关系，而是互惠互利、共生共荣的友善平等关系。自然界的一切对人类社会生活有益的存在物，如山川草木、飞禽走兽、大地河流、空气、物蓄矿产等，都是维护人类"生命圈"的朋友。我们应当从小对中小学生培养具有热爱大自然、以自然为友的生态平衡观，此外也应在最大范围内对全社会进行自然教育，使我国的林业得到更充分的发展与保护。

自然资源观包括永续利用观和资源稀缺观两个方面，充分体现着代内道德和代际道德问题。自然资源的永续利用是当今人类社会很多重大问题的关键所在，对可再生资源，要求人们在开发时，必须使后续时段中资源的数量和质量至少要达到目前的水平，从而理解可再生资源的保护、促进再生、如何充分利用等问题；而对于不可再生资源，永续利用则要求人们在耗尽它们之前，必须能找到替代他们的新资源，否则，我们的子孙后代的发展权利将会就此被剥夺。自然资源稀缺观有4个方面：（1）自然资源自然性稀缺。我国主要资源的人均占有量大大低于世界平均水平。（2）低效率性稀缺。资源使用效率低，浪费现象严重，加剧了资源供给的稀缺性。（3）科技与管理落后性稀缺。科技与管理水平低，导致在资源开发中的巨大浪费。（4）发展性稀缺。我国在经济持续高速发展的同时，也付出了资源的高昂代价，加剧了自然资源紧张、短缺的矛盾。

（二）生态基础知识的宣传教育作用

目前，我国已进入全面建设小康社会新的发展阶段。改善生态环境，促进人与自然的协调与和谐，努力开创生产发展、生活富裕和生态良好的文明发展道路，既是中国实现可持续发展的重大使命，也是新时期林业建设的重大使命。中央林业决定明确指出，在可持续发展中要赋予林业以重要地位，在生态建设中要赋予林业以首要地位，在西部大开发中要赋予林业以基础地位。随着国家可持续发展战略和西部大开发战略的实施，我国林业进入了一个可持续发展理论指导的新阶段。凡此种种，无不阐明了现代林业之于和谐社会建设的重要性。有鉴于此，我们必须做好相关生态知识的科普宣传工作，通过各种渠道的宣传教育，增强民族的生态意识，激发人民的生态热情，更好地促进我国生态文明建设的进展。

生态建设、生态安全、生态文明是建设山川秀美的生态文明社会的核心。生态建设是生态安全的基础，生态安全是生态文明的保障，生态文明是生态建设所追求的最终目标。生态建设，即确立以生态建设为主的林业可持续发展道路，在生态优先的前提下，坚持森林可持续经营的理念，充分发挥林业的生态、经济、社会三大效益，正确认识和处理林业与农业、牧业、水利、气象等国民经济相关部门协调发展的关系，正确认识和处理资源保护与发展、培育与利用的关系，实现可再生资源的多目标经营与可持续利用。生态安全是国家安全的重要组成部分，是维系一个国家经济社会可持续发展的基础。生态文明是可持续发展的重要标志。建立生态文明社会，就是要按照以人为本的发展观、不侵害后代人生存发展权的道德观、人与自然和谐相处的价值观，指导林业建设，弘扬森林文化，改善生态环境，实现山川秀美，推进我国物质文明和精神文明建设，使人们在思想观念、科学教育、文学艺术、人文关怀诸方面都产生新的变化，在生产方式、消费方式、生活方式等各方面构建生态文明的社会形态。

人类只有一个地球，地球生态系统的承受能力是有限的。人与自然不仅具有斗争性，而且具有同一性，必须树立人与自然和谐相处的观念。我们应该对全社会大力进行生态教育，即要教导全社会尊重与爱护自然，培养公民自觉、自律意识与平等观念，顺应生态规律，倡导可持续发展的生产方式、健康的生活消费方式，建立科学合理的幸福观。幸福的获得离不开良好生态环境，只有在良好生态环境中人们才能生活得幸福，所以要扩大道德的适用范围，把道德诉求扩展至人类与自然生物和自然环境的方方面面，强调生态伦理道德。生态道德教育是提高全民族的生态道德素质、生态道德意识、建设生态文明的精神依托和道德基础。只有大力培养全民族的生态道德意识，使人们对生态环境的保护转为自觉的行动，才能解决生态保护的根本问题，才能为生态文明的发展奠定坚实的基础。在强调可持续发展的今天，对于生态文明教育来说，这个内容是必不可少的。深入推进生态文化体系建设，强化全社会的生态文明观念：一要大力加强宣传教育。深化理论研究，创作一批有影响力的生态文化产品，全面深化对建设生态文明重大意义的认识。要把生态教育作为全民教育、全程教育、终身教育、基础教育的重要内容，尤其要增强领导干部的生态文明观念和未成年人的生态道德教育，使生态文明观深入人心。二要巩固和拓展生态文化阵地。加强生态文化基础设施建设，充分发挥森林公园、湿地公园、自然保护区、各种纪念林、古树名木在生态文明建设中的传播、教育功能，建设一批生态文明教育示范基地。拓展生态文化传播渠道，推进"国树""国花""国鸟"评选工作，大力宣传和评选代表各地特色的树、花、鸟，继续开展"国家森林城市"创建活动。三要发挥示范和引领作用。充分发挥林业在建设生态文明中的先锋和骨干作用。全体林业建设者都要做生态文明建设的引导者、组织者、实践者和推动者，在全社会大力倡导生态价值观、生态道德观、生态责任观、生态消费观和生态政绩观。要通过生态文化体系建设，真正发挥生态文明建设主要承担者的作用，真正为全社会牢固树立生态文明观念做出贡献。

通过生态基础知识的教育，能有效地提高全民的生态意识，激发民众爱林、护林的认同感和积极性，从而为生态文明的建设奠定良好基础。

（三）生态科普教育基地的示范作用

当前我国公民的生态环境意识还较差，特别是各级领导干部的生态环境意识还比较薄弱，考察领导干部的政绩时还没有把保护生态的业绩放在主要政绩上。最近公布的中国公民生态环境意识调查表明，在总分 13 分的测试中，中国公众的人均分为 2.8 分。其中，城市为 4.5 分，农村为 2.4 分。这说明中国公众的生态意识水平还较低。

森林公园、自然保护区、城市动物园、野生动物园、植物园、苗圃和湿地公园等是展示生态建设成就的窗口，也是进行生态科普教育的基地，充分发挥这些园区的教育作用，使其成为开展生态实践的大课堂，对于全民生态环境意识的增强、生态文明观的树立具有突出的作用。森林公园中蕴含着生态保护、生态建设、生态哲学、生态伦理、生态宗教文化等各种生态文化要素，是生态文化体系建设中的精髓。森林蕴含着深厚的文化内涵，森林以其独特的形体美、色彩美、音韵美、结构美，对人们的审美意识起到了潜移默化的作用，形成自然美的主体旋律。森林文化通过森林美学、森林旅游文化、园林文化、花文化、竹文化等展示了其丰富多彩的人文内涵，在给人们增长知识、陶冶情操、丰富精神生活等方面发挥着难以比拟的作用。

《关于进一步加强森林公园生态文化建设的通知》（以下简称为《通知》），《通知》要求各级林业主管部门充分认识森林公园在生态文化建设中的重要作用和巨大潜力，将生态文化建设作为森林公园建设的一项长期的根本性任务抓紧抓实抓好，使森林公园切实担负起建设生态文化的重任，成为发展生态文化的先锋。各地在森林公园规划过程中，要把生态文化建设作为森林公园总体规划的重要内容，根据森林公园的不同特点，明确生态文化建设的主要方向、建设重点和功能布局。同时，森林公园要加强森林（自然）博物馆、标本馆、游客中心、解说步道等生态文化基础设施建设，进一步完善现有生态文化设施的配套设施，不断强化这些设施的科普教育功能，为人们了解森林、认识生态、探索自然提供良好的场所和条件。充分认识、挖掘森林公园内各类自然文化资源的生态、美学、文化、游憩和教育价值。根据资源特点，深入挖掘森林、花、竹、茶、湿地、野生动物、宗教等文化的发展潜力，并将其建设发展为人们乐于接受且富有教育意义的生态文化产品。森林公园可充分利用自身优势，建设一批高标准的生态科普和生态道德教育基地，把森林公园建设成为对未成年人进行生态道德教育的最生动的课堂。

经过不懈努力，以生态科普教育基地（森林公园、自然保护区、城市动物园、野生动物园、植物园、苗圃和湿地公园等）为基础的生态文化建设取得了良好的成效。今后，要进一步完善园区内的科普教育设施，扩大科普教育功能，增加生态建设方面的教育内容，从人们的心理和年龄特点出发，坚持寓教于乐，有针对性地精心组织活动项目，积极开展生动鲜活，知识性、趣味性和参与性强的生态科普教育活动，尤其是要吸引参与植树造林、野外考察、观鸟比赛等活动，或在自然保护区、野生动植物园开展以保护野生动植物为主题的生态实践活动。尤其针对中小学生集体参观要减免门票，有条件的生态园区要免费向青少年开放。

通过对全社会开展生态教育，使全体公民对中国的自然环境、气候条件、动植物资源等基本国情有更深入的了解。一方面，可以激发人们对祖国的热爱之情，树立民族自尊心和自豪感，阐述人与自然和谐相处的道理，认识到国家和地区实施可持续发展战略的重大意义，进一步明确保护生态自然、促进人类与自然和谐发展中所担负的责任，使人们在走向自然的同时，更加热爱自然、热爱生活，进一步培养生态保护意识和科技意识；另一方面，通过展示过度开发和人为破坏所造成的生态危机现状，让人们形成资源枯竭的危机意识，看到差距和不利因素，进而会让人们产生保护生物资源的紧迫感和强烈的社会责任感，自觉遵守和维护国家的相关规定，在全社会形成良好的风气，真正地把生态保护工作落到实处，还社会一片绿色。

二、现代林业与生态文化

（一）森林在生态文化中的重要作用

在生态文化建设中，除了价值观起先导作用外，还有一些重要的方面。森林就是这样一个非常重要的方面。人们把未来的文化称为"绿色文化"或"绿色文明"，未来发展要走一条"绿色道路"，这就生动地表明，森林在人类未来文化发展中是十分重要的。大家知道，森林是把太阳能转变为地球有效能量，以及这种能量流动和物质循环的总枢纽。地球上人和其他生命都靠植物、主要是森林积累的太阳能生存。地球陆地表面原来70%被森林覆盖，有森林76亿hm^2，这是巨大的生产力。它的存在是人和地球生命的幸运。现在，虽然森林仅存30多亿hm^2，覆盖率不足30%，但它仍然是陆地生态系统最强大的第一物质生产力。在地球生命系统中，森林虽然只占陆地面积的30%，但它占陆地生物净生产量的64%。森林、草原和农田生态系统所固定的太阳能总量，按每年每平方米计算，分别为18.45kcal、5.4kcal和2.925kcal；森林每年固定太阳能总量，是草原的3.5倍，是农田的6.3倍；按平均生物量计算，森林是草原的17.3倍，是农田的95倍；按总生物量计算，森林是草原的277倍，是农田的1200倍。森林是地球生态的调节者，是维护大自然生态平衡的枢纽。地球生态系统的物质循环和能量流动，从森林的光合作用开始，最后复归于森林环境。例如，它被称为"地球之肺"，吸收大气和土壤中的污染物质，是"天然净化器"；每公顷阔叶林每天吸收1000kgCO_2，放出730kgO_2；全球森林每年吸收4000亿tCO_2，放出4000亿tO_2，是"造氧机"和CO_2"吸附器"，对于地球大气的碳平衡和氧平衡有重大作用；森林又是"天然储水池"，平均33km^2的森林涵养的水，相当于100万m^3水库库容的水；它对保护土壤、防风固沙、保持水土、调节气候等有重大作用。这些价值没有替代物，它作为地球生命保障系统的最重要方面，与人类生存和发展有极为密切的关系。对于人类文化建设，森林的价值是多方面的、重要的，包括：经济价值、生态价值、科学价值、娱乐价值、美学价值、生物多样性价值。

无论从生态学（生命保障系统）的角度，还是从经济学（国民经济基础）的角度，森林作为地球上人和其他生物的生命线，是人和生命生存不可缺少的，没有任何代替物，具有最高的价值。森林的问题，是关系地球上人和其他生命生存和发展的大问题。在生态文化建设中，我们要热爱森林，重视森林的价值，提高森林在国民经济中的地位，建设森林，保育森林，使中华大地山常绿、水长流，沿着绿色道路走向美好的未来。

（二）现代林业体现生态文化发展内涵

生态文化是探讨和解决人与自然之间复杂关系的文化；是基于生态系统、尊重生态规律的文化；是以实现生态系统的多重价值来满足人的多重需要为目的的文化；是渗透于物质文化、制度文化和精神文化之中，体现人与自然和谐相处的生态价值观的文化。生态文化要以自然价值论为指导，建立起符合生态学原理的价值观念、思维模式、经济法则、生活方式和管理体系，实现人与自然的和谐相处及协同发展。生态文化的核心思想是人与自然和谐。现代林业强调人类与森林的和谐发展，强调以森林的多重价值来满足人类的物质、文化需要。林业的发展充分体现了生态文化发展的内涵和价值体系。

1. 现代林业是传播生态文化和培养生态意识的重要阵地

牢固树立生态文明观是建设生态文明的基本要求。大力弘扬生态文化可以引领全社会普及生态科学知识，认识自然规律，树立人与自然和谐的核心价值观，促进社会生产方式、生活方式和消费模式的根本转变；可以强化政府部门科学决策的行为，使政府的决策有利于促进人与自然的和谐；可以推动科学技术不断创新发展，提高资源利用效率，促进生态环境的根本改善。生态文化是弘扬生态文明的先进文化，是建设生态文明的文化基础。林业为社会所创造的丰富的生态产品、物质产品和文化产品，为全民所共享。大力传播人与自然和谐相处的价值观，为全社会牢固树立生态文明观、推动生态文明建设发挥了重要作用。

通过自然科学与社会人文科学、自然景观与历史人文景观的有机结合，形成了林业所特有的生态文化体系，它以自然博物馆、森林博览园、野生动物园、森林与湿地国家公园、动植物以及昆虫标本馆等为载体，以强烈的亲和力，丰富的知识性、趣味性和广泛的参与性为特色，寓教于乐、陶冶情操，形成了自然与人文相互交融、历史与现实相得益彰的文化形式。

2. 现代林业发展繁荣生态文化

林业是生态文化的主要源泉，是繁荣生态文化、弘扬生态文明的重要阵地。建设生态文明要求在全社会牢固树立生态文明观。森林是人类文明的摇篮，孕育了灿烂悠久、丰富多样的生态文化，如森林文化、花文化、竹文化、茶文化、湿地文化、野生动物文化和生态旅游文化等。这些文化集中反映了人类热爱自然、与自然和谐相处的共同价值观，是弘扬生态文明的先进文化，是建设生态文明的文化基础。大力发展生态文化，可以引领全社会了解生态知识，认识自然规律，树立人与自然和谐的价值观。林业具有突出的文化功能，在推动全社会牢固树立生态文明观念方面发挥着关键作用。

第六章 林业生态文化建设关键技术

第一节 山地生态公益林经营技术

生态公益林是以发挥森林生态功能并以提供生态效益为主的一种特殊森林，其经营目的是发挥森林的多种生态效益。以生态效益为主导功能的生态公益林经营在实现可全球经济与环境可持续发展中具有不可代替的作用，特别是在改善生态环境建设中担负着维护生态平衡，保护物种资源，减轻自然灾害，解决人类面临的一系列生态环境问题的重大使命。因此，在我国南方林区林业实行分类经营后，随着生态公益林在林业经营中所占的比例大幅度提高，开展生态公益林经营技术的攻关研究，对促进海峡西岸现代林业建设进程，实现我国林业的永续发展具有十分重要的意义。

一、低效生态公益林改造技术

（一）低效生态公益林的类型

由于人为干扰或经营管理不当而形成的低效生态公益林，可分为四种类型。

1. 林相残次型

因过度过频采伐或经营管理粗放而形成的残次林。例如，传统上人们常常把阔叶林当作"杂木林"看待，毫无节制地乱砍滥伐；加之近年来，阔叶林木材广泛应用于食用菌栽培、工业烧材以及一些特殊的用材（如火柴、木碗以及高档家具等），使得常绿阔叶林遭受到巨大的破坏，失去原有的多功能生态效益。大部分天然阔叶林变为人工林或次生阔叶林，部分林地退化成撂荒地。

2. 林相老化型

因不适地适树或种质低劣，造林树种或保留的目的树种选择不当而形成的小老树林。例如，在楠木的造林过程中，有些生产单位急于追求林木生产，初植密度3000株以上，到20年生也不间伐，结果楠木平均胸径仅10 cm左右，很难成材，而且林相出现老龄化，林内卫生很差，林分条件急需改善。

3. 结构简单型

因经营管理不科学形成的单层、单一树种，生态公益性能低下的低效林。例如，福建省自20世纪50年代以来，尤其是在80年代末期，实施"三、五、七绿化工程"，营造了大面积的马尾松人工纯林。随着马尾松人工林面积的扩大，马尾松人工林经营中出现了树种单一、生物多样性下降、林分稳定性差、培育成了小老头林，使得林分质量严重降低等一系列问题。

4. 自然灾害型

因病虫害、火灾等自然灾害危害形成的病残林。例如，近几年，毛竹枯梢病已成我国毛竹林产区的一种毁灭性的病害，为国内森林植物检疫对象。该病在福建省的发生较为普遍，给毛竹产区造成了极为严重的损失，使得全省范围内毛竹低效林分面积呈递增趋势，急需合理的改造。

（二）低效生态公益林改造原则

生态公益林改造要以保护和改善生态环境、保护生物多样性为目标，坚持生态优先、因地制宜、因害设防和最佳效益等原则，宜林则林、宜草则草或是乔灌草相结合，以形成较高的生态防护效能，满足人类社会对生态、社会的需求和可持续发展。

1. 遵循自然规律，运用科学理论营造混交林

森林是一个复杂的生态系统，多树种组成、多层次结构发挥了最大的生产力；同时生物种群的多样性和适应性形成完整的食物链网络结构，使其抵御病虫危害和有害生物的能力增强，具有一定的结构和功能。生态公益林的改造应客观地反映地带性森林生物多样性的基本特征，培育近自然的、健康稳定、能持续发挥多种生态效益的森林，这是生态公益林的建设目标，是可持续经营的基础。

2. 因地制宜，适地适树，以乡土树种为主

生态公益林改造要因地制宜，按不同林种的建设要求，采用封山育林、飞播造林和人工造林相结合的技术措施；以优良乡土树种为主，合理利用外来树种，禁止使用带有森林病虫害检疫对象的种子、苗木和其他繁殖材料。

3. 以维护森林生态功能为根本目标，合理经营利用森林资源

生态公益林经营按照自然规律，分别特殊保护区、重点保护区和一般保护区等三个保护等级确定经营管理制度，优化森林结构，合理安排经营管护活动，促进森林生态系统的稳定性和森林群落的正向演替。生态公益林利用以不影响其发挥森林主导功能为前提，以限制性的综合利用和非木资源利用为主，有利于森林可持续经营和资源的可持续发展。

（三）低效生态公益林改造方法

根据低效生态公益林类型的不同，而针对性地采取不同的生态公益林改造方法。通过对低效能生态公益林密度与结构进行合理调整，采用树种更替、不同配置方式、抚育间伐、封山育林等综合配套技术，促进低效能生态公益林天然更新，提高植被的水土保持、水源涵养的生态效益。

1. 补植改造

补植改造主要适用于林相残次型和结构简单型的残次林,根据林分内林隙的大小与分布特点,采用不同的补植方式。主要有:(1)均匀补植;(2)局部补植;(3)带状补植。

2. 封育改造

封育改造主要适用于郁闭度小于0.5,适合定向培育,并进行封育的中幼龄针叶林分。采用定向培育的育林措施,即通过保留目的树种的幼苗、幼树,适当补植阔叶树种,培育成阔叶林或针阔混交林。

3. 综合改造

适用于林相老化型和自然灾害的低效林。带状或块状伐除非适地适树树种或受害木,引进与气候条件、土壤条件相适应的树种进行造林。一次改造强度控制在蓄积的20%以内,迹地清理后进行穴状整地,整地规格和密度随树种、林种不同而异。主要有:(1)疏伐改造;(2)补植改造;(3)综合改造。

(四)低效生态公益林的改造技术

对需要改造的生态公益林落实好地块、确定现阶段的群落类型和所处的演替阶段、组成种类,以及其他的生态环境条件特点,如气候、土壤等,这对下一步的改造工作具有重要的指导意义。不同的植被分区其自然条件(气候、土壤等)各不相同,因而导致植物群落发生发育的差异,树种的配置也应该有所不同,因此要选择适合于本区的种类用于低效生态公益林的改造,并确定适宜的改造对策。而且,森林在不同的演替阶段其组成种类和层次结构是不同的。目前需要改造的低效生态公益林主要是次生稀树灌丛、稀疏马尾松纯林、幼林等群落,处于演替早期阶段,种类简单,层次不完整。为此,在改造过程中需要考虑群落层次各树种的配置,在配置过程中,一定要注意参照群落的演替进程来导入目的树种。

1. 树种选择

树种选择时最好选择优良的乡土树种作为荒山绿化的先锋树种,这些树种应满足:择适应性强、生长旺盛、根系发达、固土力强、冠幅大、林内枯枝落叶丰富和枯落物易于分解,耐瘠薄、抗干旱,可增加土壤养分,恢复土壤肥力,能形成疏松柔软,具有较大容水量和透水性死地被凋落物等特点。新造林地树种可选择枫香、马尾松、山杜英;人工促进天然更新(补植)树种可选择乌桕、火力楠、木荷、山杜英。

根据自然条件和目标功能,生态公益林可采取不同的经营措施,如可以确定特殊保护、重点保护、一般保护三个等级的经营管理制度,合理安排管护活动,优化森林结构,促进生态系统的稳定发展。生态公益林树种一般具备各种功能特征:(1)涵养水源、保持水土;(2)防风固沙、保护农田;(3)吸烟滞尘、净化空气;(4)调节气候、改善生态小环境；(5)减少噪声、杀菌抗病；(6)固土保肥；(7)抗洪防灾；(8)保护野生动植物和生物多样性；(9)游憩观光、保健休闲等。因此，不同生态公益林，应根据其主要功能特点，选择不同的树种。

乡土阔叶林是优质的森林资源，起着涵养水源、保持水土、保护环境及维持陆地生态平衡的重大作用。乡土阔叶树种是生态公益林造林的最佳选择。目前福建省存在生态公益林树种结构简单，纯林、针叶林多，混交林、阔叶林少，而且有相当部分林分质量较差，生态功能等级较低。生态公益林中的针叶纯林林分已面临着病虫危害严重、火险等级高、自肥能力低、保持水土效能低等危机，树种结构亟待调整。利用优良乡土阔叶树种，特别是珍贵树种对全省生态公益林进行改造套种，是进一步提高林分质量、生态功能等级和增加优质森林资源的最直接最有效的途径。

2. 林地整地

水土保持林采取鱼鳞坑整地。鱼鳞坑为半月形坑穴，外高内低，长径 0.8～1.5 m，短径 0.5～1.0 m，埂高 0.2～0.3 m。坡面上坑与坑排列成三角形，以利蓄水保土；水源涵养林采取穴状整地，挖明穴，规格为 60 cm×40 cm×40 cm，回表土。

3. 树种配置

新造林：在Ⅰ～Ⅱ类地采用枫香×山杜英；各类立地采用马尾松×枫香，按1:1比例模式混交配置。人促（补植）：视低效林林相破坏程度，采用乡土阔叶树乌桕、火力楠、木荷、山杜英进行补植。

二、生态公益林限制性利用技术

生态公益林限制性利用是指以林业可持续发展理论、森林生态经济学理论和景观生态学理论为指导，实现较为完备的森林生态体系建设目标；正确理解和协调森林生态建设与农村发展的内在关系，在取得广大林农的有力支持下，有效地保护生态公益林；通过比较完善的制度建设，大量地减少甚至完全杜绝林区不安定因素对生态公益林的破坏，积极推动农村经济发展。

(一) 生态公益林限制性利用类型

1. 木质利用

对于生长良好但已接近成熟年龄的生态公益林，因其随着年龄的增加，其林分的生态效益将逐渐呈下降趋势，因此应在保证其生态功能的前提下，比如在其林下进行树种的更新，待新造树种郁闭之后，对其林分进行适当的间伐，通过采伐所得木材获得适当的经济效益，这些经济收入又可用于林分的及时更新，这样能缓解生态林建设中资金短缺的问题，逐渐形成生态林生态效益及建设利用可持续发展的局面。

2. 非木质利用

非木质资源利用是在对生态公益林保护的前提下对其进行开发利用，属于限制性利用，它包含了一切行之有效的行政、经济的手段，科学的经营技术措施和相适应的政策制度保障等体系，进行森林景观开发、林下套种经济植物、绿化苗木，培育食用菌，林下养殖等复合利用模式，为山区林农脱贫致富提供一个平台，使非木质资源最有效地得到开发和保护。

（二）生态公益林限制性利用原则

（1）坚持"三个有利"的原则。生态公益林管护机制改革必须有利于生态公益林的保护管理，有利于林农权益的维护，有利于生态公益林质量的稳步提高。

（2）生态优先原则。在保护的前提下，遵循"非木质利用为主，木质利用为辅"的原则，科学合理地利用生态公益林林木林地和景观资源。实现生态效益与经济效益结合，总体效益与局部效益协调，长期效益与短期利益兼顾。

（3）因地制宜原则。依据自然资源条件和特点、社会经济状况，处理好森林资源保护与合理开发利用的关系，确定限制性利用项目。根据当地生态公益林资源状况和林农对山林的依赖程度，因地制宜，确定相应的管护模式。

（4）依法行事原则。要严格按照规定，在限定的区域内进行，凡涉及使用林地林木的问题，必须按有关规定、程序进行审批。坚持严格保护、科学利用的原则。生态公益林林木所有权不得买卖，林地使用权不得转让。在严格保护的前提下，依法开展生态公益林资源的经营和限制性利用。

（三）生态公益林限制性利用技术

1. 木质利用技术

以杉木人工林为主的城镇生态公益林培育改造中，因其不能主伐利用材，没有经济效益，但是通过改造间伐能够生产一部分木材，能够维持培育改造所需的费用，并有一小部分节余，从而达到生态公益林的持续经营。以杉木人工林为主的城镇生态公益林培育改造可生产木材 $60m^3/hm^2$，按 500 元 $/m^3$ 计算，可收入 30000 元 $/hm^2$；生产木材成本 6000 元 $/hm^2$，培育改造营林费用 3000 元 $/hm^2$；为国家提供税收 2400 元 $/hm^2$；尚有节余 18600 元 $/hm^2$，可作为城镇生态公益林的经营费用，有利于城镇生态公益林的可持续经营。

以马尾松林为主的城镇生态林培育改造中，通过间伐能够生产一部分木材，也能够维持培育改造所需的费用，并有一小部分节余，从而达到生态公益林的持续经营。以马尾松人工林为主的城镇生态公益林培育改造可生产木材 $45m^3/hm^2$，按 500 元 $/m^3$ 计算，可收入 22500 元 $/hm^2$；生产木材成本 4500 元 $/hm^2$，培育改造营林费用 3000 元 $/hm^2$；为国家提供税收 1800 元 $/hm^2$；尚有节余 13200 元 $/hm^2$，可作为城镇生态公益林的经营费用，有利于城镇生态公益林的可持续经营。

2. 林下套种经济植物

砂仁为姜科豆蔻属多年生常绿草本植物，其种子因性味辛温，具有理气行滞、开胃消食、止吐安胎等功效,是珍贵南药;适宜热带、南亚热带和中亚热带温暖湿润的林冠下生长。杉木林地郁闭度控制在 0.6 ~ 0.7,创造适宜砂仁生长发育的生态环境,加强田间管理,是提高砂仁产量的重要措施。因为砂仁对土、肥、荫、水有不同的要求,在不同季节又有不同需要,高产稳产的获得,是靠管理来保证。

雷公藤为常用中药,以根入药,具祛风除湿、活血通络、消肿止痛、杀虫解毒的功能。雷公藤也是植物源农药的极佳原料,可开发为生物农药。马尾松是南方常见的造林树种,在林间空隙套种雷公藤,可以大力提高土地利用率,提高林地的经济效益。马尾松的株行距为150cm×200 cm,雷公藤的株行距为 150 cm×200 cm。种植过程应按照相应的灌溉、施肥、给药、除草、间苗等标准操作规程进行。根据雷公藤不同生长发育时期的需水规律及气候条件,适时、合理进行给水、排水,保证土壤的良好通气条件,需建立给排水方案并定期记录。依据《中药材生产质量管理规范(试行)》要求,雷公藤生长过程必须对影响生产质量的肥料施用进行严格的控制,肥料的施用以增施腐熟的有机肥为主,根据需要有限度地使用化学肥料并建立施肥方案。

灵香草又名香草、黄香草、排草零陵香,为报春花科排草属多年生草本植物,具有清热解毒、止痛等功效,并且具有良好的防虫蛀作用。在阔叶林下套种灵香草。其生长情况和产量均呈山脚或山凹 > 中下坡 > 中上坡在同坡位下,灵香草的藤长、基径、萌条数均随扦插密度增加而递减其单位面积生物总量与扦插密度关系则依主地条件不同而异,立地条件好的则随密度加大而递增。林分郁闭度为 0.7 ~ 0.85,灵香草的生长与产量最大,随林分郁闭度下降,其产量呈递减趋势。

肉桂是樟科的亚热带常绿植物,其全身是宝,根、枝、皮、花、果均可入药;叶可提取桂油,是现代医药、化工与食品工业的重要原料。肉桂属浅根性耐阴树种,马尾松属深根性喜光村种,选择在马尾松林分内进行套种。一方面,由于它们的根系分布层次不同,有利于充分利用地力;另一方面,既可充分利用空间,又可利用马尾松树冠的遮阴作用,避免阳光对肉桂幼树直射而灼伤,减少水分流失,提高造林成活率。在郁闭度 0.4、0.6 的马尾松林下套种肉桂造林,成活率可比进地造林提高 19.1% 和 19.6%,是发展肉桂造林的好途径。在生产上应大力提倡在郁闭度 0.4 左右的马尾松林分中套种肉桂。但不宜在部闭度较大的林分内套种,以免影响肉桂后期生长和桂油品质。

3. 林下养殖

林下养殖选择水肥条件好,林下植被茂盛、交通方便的生态公益林地进行林下养殖,如养鸡、养羊、养鸭、养兔,增加林农收入。林下养殖模式,夏秋季节,林木为鸡、鹅等遮阴避暑,动物食害虫、青草、树叶,能减少害虫数量,节省近一半饲料,大大降低了农民打药和管理的费用,动物粪又可以肥地,形成了一个高效的绿色链条。大力发展林下经济作为推动林畜大县建设步伐的重要措施，坚持以市场为导向，以效益为中心，科学规划，因地制宜，突出特色，积极探索林下养殖经济新模式。

发展林下规模养殖的总体要求是，要坚持科学发展观，以市场为导向，以效益为中心，科学规划，合理布局，突出特色，因地制宜，政策引导，示范带动，整体推进，使林下养殖成为绿色、生态林牧业生产的亮点和农村经济发展、农民增收新的增长点。

在农村，许多农户大多是利用房前屋后空地养鸡，饲养数量少，难成规模，而且不利于防疫。林下养鸡是以放牧为主、舍饲为辅的饲养方式，其生产环境较为粗放。因此，应选择适应性强、抗病力强、耐粗饲、勤于觅食的地方鸡种进行饲养。林地最好远离人口密集区，交通便利、地势高燥、通风光照良好，有充足的清洁水源，地面为沙壤土或壤土，没有被传染病或寄生虫病原体污染。在牧地居中地段，根据群体大小选择适当避风平坦处，用土墙或砖木及油毛毡或稻草搭成高约 2 m 的简易鸡舍，地面铺砂土或水泥。鸡舍饲养密度以 20 只/m^2 为宜，每舍养 1000 只，鸡舍坐北朝南。

4. 森林生态旅游

随着生活水平的不断提高以及人们回归自然的强烈愿望，丛林纵生，雪山环抱，峡谷壁立，草原辽阔，阳光灿烂，空气清新，少数民族文化色彩浓厚，人与自然和谐而备受人们向往和关注。森林生态旅游被人们称为"无烟的工业"，旅游开发迅速升温。

有些生态公益林所处地形复杂，生态环境多样，为旅游提供了丰富的资源，其中绝大部分属森林景观资源。以这些资源为依托，开发风景区，发展生态旅游，同时带动了相关第三产业的发展，促进了经济发展。

森林浴：重在对现有森林生态的保护，沿布设道路对不同树种进行挂牌，标示树种名称、特性，对保护植物应标明保护级别等，提醒游人对保护植物的关爱。除建设游步道外，不建设其他任何设施，以维护生物多样性，使游人尽情享受森林的沐浴。

花木园：在原有旱地上建立以桂花、杜英、香樟及深山含笑等为主的花木园，可适当密植，进行块状混交。一方面可增加生态林阔叶林的比重，增加景观的观赏性；另一方面也可提供适量的绿化苗，增加收入。

观果植物园：建设观果植物园，如油茶林、柑橘林，对油茶林进行除草、松土，对柑橘林进行必要的除草培土、修剪和施肥，促进经济林的生长，从而提高其产量和质量，增加经济收入，同时也可为游人增加一些如在成熟期采摘果实参与性项目。

休闲娱乐：根据当地实际情况，以及休闲所在地和绿色养殖的特点，设置餐饮服务和休闲区，利用当地木、竹材料进行搭建，充分体现当地民居特色，使游人在品尝绿色食品、体验优美自然环境后有下次再想去的欲望。

生态公益林区还可以作为农林院校、科研机构以及林业生产部门等进行科研考察和试验研究的基地，促进林业科研水平和生产水平的提高。

森林生态旅游的开发必须服从于生态保护，即必须坚持在保护自然环境和自然资源为主的原则下，做好旅游开发中的生态保护。森林生态旅游的开发必须在已建立的森林生态旅游或将规划的森林生态旅游要进行本底调查，除了调查人文景观、自然景观外，还要调查植被类型、植被区系、动物资源等生物资源方面的调查，了解旅游区动、植物的保护类型及数量，在符合以下规定的基础上制定出生态旅游区的游客容量及游览线路。制止对自然环境的人为消极作用，控制和降低人为负荷，应分析人的数量、活动方式与停留时间，分析设施的类型、规模、标准，分析用地的开发强度，提出限制性规定或控制性指标。保持和维护原有生物种群、结构及其功能特征，保护典型而示范性的自然综合体。提高自然环境的复苏能力，提高氧、水、生物量的再生能力与速度，提高其生态系统或自然环境对人为负荷的稳定性或承载力。以保证游客游览的过程中不会对珍稀动植物造成破坏，并影响其自然生长。

三、重点攻关技术

生态公益林的经营是世界性的研究课题，尤其是在近年全球环境日趋恶化的形势下生态公益林建设更是引起了全世界的关注，被许多国家提到议事日程上。公益林建设中关键是建设资金问题，不可否认生态公益林建设是公益性的事业，其建设资金应有政府来投入，但是由于许多国家存在着先发展经济、后发展环境的观念，生态公益林建设资金短缺十分严重。因此，有些国家开始考虑在最大限度地发挥生态公益林生态效益的前提下，在公益林上进行适当经营，以取得短期的经济效益，从而解决公益林建设的资金问题。美国制订的可持续林计划，为森林工作者、土地拥有者、伐木工人及纸业生产商提供了一种有效的途径，使他们在保证有效经营的同时，又能满足人们不断提高的环保要求，最终用森林资源的经济效益来保证其生态效益的发挥，他们也提出了发挥森林生态效益和经济效益结合的模式，如适当的间伐、套种经济作物等。法国在20世纪80年代成立自然资源核算委员会，开展森林资源、动植物资源的核算试验，以评估生态公益林的经济价值，并进行改造和提高现有生态公益林的生态功能试验。此外，加拿大、日本、德国也在这方面做了很多研究，但发展中国家在这方面的研究比较少。

（一）生态公益林的经营利用模式比较分析

目前国内在不影响生态公益林发挥生态效益的前提下，进行生态公益林适当经营的研究还不多，特别是把生态公益林维持生态平衡的功能和其产业属性结合起来，从中取得经济效益并能提高生态公益林生态功能的模式的研究更少。

在保护生态公益林的前提下，寻找保护与利用的最佳结合点，开展一些林下利用试点。在方式上，要引导以非木质利用为主、采伐利用为辅的方式；在宣传导向上，要重点宣传非木质利用的前景，是今后利用的主要方向；在载体上，要产业拉动，特别是与加工企业对接，要重视科技攻关，积极探索非木质利用的途径和方法，逐步解决林下种植的种苗问题。开展生态公益林限制性利用试点，开展林下套种经济作物等非木质利用试点，探索一条在保护前提下，保护与利用相结合的路子，条件好的林区每个乡镇搞一个村的试点，其余县市选择一个村搞试点，努力探索生态林限制性利用途径。在保护资源的前提下进行开发利用，采取一切行之有效的行政、经济的手段，科学的经营技术措施和相适应的政策制度保障等体系，进行森林景观开发、林下套种经济植物、绿化苗木，培育食用菌，林下养殖等复合利用模式，为山区林农脱贫致富提供一个平台，使非木质资源最有效地得到开发和保护。

（二）生态公益林的非木质资源综合利用技术

非木质资源利用是山区资源、经济发展和摆脱贫困的必然选择，也是改善人民生产、生活条件的重要途径。非木质资源利用生产经营周期大大缩短，一般叶、花、果、草等在利用后只需1年时间的培育就能达再次利用的状态。这种短周期循环利用方式不仅能提高森林资源利用率，而且具有持续时间长、覆盖面广的特性。因此，能使林区农民每年都能有稳定增长的经济收入。所以，公益林生产地应因地制宜大力发展林、果、竹、药、草、花，开发无污染的天然保健"绿色食品"，建设各种林副产品开发基地。

建立专项技术保障体系生态公益林限制性利用技术支持系统，包括资源调查可靠性，技术方案可行性，实施运作过程的可控制性和后评价的客观性，贯穿试验工作全过程。由专职人员对试验全过程进行有效监控，建立资源分析档案。

非木质资源利用对服务体系的需求主要体现在科技服务体系、政策支持体系、病虫害检疫和防治体系、资源保护与控制服务体系、林产品购销服务体系等方面，这些体系在我国的广大公益林地区还不够健全，尤其是山区。对非木质资源的利用带来不利因素。应结合政府机构改革，转变乡镇政府职能，更好地为林农提供信息、技术、销售等产前产中产后服务。加强科技人员的培训，更新知识，提高技能，增强服务意识，切实为"三农"服务。

（三）促进生态公益林植被恢复和丰富森林景观技术

森林非木质资源的限制性开发利用，使农民收入构成发生变化，由原来主要依赖木质资源的利用转化为主要依赖非木质资源的利用，对森林资源的主要组成部分——林木没有直接造成损害，因此，对森林资源及生态环境所带来的负面效应很小。而且，非木质资源的保护和利用通过各种有效措施将其对森林资源的生态环境的负面影响严格控制在可接受的限度之间，在一定程度上还可以提高生物种群结构的质量和比例的适当性、保持能量流和物质流功能的有效性、保证森林生态系统能够依靠自身的功能实现资源的良性循环与多途径利用实现重复利用，使被过度采伐的森林得以休养生息，促进森林覆盖率、蓄积稳定增长，丰富了森林景观。而且具有收益稳、持续时间长、覆盖面广的特性，为当地林农和政府增加收入，缓解生态公益林的保护压力，从而使生态公益林得以休养生息，促进森林覆盖率，丰富森林景观，维护森林生物多样性，促进森林的可持续发展。

（四）生态公益林结构调整和提高林分质量技术

通过林分改造和树种结构调整，能增加阔叶树的比例，促进生态公益林林分质量的提高，增加了森林的生态功能。另一方面，通过林下养殖及林下种植，改善了土壤结构，促进林分生长，提高了生态公益林发挥其涵养水源、保持水土的功能，使生态公益林沿着健康良性循环的轨道发展。

建立对照区多点试验采取多点试验，就是采取比较开放的和比较保守的不同疏伐强度试验点。同时对相同的林分条件，不采取任何经营措施，建立对照点。通过试验取得更有力的科学依据，用于补充和完善常规性技术措施的不足，使林地经营充分发挥更好的效果。

第二节 流域与滨海湿地生态保护及恢复技术

一、流域生态保护与恢复

（一）流域生态保育技术

1. 流域天然林保护和自然保护区建设

生物多样性保护与经济持续发展密切相关。自然保护区和森林公园的建立是保护生物多样性的重要途径之一。自然保护区由于保护了天然植被及其组成的生态系统（代表性的自然生态系统，珍稀动植物的天然分布区，重要的自然风景区，水源涵养区，具有特殊意义的地质构造、地质剖面和化石产地等），在改善环境、保持水土、维持生态平衡具有重要的意义。

2. 流域监测、信息共享与发布系统平台建设

流域的综合管理和科学决策需要翔实的信息资源为支撑，以流域管理机构为依托，利用现代信息技术开发建设流域信息化平台。完善流域实时监测系统，建立跨行政区和跨部门的信息收集和共享机制，实现流域信息的互通、资源共享、提高信息资源的利用效率。

3. 流域生态补偿机制的建立

流域生态经济理论认为：流域上中下游的生态环境、经济发展和人类生存乃是

一个生死与共的结构系统。它们之间经济的、政治的、文化的等各种关系，都通过生命之水源源不断的流动和地理、历史、环境、气候等的关联而紧密相连。合理布局流域上中下游产业结构和资源配置。加大对上游地区的道路、通信、能源、水电、环保等基础设施的投入，从政策、经济、科技、人才等多方面帮助上游贫困地区发展经济，脱贫致富。加强对交通、厂矿、城镇、屋宅建设的管理。实行"谁建设，谁绿化"措施，严防水土流失。退耕还草，退耕还林，绿化荒山，保护森林。立法立规，实施"绿水工程"，对城镇的工业污水和生活污水全面实行清浊分流和集中净化处理，严禁把大江小河当作垃圾池和"下水道"的违法违规行为。动员全社会力量，尤其是下游发达地区政府和人民通过各种方式和各种渠道帮助上游人民发展经济和搞好环境保护。

（二）流域生态恢复

流域生态恢复的关键技术包括流域生境恢复技术、流域生物恢复技术和流域生态系统结构与功能恢复技术。

1. 流域水土流失综合治理

坚持小流域综合治理，搞好基本农田建设，保护现有耕地。因地制宜，大于25°陡坡耕地区域坚决退耕还林还草，小于15°适宜耕作区域采取坡改梯、节水灌溉、作物改良等水土保持综合措施；集中连片进行"山水田林路"统一规划和综合治理，按照优质、高产、高效、生态、安全和产业化的要求，培植和发展农村特色产业，促进农村经济结构调整，并逐步提高产业化水平。

建立水土保持监测网络及信息系统，提高遥感监测的准确性、时效性和频率，促进对水土流失发生、发展、变化机理的认识，揭示水土流失时空分布和演变的过程、特征和内在规律。指导不同水土流失区域的水土保持工作。

2. 流域生物恢复技术

流域生物恢复技术包括物种选育和培植技术、物种引入技术、物种保护技术等。不同区域、不同类型的退化生态系统具有不同的生态学过程，通过不同立地条件的调查，选择乡土树种。然后进行栽培实验，实验成功后进行推广。同时可引进外来树种，通过试验和研究，筛选出不同生态区适宜的优良树种，与流域树种结构调整工程相结合。

3. 流域退化生态系统恢复

研究生态系统退化就是为了更好地进行生态恢复。生态系统退化的具体过程与干扰的性质、强度和延续的时间有关。生态系统退化的根本特征是在自然胁迫或人为干扰下，结构简化、组成成分减少、物流能流受阻、平衡状态破坏、更新能力减弱，以及生态服务功能持续下降。研究包括：生态系统退化类型和动因；生态系统退化机制；生态系统退化诊断与预警；退化生态系统的控制与生态恢复。

流域内的天然林进行严格的保护，退化的次生林进行更新改造，次生裸地进行常绿阔叶林快速恢复与重建。根据流域内自然和潜在植被类型，确定造林树种，主要是建群种和优势种。也包含灌木种类。

在流域生态系统恢复和重建过程中，因地制宜地营造经济林、种植药材、培养食用菌等相结合的生态林业工程，使流域的生物多样性得到保护，促进流域生态系统优化。

二、湿地生态系统保护与恢复

（一）湿地生态系统保护

由于湿地处于水陆交互作用的区域，生物种类十分丰富，仅占地球表面面积6%的湿地，却为世界上20%的生物提供了生境，特别是为濒危珍稀鸟类提供生息繁殖的基地，是众多珍稀濒危水禽完成生命周期的必经之地。

1. 湿地自然保护区建设

我国湿地处于需要抢救性保护阶段，努力扩大湿地保护面积是当前湿地保护管理工作的首要任务。建立湿地自然保护区是保护湿地的有效措施。要从抢救性保护的要求出发，按照有关法规法律，采取积极措施在适宜地区抓紧建立一批各种级别的湿地自然保护区，特别是对那些生态地位重要或受到严重破坏的自然湿地，更要果断地划定保护区域，实行严格有效的保护。

2. 湿地生态系统保护

一个系统的面积越大，该系统内物种的多样性和系统的稳定性越有保证。因此，增加湿地的面积是有效恢复湿地生态系统平衡的基础。严禁围地造田，对湿地周围影响和破坏湿地生境的农田要退耕还湿，恢复湿地生境，增加湿地面积。湿地入水量减少是造成湿地萎缩不可忽视的原因，水文条件成为湿地健康发展的制约因素，需要通过相关水利工程加以改善。增加湖泊的深度和广度以扩大湖容，增加鱼的产量，增强调蓄功能；积极进行各湿地引水通道建设，以获得高质量的补充水源；加强水利工程设施的建设和维护，加固堤防，搞好上游的水土保持工作，减少泥沙淤积；恢复泛滥平原的结构和功能以利于蓄纳洪水，提供野生物栖息地以及人们户外娱乐区。

湿地保护是一项重要的生态公益事业，做好湿地保护管理工作是政府的职能。各级政府应高度重视湿地保护管理工作，在重要湿地分布区，要把湿地保护列入政府的重要议事日程，作为重要工作纳入责任范围，从法规制度、政策措施、资金投入、管理体系等方面采取有力措施，加强湿地保护管理工作。

（二）湿地生态恢复技术

湿地恢复是指通过生态技术或生态工程对退化或消失的湿地进行修复或重建，

再现干扰前的结构和功能,以及相关的物理、化学和生物学特性,使其发挥应有的作用。根据湿地的构成和生态系统特征,湿地的生态恢复可概括为:湿地生境恢复、湿地生物恢复和湿地生态系统结构与功能恢复3个部分。

1. 湿地生境恢复技术

湿地生境恢复的目标是通过采取各类技术措施,提高生境的异质性和稳定性。湿地生境恢复包括湿地基底恢复、湿地水状况恢复和湿地土壤恢复等。湿地的基底恢复是通过采取工程措施,维护基底的稳定性,稳定湿地面积,并对湿地的地形、地貌进行改造。基底恢复技术包括湿地基底改造技术、湿地及上游水土流失控制技术、清淤技术等。湿地水状况恢复包括湿地水文条件的恢复和湿地水环境质量的改善。水文条件的恢复通常是通过筑坝(抬高水位)、修建引水渠等水利工程措施来实现;湿地水环境质量改善技术包括污水处理技术、水体富营养化控制技术等。由于水文过程的连续性,必须严格控制水源河流的水质,加强河流上游的生态建设。土壤恢复技术包括土壤污染控制技术、土壤肥力恢复技术等。在湿地生境恢复时,进行详细的水文研究,包括地下水与湿地之间的相互关系,作为湿地需要水分饱和的土壤和洪水的水分与营养供给,在恢复与重建海岸湿地时,还需要了解潮汐的周期、台风的影响等因素;详细地监测和调查土壤,如土壤结构、透水性和地层特点。

2. 湿地生物恢复(修复)技术

湿地生物恢复(修复)技术主要包括物种选育和培植技术、物种引入技术、物种保护技术、种群动态调控技术、种群行为控制技术、群落结构优化配置与组建技术、群落演替控制与恢复技术等。在恢复与重建湿地过程中,作为第一性生产者的植被恢复与重建是首要过程。尽管水生植物或水生植被是广域和隐域性的,但在具体操作过程中因遵循因地制宜的原则。淡水湿地恢复和重建时,主要引入挺水和漂浮植物,如菖蒲、芦苇、灯芯草、香蒲、苔草、水芹、睡莲等。植物的种子、根茎、鳞茎、根系、幼苗和成体,甚至包括种子库的土壤,均可作为建造植被的材料。

3. 生态系统结构与功能恢复技术

生态系统结构与功能恢复技术主要包括生态系统总体设计技术、生态系统构建与集成技术等。湿地生态恢复技术的研究既是湿地生态恢复研究中的重点,又是难点。

退化湿地生态系统恢复,在很大程度上,需依靠各级政府和相关部门重视,切实加强对湿地保护管理工作的组织领导,强化湿地污染源的综合整治与管理,通过部门间的联合,加大执法力度。要严格控制湿地氮肥、磷肥、农药的施用量,控制畜禽养殖场废水对湿地的污染影响,大型畜禽养殖场废水要严格按有关污染物排放标准的要求达标排放,有条件的地区应推广养殖废水土地处理。

植物是人工湿地生态工程中最主要的生物净化材料,它能直接吸收利用污水中的营养物质,对水质的净化有一定作用。目前,在人工湿地植物种类应用方面,国内外均是以水生植物类型为主，尤其是挺水植物。由于不同植物种类在营养吸收能力、根系深度、氧气释放量、生物量和抗逆性等方面存在差异，所以它们在人工湿地中的净化作用并不相同。在选择净化植物时既要考虑地带性、地域性种类，还要选择经济价值高、用途广以及与湿地园林化建设相结合的种类，尽可能地做到一项投入多处收益。植物除了对污物直接吸收外，还有重要的间接作用，输送氧气，提供碳源，从而为各种微生物的活动创造有利的场所，提高了工程污水的净化作用。

第三节　沿海防护林体系营建技术

一、防护林立地类型划分与评价

根据地质、地貌、土壤和林木生长等因素，在大量的外业调查资料和内业分析测算数据的基础上，运用综合生态分类方法、多用途立地评价技术，可以确定基岩海岸防护林体系建设中适地适树的主要限制因子，筛选出影响树种生长的主导因子，再建立符合不同类型海岸实际的立地分类系统，进行多用途立地质量评价，并根据立地类型的数量、面积和质量，提出与立地类型相适应的造林营林技术措施。为沿海基岩海岸防护林体系建设工程提供"适地适树"的理论依据，这将大大提高工程质量和投资效益，充分发挥土地生产潜力，并可创造出更高的经济和社会效益。

二、防护林树种选择技术

造林树种的选择必须依据两条基本原则。第一，要求造林树种的各项性状（以经济性状及效益性状为主）必须定向地符合既定的育林目标的要求，可简称为定向的原则。第二，要求造林树种的生态习性必须与造林地的立地条件相适应，可简称为适地适树的原则。这两条原则是相辅相成、缺一不可的，定向要求的森林效益是目的，适地适树是手段。人工林的生产力水平应是检验树种选择的主要指标，同时也要考虑其他经济效益、生态效益和社会效益的综合满足程度。

沿海基干林带和风口沙地生境条件恶劣，属于特殊困难造林地，表现在秋冬季东北风强劲，台风频繁，海风夹带含盐细沙、盐雾，对林木有毒害作用；沙地干旱缺水、土壤贫瘠，不利于林木生长。因此，选择造林树种时，应根据生境条件的特殊性，慎重从事，其主要原则和依据是：生态条件适应性，所选择的树种要能适应地带性生态环境；经营目的性原则，要能够符合海岸带基干林带及其前沿防风固沙的防护需要以生态效益为主；对沿海强风、盐碱和干旱等主要限制性生态因子要有很强的适应性和抗御能力。

三、沿海防护林结构配置原则

（一）生态适应性原则

沿海地区立地条件复杂多样，局部地形差别极大，在考虑防护林结构配置模式时，必须根据造林区具体的风力状况、土壤条件选择与之相适应的树种进行合理搭配，以提高造林效果和防护功能。

（二）防护效益最大化原则

防护林营建的主要目的是发挥其抵御风沙危害，改善沿海生态环境，因此，防护林结构配置，应以实现防护林防护效益最大化为目标，在选择配置树种时，要尽可能采用防护功能强的树种，并在迎风面按树种防护功能强弱和生长快慢顺序进行混交，促进防护林带早成林和防护效益早发挥。

（三）种间关系相互协调原则

不同树种有其各自的生物学和生态学特性，在选择不同树种混交造林时，要充分考虑树种间的关系，尽量选用阳性—耐阴性、浅根—深根型等共生性树种混交配置，以确保种间关系协调。

（四）防护效益优先，经济效益兼顾原则

沿海防护林体系建设属于生态系统工程，在防护林树种选择和结构配置上，必须优先考虑生态防护效益，但还要兼顾经济效益，以充分调动林农积极性，实行多树种、多林种和多种经营模式的有效结合。特别在基干林带内侧后沿重视林农、林果和林渔等优化配置，在保证生态功能持续稳定发挥的同时，增加防护林保护下发展农作物、果树、畜牧和水产养殖的产量和经济收益。

（五）景观多样性原则

不同树种形体各异，叶、花、果和色彩等均存在差异性，防护林结构配置在保证防护功能的前提下，需要充分考虑到树种搭配在视觉上协调和美感，增强人工林景观的多样性和复杂性，有利于促进森林旅游，提高当地旅游收入和带动其他行业发展。

第四节 城市森林与城镇人居环境建设技术

城市是人类活动的聚集地，是人类文明和社会进步的象征，是一个国家社会经济发展水平和社会文明的重要标志。20世纪以来，伴随着工业革命的推进，全球城市化发展逐步加快。城市随着规模扩大、各种设施的完善以及人口的增加，促进了城市经济、社会和文化等诸多方面的繁荣，但与此同时，城市化又带来了一系列的社会和环境问题。城市生态环境建设用地比例失调、污染程度加剧、住房紧张、交通困难、生物多样性丧失等问题，引起城市生活质量下降，制约了城市可持续发展。城市森林作为城市生态系统中具有自净功能的重要组成部分，在保护人体身心健康、调节生态平衡、改善环境质量、美化城市景观等方面具有不可替代的作用。

一、城市森林道路林网建设与树种配置技术

（一）城市道路景观的林带配置模式

城市道路景观的植物配置首先要服从交通安全的需要，能有效地协助组织车流、人流的集散，同时，兼顾改善城市生态环境及美化城市的作用。在树种配置上应充分利用土地，在不影响交通安全的情况下，尽量做到乔灌草的合理配置，充分利用乡土树种，展现不同城市的地域特色。

城乡绿色通道主要包括国道、省道、高速公路及铁路等，城乡绿色通道由于道路较宽、交通流量大，树种配置时主要考虑滞尘、降低噪音的生态防护功能，兼顾美观效果。树种配置时应采用常绿乔木、亚乔木、灌木、地被复式结构为主，乔、灌、花、草的互相搭配，形成立体景观效应，增强综合生态效益。交通线两边的山体斜坡或护坡，也可种上草或藤，有些地方还可以种上乔、藤、花等。主要乔木树种可选用：巨尾桉、厚荚相思、马占相思、木麻黄、龙眼、荔枝、杧果、假槟榔、大王椰子、凤凰木、枇杷、南洋杉、高山榕、木棉、鹅掌楸等；灌木可选用：黄花夹竹桃、黄花槐、黄槿、三角梅、福建茶、九里香、黄公榕、变叶木、红桑、美蕊花、含笑、棕竹、美丽针葵、扶桑、朱蕉等；裸露山体林相改造树种有：木麻黄、台湾相思、厚荚相思、马占相思、团花、千年桐、香樟、榕树、橡皮树、南洋楹、银合欢、木麻黄、丛生竹、巨尾桉、柠檬桉、木荷、杨梅等；彩化景观树种有：枫香、山杜英、红叶乌桕、香樟、红花羊蹄甲等。

（二）城市森林水系林网建设与树种配置技术

1. 市级河道景观生态林模式

市级河道两岸是城市居民休闲娱乐的场所，在景观林带设计上应将其生态功能与景观功能相结合，树种配置上除了考虑群落的防护功能外，还应选择具有观赏性较强的或具有一定文化内涵的植物，以形成一定的景观效果。每侧宽度应根据实际情况，一般应保持 20~30 m，宜宽则宽，局部可建沿河休闲广场，为城市居民提供良好的休闲场所。在淡水水域河道树种主要选择：水杉、水松、落羽杉、池杉、垂柳、龙爪柳、邓氏柳、枫杨、鹅耳枥、桤木、木波罗、印度榕、菩提树、小叶榕、凤凰木、香樟、橄榄、苦楝、川楝、秋枫、乌桕、荔枝、羊蹄甲、合欢、木棉等；在咸水水域河道树种选择有：木麻黄、黄槿、苦槛兰、老鼠簕、秋茄、桐花树、木榄、竹节树等；灌木有鸡冠刺桐、红花夹竹桃、软枝黄蝉、三角梅、黄花槐、扶桑、

紫薇、悬铃花、美丽针葵、桂花、石榴等；竹类有观音竹、黄金间碧玉竹、孝顺竹等。

2. 区县级河道生态景观林模式

区县级河道主要是生态防护功能，兼顾景观功能和经济功能。在树种配置上以复层群落配置营造混交林，形成异龄林复层多种植物混交的林带结构，充分发挥河道林带的生态功能。同时，根据河道两岸不同的景观特色，进行不同的植物配置，营造不同的景观风格。河道宽度一般控制在 10~20 m，根据河道两岸实际情况，林带宜宽则宽，宜窄则窄。在树种选择上乔木主要有：龙眼、荔枝、乌桕、榕树、相思树、橄榄、苦楝、番石榴、垂柳、水杉、水松、杧果、杨梅、香蕉、菠萝、厚荚相思、番木瓜、洋蒲桃、第伦桃、柿树、香椿、广玉兰、樟树、大叶桉、巨尾桉等；灌木树种选择有：鸡冠刺桐、红花夹竹桃、米兰、三角梅、龙船花、杜鹃花、美蕊花、含笑、龙牙花、红叶乌桕、朱槿、红桑、四季桂等；竹类有佛肚竹、凤尾竹、刚竹、黄金间碧玉竹、孝顺竹、绿竹、麻竹、大头点竹等。

（三）城市森林隔离防护林带配置模式

1. 工厂防污林带的配置模式

该模式主要针对具有污染性的工厂而建设污染隔离防护林，防止污染物扩散，同时兼顾吸收污染物的作用。根据不同工业污染源的污染物种类和污染程度，选择具有抗污吸污的树种进行合理配置。树种选择如下。工厂防火树种：选择含水量大的、不易燃烧的树种，如银杏、海桐、泡桐、女贞、杨柳、桃树、棕榈、黄杨等。抗烟尘树种：黄杨、五角枫、乌桕、女贞、三角枫、桑树、紫薇、冬青、珊瑚树、桃叶珊瑚、广玉兰、石楠、构骨、樟树、桂花、大叶黄杨、夹竹桃、栀子花、槐树、银杏、榆树等。滞尘能力的树种：黄杨、臭椿、槐树、皂荚、刺槐、冬青、广玉兰、朴树、珊瑚、夹竹桃、厚皮香、构骨、银杏等。抗二氧化硫气体树种：榕树、九里香、棕榈、雀舌黄杨、瓜子黄杨、十大功劳、海桐、女贞、皂荚、夹竹桃、广玉兰、重阳木、黄杨等。抗氯气气体的树种：龙柏、皂荚、侧柏、海桐、山茶、椿树、夹竹桃、棕榈、构树、木槿、无花果、柳树、枸杞等。

2. 沿海城市防护林带的配置模式

城市防护林不但为城市区域经济发展提供庇护与保障，而且在环境保护方面、提高市民经济收入和风景游憩功能等方面发挥重要的作用。城市防护林应充分考虑其防御风沙、保持水土、涵养水源、保护生物多样性等生态效应，建立多林种、多树种、多层次的合理结构。在防护林的带宽、带距、疏透度方面，根据城市特点、地理条件来确定，一般林带由三带、四带、五带等组合形式组成。城市防护林树种选择时，要根据树种特性，充分考虑区域的自然、地理、气候等因素，因地制宜地进行合理的配置。

二、城市森林核心林地（片林）构建技术

（一）风景观赏型森林景观模式

该模式以满足人们视觉上的感官需求，发挥森林景观的观赏价值和游憩价值。风景观赏型森林景观营造要全面考虑地形变化的因素，既要体现景象空间微观的景色效果，也要有不同视距和不同高度宏观的景观效应，充分利用现有森林资源和天然景观，尽量做到遍地林木阴郁，层林尽染。在树种组合上要充分发挥树种在水平方向和垂直方向上的结构变化，体现由不同树种有机组成的植物群体呈现出多姿多彩的林相及季相变化，显得自然而生动活泼。在立地条件差、土壤瘠薄的区域，可选择速生性强、耐瘠薄、耐旱涝和根系发达的树种，如巨尾桉、马占相思、山杜英、台湾相思、木麻黄、夹竹桃和杨梅等；常绿阔叶林主要组成树种有：木荷、青冈、润楠、榕属、潺槁树、厚壳树、土密树、朴树、台湾相思等；彩化景观树种主要有：木棉、黄山栾树、台湾栾树、凤凰木、黄金宝树、黄花槐、香花槐、刺桐、木芙蓉、山乌桕、山杜英、大花紫薇、野漆、幌伞枫、兰花楹、南洋楹、细叶榄仁、红花羊蹄甲、枫香、槐树等。

（二）休息游乐型森林景观模式

该模式以满足人们休息娱乐为目的，充分利用植物能够分泌和挥发有益的物质，合理配置林相结构，形成一定的生态结构，满足人们森林保健、健身或休闲野营等要求，从而达到增强身心健康的目的。树种选择上应选择能够挥发有益的物质，如桉树、侧柏、肉桂、柠檬、肖黄栌等；能分泌杀菌素，净化活动区的空气，如含笑、桂花、米兰、广玉兰、栀子、茉莉等，均能挥发出具有强杀菌能力的芳香油类，利于老人消除疲劳，保持愉悦的心情。枇杷能安神明目，广玉兰能散湿风寒。该模式的群落配置为：枇杷树+桃树+八仙花—八角金盘、枸骨—葱兰、广玉兰+香樟—桂花+胡颓子—薰衣草、含笑+桂花—栀子—玫瑰+月季、木荷+乐昌含笑—垂丝海棠、含笑—八仙花等群落。在福建地区可采用的乔木树种有：枫香、香椿、喜树、桂花、杨梅、厚朴、苦楝、杜仲、银杏、南方红豆杉、女贞、木瓜、山楂、枇杷、紫薇、柿树、枣树；灌木植物有：粗榧、小檗、十大功劳、枸杞、贴梗海棠、木芙蓉、连翘、九里香、枸骨、南天竺、羊蹄躅、玫瑰、胡颓子、接骨木、火棘、石楠、夹竹桃、迎春；草本植物有：麦冬、沿阶草、玉簪、菊花、垂盆草、鸢尾、长春花、酢浆草、薄荷、水仙、野菊、万年青、荷花、菱、菖蒲、天南星、石蒜。

（三）文化展示型森林景观模式

该模式在植物群落建设同时强调意与形的统一，情与景的交融，利用植物寓意联想来创造美的意境，寄托感情，形成文化展示林，提高生态休闲的文化内涵，提升城市森林的品位。如利用优美的树枝，苍劲的古松，象征坚韧不拔；青翠的竹丛，

象征挺拔、虚心劲节；傲霜的梅花，象征不怕困难、无所畏惧；利用植物的芳名：金桂、玉兰、牡丹、海棠组合，象征"金玉满堂"；桃花、李花象征"桃李满天下"；桂花、杏花象征富贵，幸福；合欢象征合家欢乐；利用丰富的色彩：色叶木引起秋的联想，白花象征宁静柔和，黄花朴素，红花欢快热烈等。在地域特色上，通过市花市树的应用，展示区域的文化内涵。如厦门的凤凰木、三角梅，福州的榕树、茉莉花，泉州的刺桐树、含笑花，莆田的荔枝树、月季花，龙岩的樟树、茶花和兰花，漳州的水仙花，三明的黄花槐、红花紫荆与迎春花等。

三、城市广场、公园、居住区及立体绿化技术

（一）广场绿化树种选择与配置技术

城市广场绿化可以调节温度、湿度、吸收烟尘、降低噪音和减少太阳辐射等。铺设草坪是广场绿化运用最普遍的手法之一，它可以在较短的时间内较好地实现绿化目的。广场草坪一般要选用多年生矮小的草本植物进行密植，经修剪形成平整的人工草地。选用的草本植物要具有个体小、枝叶紧密、生长快、耐修剪、适应性强、易成活等特点，常用的草种植物有：假俭草、地毯草、狗牙根、马尼拉草、中华结缕草、沿阶草。广场花坛、花池是广场绿化的造景要素，应用彩叶地被灌木树种进行绿化，可以给广场的平面、立体形态增加变化，常见的形式有花带、花台、花钵及花坛组合等，其布置灵活多变。地被植物有：龙舌兰、红苋草、红桑、紫鸭趾草、小蚌花、红背桂、大花美人蕉、花叶艳山姜、天竺葵、一串红、美女樱；灌木彩叶树种有：黄金榕、朱顶红、肖黄栌、变叶木、金叶女贞、红枫、紫叶李、花叶马拉巴栗、紫叶小檗、黄金葛等。

（二）公园绿化树种选择与配置技术

城市公园生态环境系统是一个人工化的环境系统，是以原有的自然山水和森林植物群落为依托，经人们的加工提炼和艺术概括，高度浓缩和再现原有的自然环境，供城市居民娱乐游憩生活消费。植物景观营造必须从其综合的功能要求出发，具备科学性与艺术性两个方面的高度统一，既要满足植物与环境在生态适应上的统一，又要通过艺术构图原理体现出植物个体及群体的形式美及人们在欣赏时所产生的意境美。树种配置主要是模拟和借鉴野外植物群落的组成，源于自然又高于自然，利用国内外先进的生态园林建设理念，进行详尽规划设计，多选用乡土树种，富有创造性地营造稳定生长的植物群落。

营建滨水区的植物群落特色，利用自然或人工的水环境，从水生植物逐渐过渡到陆生植物形成湿生植物带，植物、动物与水体相映成趣、和谐统一。由于水岸潮间带是野生动植物的理想栖息地，能形成稳定的自然生态系统，是城市中的最佳人居环境。

利用地形地貌营造的植物群落，福建省丘陵山地多，峭壁、溪涧、挡墙、岩石、

人工塑石等复杂地形特征很常见，依地形而建的植物群落易成主景，利用本土树种、野生植物、岩生植物、旱生植物进行风景林相改造，营造出层次丰富、物种丰富的山地植物群落。

以草坪和丛林为主的植物群落，大草坪做衬底，花镜做林缘线，丛林构成高低起伏的天际线，中间层简洁，整个群落轮廓清楚、过渡自然、层次分明，观赏性强，人们可以在群落内游憩，这类植物群落可以在广场绿地、休闲绿地等中心绿地广为应用。

以中小乔木为主突出季相变化的小型植物群落，乔木层结构简单、灌木层丰富、以大花乔木和落叶乔木为主，搭配大量灌木、观叶植物、花卉地被，突出植物造景，这类植物群落可用于街头绿地、建筑广场、道路隔离带等小型绿地。

以高大乔木为主结构复杂的植物群落，借鉴和模拟亚热带和中亚热带原始植物群落景观，上层选用高大阳性乔木，二层、三层为半阴性中小乔木和大藤本，灌木层由耐阴观叶植物、藤灌、小树组成，地被为耐强阴的草本、蔓性地被，在树枝上挂着附生植物，这类植物群落适宜在城市中心绿地、道路两侧绿化带等城市之"肺"上营造。

以棕榈科植物为主的植物群落，以高大的棕榈树高低错落组合形成群落主体，群落中间配置丛生及藤本棕榈植物，增强群落层次，底层选用花卉、半阴性地被、草皮来衬托棕榈植物优美的树形。

（三）居住区与单位庭院树种配置模式

居住区与单位是人们生活和工作的场所。为了更好地创造出舒适和优美的生活环境，在树种配置时应注意空间和景观的多样性，以植物造园为主进行合理布局，做到不同季节、时间都有景可观，并能有效组织分隔空间，充分发挥生态、景观和使用三个方面的综合效用。

1. 公共绿地

公共绿地为居民工作和生活提供良好的生态环境，功能上应满足不同年龄段的休息、交往和娱乐的场所，并有利于居民身心健康。树种配置时应充分利用植物来划分功能区和景观，使植物景观的意境和功能区的作用相一致。在布局上应根据原有地形、绿地、周围环境进行布局，采用规则式、自然式、混合式布置形式。由于公共绿地面积较小，布置紧凑，各功能分区或景观间的节奏变化较快，因而在植物选择上也应及时转换，符合功能或景区的要求。植物选择上不应具有带刺的或有毒、有臭味的树木，而应利用一些香花植物进行配置，如白兰花、广玉兰、含笑、桂花、栀子花、云南黄素馨等，形成特色。

2. 中心游园

居住小区中心游园是为居民提供活动休息的场所，因而在植物配置上要求精心、细致和耐用。以植物造景为主，考虑四季景观，如体现春景可种植垂柳、白玉兰、迎春、连翘、海棠、碧桃等，使得春日时节，杨柳青青，春花灼灼；而在夏园，则宜选用台湾栾树、凤凰木、合欢、木槿、石榴、凌霄、蜀葵等，炎炎夏日，绿树成荫，繁花似锦；秋园可种植柿树、红枫、紫薇、黄栌，层林尽染，硕果累累；冬有蜡梅、罗汉松、龙柏、松柏，苍松翠柏，从而形成丰富的季相景观，使全年都能欣赏到不同的景色。同时，还要因地制宜地设置花坛、花境、花台、花架、花钵等植物应用形式，为人们休息、游玩创造良好的条件。

3. 宅旁组团绿地

是结合居住区不同建筑组群的组成而形成的绿化空间，在植物配置时要考虑到居民的生理和心理的需要，利用植物围合空间，尽可能地植草种花，形成春花、夏绿、秋色、冬姿的美好景观。在住宅向阳的一侧，应种落叶乔木，以利夏季遮阴和冬季采光，但应在窗外 5 m 处栽植，注意不要栽植常绿乔木，在住宅北侧，应选用耐阴花灌木及草坪，如大叶棕竹、散尾葵、珍珠梅、绣球花等。为防止西晒，东西两侧可种植攀缘植物或高大落叶乔木，如五叶地锦、炮仗花、凌霄、爬山虎、木棉等，墙基角隅可种植低矮的植物，使垂直的建筑墙体与水平的地面之间以绿色植物为过渡，如植佛肚竹、鱼尾葵、满天星、铺地柏、棕竹、凤尾竹等，使其显得生动活泼。

4. 专用绿地

各种公共建筑的专用绿地要符合不同的功能要求，并和整个居住区的绿地综合起来考虑，使之成为有机整体。托儿所等地的植物选择宜多样化，多种植树形优美、少病虫害、色彩鲜艳、季相变化明显的植物，使环境丰富多彩，气氛活泼；老年人活动区域附近则需营造一个清静、雅致的环境，注重休憩、遮阴要求，空间相对较为封闭；医院区域内，重点选择具有杀菌功能的松柏类植物；而工厂重点污染区，则应根据污染类型有针对性地选择适宜的抗污染植物，建立合理的植被群落。

（四）城市立体绿化模式

城市森林不仅是为了环境美化，更重要的是改善城市生态环境。随着城市社会经济高速发展，城区内林地与建筑用地的矛盾日益突出。因此，发展垂直绿化是提高城市绿地"三维量"的有效途径之一，能够充分利用空间，达到绿化、美化的目的。在尽可能挖掘城市林地资源的前提下，通过高架垂直绿化、屋顶绿化、墙面栏杆垂直绿化、窗台绿化、檐口绿化等占地少或不占地而效果显著的立体绿化形式，构筑具有南亚热带地域特色的立体绿色生态系统，提高绿视率，最大限度地发挥植物的生态效益。垂直绿化是通过攀缘植物去实现，攀缘植物具有柔软的攀缘茎，以缠绕、攀缘、钩附、吸附等四种方式依附其上。福建地区适合墙体绿化的攀缘植物有：爬山虎、异叶爬山虎、络石、扶芳藤、薜荔、蔓八仙花、美国凌霄、中华常春藤、大花凌霄等；适宜花架、绿廊、拱门、凉亭等绿化的植物有：三角梅、山葡萄、南五味子、葛藤、南蛇藤、毛茉莉、炮仗花、紫藤、龙须藤等；适宜栅栏、篱笆、矮花墙等；低矮且通透性的分隔物绿化植物有：大花牵牛、圆叶牵牛、藤本月季、白花悬钩子、多花蔷薇、长花铁线莲、炮仗花、硬骨凌霄、三角梅等；屋顶绿化应选用浅根性、喜光、耐旱、耐瘠薄和树姿轻盈的植物，主要植物有：葡萄、月季、金银花、雀舌黄杨、迎春、茑萝、马尼拉草、圆叶牵牛、海棠、金叶小檗、洒金榕、凌霄、薜荔、仙人球、龙舌兰、南天竹、十大功劳、八角金盘、桃叶珊瑚、杜鹃等。

第七章 林业经营管理

第一节 现代林业经营思想与理论体系

一、现代林业经营思想

林业经营思想,即林业经营的指导思想,是在一定理论基础上,总结林业实践而形成的对林业的基本认识和全面指导林业发展的总体思路和想法。它决定着林业建设的方针、发展道路和发展战略。

从世界和我国的林业发展看,林业经营思想在不断地变化调整。

(一) 世界林业经营思想的变化

第二次世界大战后,德国出现了"林业政策效益论""船迹理论""和谐化理论""森林多功能理论"等。经过激烈争论,德国于20世纪60年代开始推行"森林多功能理论"。这一理论很快被美国、瑞典、奥地利、日本、印度等许多国家所接受,在全球掀起一个"森林多功能理论"的浪潮。

进入20世纪70年代,"林业分工论"向"森林永续经营理论"提出了新的挑战,如法国林学家提出了"木材培育理论"。美国的M.克劳森、R.塞乔博士等人对"林业分工论"进行了深入研究,提出了森林多效益主导利用的经营指导思想,认为未来世界森林经营是朝着各种功能不同的专用森林方向发展;工业人工林的崛起将使世界林产品贸易市场结构发生变化,到20世纪末或21世纪初将出现"森林资源向南移,木材向北流"的格局。"林业分工论"越来越引起许多国家的关注,并在林业实践中得到应用。

进入20世纪80年代,美国J.F.富兰克林又提出了"新林业"理论。它是以森林生态学和景观生态学的原理为基础,以实现森林的经济价值、生态价值和社会价值相统一为经营目标,建成不但能永续生产木材和其他林产品,而且也能持久发挥保护生物多样性及改善生态环境多种效益的林业。这个理论提出后,震撼了美国林业界,引起了美国国会的重视。

20世纪80年代中期,欧洲又出现了一种"接近自然的林业"理论,或称"人工林天然化经营"理论。理论认为人工林具有多样性低、稳定性差、虽然速生但地力消耗大的弱点,与天然林相比,主要是抗性差。1972年,一场风灾使联邦德国森林受灾面积达 170 万 hm²。1990 年春，一场大风使中欧森林风倒木达 1 亿多 m³。20 世纪 80 年代初，酸雨使欧洲大片森林衰退和死亡。由此，中欧林业学术界掀起了一场"接近自然的林业"理论的大讨论，并逐步涉及美洲和亚洲。1989 年在南斯拉夫成立了一个持这种理论观点的欧洲林学家联盟。现在有许多国家都在进行有关研究和试验，这是对木材培育论的一个挑战。

20 世纪 80 年代，在对"石油农业"批判的基础上，出现了"农林业"的复兴。农林业，又称农用林业或混农林业，是"为了一定的生态学和经济学的目的，在同一土地经营单位上把林业（包括乔、灌木、用材林和经济林）和农业、牧业按照一定的组合形式有机地结合在一起（可能永久性结合或某一阶段结合）的一种耕作制度或人工生态系统"。它是从土地充分、合理利用的更大范围上，使林业与农、牧业实行复合经营的一种林业经营思想。

当前，许多国家林业经营思想正从传统的以木材为中心的森林永续经营向森林多效益永续经营转变，特别是 20 世纪 90 年代可持续发展的理论引入林业之后，形成了崭新的"可持续林业"经营思想。它是以当代可持续发展理论和生态经济理论为理论基础，结合林业的特点和特殊经营规律形成的林业经营指导思想。从"可持续发展"角度看，它同时也是林业经营的目标和战略，是整个社会可持续发展的有机构成部分。

（二）我国林业经营思想的变化

总体上说，我国林业经营思想的变化，也体现了世界林业经营思想的变化。但由于我国人口众多，且处于社会主义初级阶段，属于发展中国家，所以林业发展相对落后，林业经营思想也明显体现了我国国情、林情的特点。改革开放以前，我国属于计划经济，遵循的是以木材生产为中心的森林永续经营的林业经营思想。党的十一届三中全会以来，我国林业经营思想发生了明显的变化，森林多效益永续经营思想逐渐成为主导。特别是近十几年来，林业经营思想和理论研究非常活跃，提出或出现了许多各有特点的理论、观点和主张。比较典型的有：经济论、生态论、分工论、协同论、国策论、林业二元结构论、全面经营论、知识密集型林产业理论，以及符合世界潮流的最新发展起来的可持续林业论等。

经济论，即经济林业论，强调的是以经济利用为中心，认为社会主义市场经济体制下就应以经济效益为中心，林业要追求经济效益也必然会追求稳定高效的森林生态系统，良性循环的森林生态系统必将会产生高的经济效益。

生态论，即生态林业论，强调的是以生态利用为中心，把生态效益放在首位，认为追求生态效益必然会产生好的经济效益和社会效益。基本思想是以现代生态学、生态经济学原理为指导，运用系统工程方法及先进科学技术，充分利用当地自然条件和自然资源，通过生态与经济良性循环，在促进森林产品发展的同时，为人类生存和发展创造最佳状态的环境。

分工论，即林业分工论，强调林业经营要有分工，强调木材培育论，认为林业的生态效益和经济效益，局部上是矛盾的，但整体上是统一的。基本思想可概括为"局部上分而治之，整体上合二为一"，具体来说，就是拿出少量的林业用地搞木材培育，集约经营，承担起生产全国所需的大部分木材的任务，从而把其余大部分的森林，从沉重的木材生产压力下解脱出来，保持其稳定性，发挥其生态功能，从整体上实现经济效益和生态效益的统一。

协同论，即林业协同论或效益协同论，强调经济与生态协调发展，地域综合效益协调发展，认为分类不是分块，主张大协调小分工，实现区域的综合发展。

林业二元结构论，主张森林的生态效益和经济效益是构成林业的自然基础。应该按森林效益的功能把林业分为公益林业和商业林业，分类管理。

全面经营论，认为首先要保护好现有森林，强化资源管理体系；其次要扩大森林资源，建立森林生态屏障，发展工业人工林；再次要建立资源再生产和资金自我循环的保障体系。

知识密集型林产业理论，认为林业的基本特点是以太阳光为直接能源，林业是巧用以木本植物为主体的生物系统来进行初级生产，靠社会系统来继续进行高效益综合生产的一种产业，一个完整的生产体系；主张把所有的科学技术都用到林业生产上，靠高度的科学技术组织林业生产，在林业生产体系的所有方面形成知识密集型的林业生产体系，以引导林业。

上述的理论、观点和主张，经过较长时间的讨论甚至争论，都有不同程度的修正，取得的共识日渐增多。主要体现在强调以生态经济理论为基础，把生态环境建设摆在突出地位，坚持三大效益的统一和综合，全面实行分类经营，进行林业两大体系建设，乃至当前断然实施天然林保护工程的伟大创举等方面。特别是1992年联合国环境与发展大会后，我国首先承诺并制定了《中国21世纪议程》，又率先出台了其中的《林业行动计划》，明确提出了实施林业可持续发展战略，集中体现了"可持续林业"经营思想，已被学术界广大学者所接受和赞同。可持续林业，即是在对人类有意义的时空尺度上，不产生空间和时间上外部不经济的林业，或在特定区域内不危害和削弱当代人和后代人对森林生态系统及其产品和服务需求的林业。可可持续林业不是对森林永续利用经营思想的否定，而是在其基础上的发展和完善。

（三）现代林业的指导思想

世界林业已进入现代林业阶段，这一阶段的林业生产力水平高，但历史遗留下来的许多问题制约着生产力的发展，因此需要改变传统林业的某些观点，确立现代林业的指导思想。

1. 以森林生态经济系统为对象，力求林业经济系统与森林生态系统协调发展

传统林业以经济系统为对象，以开发森林资源获得木材和林产品产量，增加国民生产值为目标。传统的经济系统考核指标只有产值的增加值而没有产值的负值，认为森林开发过程对生态环境带来的副作用与国民生产值无关，结果导致生产力滞后达几年甚至几十年之久。现代林业则是以生态经济为对象，是在保持良好的生态环境下求得经济增长，这样才能使林业生产力持续稳定发展。

2. 以世人的长时间系统为对象，使人们公平享受自然恩赐

我们这代人是从前人手中继承的森林遗产。今天，我们开发森林是为了满足我们当代人的需求，而更新森林，则是为了留给下代人享用。由于森林生长具有长期性的特点，一般超越了人的寿命，即使是短生长期的人工用材林、经济林，当代人可以收获自己培育的木材和林产品，但还要有生态效益好的天然林、天然次生林作为这些人工林的生态环境后盾，方能保证该区域的良好生态环境，保持人工林生长及产量。由于我们正处在生产力大发展时期，一般来说，当代人能享有比后代人更多更好的森林资源，这是自然恩赐。但要扩大更新森林，需要滞后几代人才能平等地享受。最明显的，如先发展的工业化国家，享用着廉价的森林资源，加速了该国的经济发展，然而随着资源的减少，人们对资源需求量的增加和林产品价格上涨，后发展的国家就失去了享受廉价资源的机会。这就涉及世代人之间的公平享受自然恩赐的问题。中国人提出我们不能"吃祖宗饭，造子孙孽"，就是这一含义。正如有位生态学家所说的，我们是从子孙手中借来的地球，是要如数还给子孙的，同样，我们是从子孙手中借来的森林，也是需要如数还给子孙的。

历史教训使我们认识到现代林业就是要以世代人的长时间系统为对象，处理森林资源的开发、利用和恢复，反省自己对待森林遗产的行为。使人与森林在世代之间和谐发展，以满足现代人、世代人公平享受自然恩泽。

3. 以森林的生产与消费为统一系统，开发利用森林资源

森林资源是有限的、稀缺的自然资源，为了更多更好地满足人们生产、生活的需求，节约利用，即节约消费资源就显得十分重要。随着科技发展，人们已由直接利用原木改变为利用木材的组成，如木质素、木计、木纤维、生物质，制成人造板、饲料、能源及其他产品，使树木的干、枝、计、叶等全部利用起来，以充分发挥资源的原材料价值，也就是以同等面积的森林，生产加工出更多的工业产品。这就是借助工业生产（包括生物工程等）扩大对森林资源的利用，节约消费森林资源。从另一角度讲，也是发展了森林资源。现代林业就是把森林资源的消费和森林资源的生产视为统一过程，从生态经济再生产的系统考虑资源的利用和发展。

4. 全面发展森林，维持全球生态平衡

自欧洲工业革命后，各个工业化国家都有机会利用他国丰富的森林资源，发展本国经济。进入20世纪中期，全球森林锐减，尤其是热带地区森林的锐减，导致了全球的生态环境恶化，引起发达国家和发展中国家的普遍重视。发达国家为了本国的环境改善和木材需要，大力发展人工林，同时为了全球生态环境的改善，要求发展中国家，主要是热带地区限制甚至禁止采伐热带雨林和出口木材；发展中国家为了保护本国资源，限制原木出口，同时开发森林，发展本国木材加工业，并且要求发达国家承担对第三世界掠夺森林的历史责任和国际义务。这种开发森林和保护森林，发展人工林和限制森林采伐，发展国际木材贸易和限制热带林木材出口等一国乃至全球行为，都是建立在"我们共同生活在一个地球上"的观点上的。这就是现代林业所要求的应从全球角度看待森林的保护、开发、利用。

二、现代林业经营的理论体系

林业经营理论，是林业生产实践的指南，对林业的发展具有极大的影响。近半个世纪以来，林业经营理论有了很大的变化和发展，产生了许多学派。现仅就在林业生产中起主导作用的主要经营理论做简要介绍。

（一）森林多功能理论

发达国家从17世纪中叶欧洲资本主义兴起开始，应用了传统林业的森林永续利用理论（即以获得木材和经济效益为目的的森林永续经营）；到第二次世界大战后，逐渐转向森林多功能理论，即充分发挥森林多种功能效益。例如：20世纪60年代，德国推行森林多功能理论，进入森林多效益经营阶段，即森林经济、社会、生态三大效益一体化经营；美国也在同一时期实行森林多效益经营，把森林的经营目标转为游憩、放牧、生产木材、保护集水区、保护野生动物等综合经营方面。

森林多功能理论，不仅强调林业生产多样性，而且还考虑生物多样性、景观多样性和人文多样性等。

按照多功能理论经营的森林，原则上实行长伐期和择伐作业，人工林宜天然化经营，主要生产优质木材。由于轮伐期长，采伐利用强度低，人工干预时间少，生态系统可以保持长期稳定，从而各种生态功能也较强。

永续多项利用森林经营理论、多资源森林经营理论以及多价值森林经营理论等，可以认为均属于多功能经营理论的范畴。

发展中国家，特别是亚洲国家所走的社会林业、农用林业的道路，也可以认为是多功能理论的一种经营形式。其主要思想是：保护和扩大森林资源，提高经营水平，满足国民经济和人民对林产品的需求；保持生态平衡，改善生活环境，发展乡村林业，摆脱贫困，提高人民生活水平。

（二）林业分工理论

20世纪70年代，美国林业经济学家M.克劳森、R.塞乔以及W.海蒂等人开始进行林业分工理论的研究，提出了森林多效益主导利用的经营思想，进而创立了林业分工理论。他们认为，现代集约林业与现代化农业有一定的相似性。如果通过集约林业来生产木材，森林的潜力是相当可观的，即对所有林地不能采取相同的集约经营水平，只能在优质林地上进行集约化经营，并且使优质林地的集约经营趋向单一化，从而导致经营目标的分工。他们还提出了《全国林地多向利用方案》等，奠定了林业分工理论的基础。

20世纪80年代，美国林业分工理论的研究向微观和宏观双方向发展：（1）微观研究，即通过集约林业——工业人工林的比较经济优势的评估，认为它对世界未来的木材供应、环境改善和自然保护将发挥作用。研究结果表明，人工林的效果和经济效益大多不错，具有经济上的比较优势。通过培育工业人工林提高森林产量，来满足人类对木材的需求，具有良好的前景。（2）宏观研究，即把世界林业纳入其研究的范围，对全球森林资源的动态演变、时空调整及林产品国际贸易格局的变化等问题，做出具有预见性的回答。

（三）新林业理论

新林业理论是由美国华盛顿大学教授福兰克林于1985年创立的。它主要以森林生态学和景观生态学的原理为基础，并吸收传统林业中的合理部分，以实现森林的经济价值、生态价值和社会价值相互统一为经营目标，建成不但能永续生产木材及其他林产品，而且也能持久发挥保护生物多样性、改善生态环境等多种生态效益和社会效益的林业。

新林业理论最显著的特点，是把所有森林资源视为一个不可侵害的整体，不但强调木材生产，而且极为重视森林的生态和社会效益。因此，在林业生产实践中，主张把生产和保护融为一体，以真正满足社会对森林等林产品的需要和对改善生态环境、保护生物多样性的要求。

新林业理论的主要框架是由林分和景观两个层次组成的。林分层次的经营目标，是保护或再建，不仅能够永续生产各种产品，而且也能够持续发挥多种生态效益的组成、结构和功能多样性的森林。景观层次的经营目标，是要创造森林镶嵌体数量多、分布合理并能永续提供多种林产品和其他各种价值的森林景观。

新林业理论在美国引起了公众甚至国会的极大兴趣，但有一些林学家对其提出异议，认为这种所谓的"整体性林业"是过去多项利用理论的翻版，只不过一个新名词而已，其实施性同样也不大。

（四）生态林业理论

生态林业理论，是我国林业经济学家张新中教授等人最早提出的，其理论基础是生态平衡。强调发挥森林作为陆地生态系统的主体所具有的空间、时间、种群、生产和演替等优势，使生物种群配合和食物链多次循环利用所形成的结构生产力达到最大、经济效益最高，又能净化美化环境的一整套生物技术体系，形成综合效益的新型体系的产业。其实质是从生产角度强调森林资源与环境的永续利用原则，摒弃单纯追求木材生产，不考虑甚至破坏生态环境的错误做法。正确处理木材生产与生态利用的关系，把维护森林的生态功能放在首位，这应该是建立新的林业发展格局的指导原则。具体地说，就是以生态学和生态经济学为理论指导，运用系统工程的方法，以科学技术为手段，按自然区域，通过调查研究，全面区划、规划，建立以多年生木本植物为主体的复合生态经济型的林业生产模式，充分发挥生态、经济和社会效益，以达到改善生态环境，促进国民经济和社会持续发展的目的。

（五）近自然林业经营理论

近自然林业，也称之为适应自然的林业和接近自然的林业。这类林业经营的理论最早出现于德国，是由于德国200年前的造林活动，改变了原始林的生态和景观结构，导致大面积人工同龄林灾害频繁而引发的理论。

这类林业经营理论的基本出发点，是把森林生态系统的生长发育看作是一个自然过程，认为稳定原始森林结构状态的存在是合理的。它不仅可以充分发挥和利用林地的自然生产力，而且还可以抵御自然灾害，减少损失。因此，人类对森林的干预不能违背其自身的发展规律，只能采取诱导方式，提高森林生态系统的稳定性，逐渐使其向天然原始林的方向过渡。

以此为依据，德国把森林按立地类型进行分类，并在每个立地类型中选择出"最接近自然"的林分作为经营样板，规定其他林分应向着"样板林"的方向进行诱导经营。而奥地利则提出"未来森林属于混交林"的口号，把现有的人工纯林向异龄混交林的方向进行改造。

（六）社会林业理论

社会林业理论，是发展中国家提出的，最早从印度兴起。强调以乡村发展为目的的植树造林运动，由当地人民广泛参与，并从中直接受益，进而改变乡村贫困，减轻毁林压力，稳定生态环境。社会林业是人类利用森林具有特殊的多功能、多效益的一种社会组织形式，是人类为了纠正农业发展过程和工业化过程中片面追求过伐森林收获木材的效益而引起的生态、社会问题，适应社会发展的特点和文化背景而产生的一种社会协调组织形式。因此，它是历史的产物，是在一定的社会生态环境下的产物，其目的在于通过一定的社会组织形式，协调社会中人与自然环境、生产与自然环境的关系，借以保障人的生存环境和工农业生产环境的质量，维持有利于生存和有利于生产的状态。社会林业因国家的农业现代化和工业化进程、人口问题、生态环境等不同而有明显的差异。在发展中国家，农业还没有现代化，工业化过程起步较晚，社会林业对改善乡村经济与生态环境是一种成功的组织协调形式；工业化和后工业化的经济发达国家的社会林业，则对改善城市环境和本国国土整治是一种重要的组织协调形式。社会林业既是历史的产物，也随着社会生态系统变化而产生和发展。我们的研究着重于在特定的社会经济、生态环境下的社会林业。社会林业是以社会生态系统动态平衡原理以及发展经济学原理为指导思想，以人—森林与环境—社会经济为对象。当今出现的由于社会生态系统中熵值增大而导致的无秩序化，唤起了人类为建立人的生态环境和工农业生产与自然环境协调的秩序而进行的改革，这并非是谋求让森林回复到原始平衡状态，而是寻求在混沌中的有序化进程，建立社会生态系统的新的平衡。这正是发展社会林业的目的，也正是社会林业被称为现代林业的一种社会组织协调形式之所在。

（七）混农林业理论

混农林业也称农用林业、农林业、立体林业。混农林业理论是我国林业经营的一种模式。强调在同一片土地上，把农、林、畜牧业有机结合，建立起一种综合持久的利用土地的管理体系。即在造林初期，林业和粮食或其他间作，可以充分利用空间，达到长短结合，起到以耕代抚的作用；农用林业可以实现多层次的复合经营体系，其经济效益比单一的种植业高。

（八）现代林业理论——可持续发展林业理论

现代林业是用现代技术装备武装、运用现代工艺方法生产，以及用现代科学管理方法经营管理并可持续发展的林业。该理论认为现代林业是历史发展到今天的产物，是现代科学知识和经济社会发展的必然结果。倡导通过宣传，提高认识，规范人们的行为，使之法制化，同时透过新技术的采用和科学的管理方法，不断提高经营森林和扩大森林效益的能力，使林业走上可持续发展的道路。

（九）可持续发展理论

1987年，以挪威首相布托特兰夫人为首的"世界环境与发展委员会"（WCED）发表了《我们共同的未来》，其中广泛采用"可持续发展"的概念，使可持续发展形成了一个思想体系。在《我们共同的未来》一书中，可持续发展被定义为：既满足当代人的需求，又不损害子孙后代满足其需求能力的发展。这一定义为国际社会所普遍接受。可持续发展可以说是不造成破坏的发展，不产生负面影响的发展，也就是不仅当代人应该生存、发展，而且后代人也能更好地生存、发展。可持续发展强烈地追求公平性，这其中包括两层意思：一是当代人的公平，即满足全体人民的基本需求并给予机会满足其要求较好生活的愿望；二是代际间的公平，即当代人不能为自身的发展与需求而损害人类世世代代满足需求的条件，要给子孙后代以公平利用自然资源和环境能力的权利。

中国是世界上宣布实施可持续发展战略最早的国家之一。中国政府在联合国环境与发展大会上宣布："经济发展必须与生态环境相协调，各国的经济发展不能脱离生态环境的承受能力，应该实行保护生态系统良性循环的发展战略，实现经济建设与环境保护协调发展。"

林业可持续发展是中国可持续发展总体规划中的重要组成部分，其宗旨是既要满足当代人对森林资源及其他林副产品的需求，又不损害子孙后代满足其需求能力的发展，即要保持森林资源的永续利用和良好的生态环境。

第二节　林业经营形式

经营形式就是在经营过程中经营者和经营资产的具体结合方式，以及表现出的各种利益关系。经营形式的确定主要取决于技术、社会和经济条件。林业经营形式就是在一定技术和社会经济条件下，经营者与经营资产的结合方式，以及由此形成的各种利益关系，是林业生产经营活动的具体组织管理形式，也是不同林业所有制关系在林业生产经营活动中的具体体现。林业经营形式应当与其对应的所有制关系相适应，与具体的生产经营活动相适应，只有这样，才能使经营效果和生产力得到提高。目前，我国林业经营形式多种多样，概括起来主要有以下几种经营形式。

一、家庭林场经营

家庭林场经营是在农村联产承包经营的基础上形成的一种经营形式。这种经营形式是以农村家庭或个人为单位，以农民的自留山或承包、承租集体山林或他人的山地为基础开展林业经营，主要有林业专业户经营和家庭林场经营两种。它是我国南方集体林区林业经营的普遍形式，是林业商品经济发展过程中的产物。家庭林场经营具有独自的特点：一是有一定的经营规模；二是有明确的培育目的；三是林业商品率有一定的比重；四是有一定的科学经营基础。但是这种经营形式因受本身经济条件的制约，其发展受到限制。

二、林场（圃）经营

林场（圃）经营包括集体林场（圃）和国有林场（圃）经营。这种经营方式是指政府指定或划定一定面积的山场、林地进行林业经营，是一种企业化的经营形式。林场（圃）作为一个林业企业，有一定的企业经营管理组织和企业经营管理的权限，林场（圃）实行场长负责制，场长对林场（圃）的经营活动全面负责。林场（圃）经营形式是目前我国林业经营的主要形式。

三、林业折股经营

林业折股经营是随着家庭联产承包责任制应运而生的。折股经营的核心是将集体的山林折价作股按股分配给个人,分股不分山,分利不分林,农民持有的股票只是作为对集体山林占有权的证明,农民根据占有股票的多少享有收益的分配权并参加对集体山林的管理。林业折股经营最早出现在福建省三明地区,该区首先实行"折股经营""分股不分山""分利不分林"的经营形式,按照因地制宜、实事求是、林农自愿的原则进行。1985年普遍成立了实施上述经营形式的村林业股东会,逐步理顺了股东会与村委会间的关系,使股东会成为自主经营、独立核算、自负盈亏的经营实体。这就是所谓的"三明模式"。1990年广东的一些林区县也实行了折股经营的办法:"折股到户、按股分红、统一经营、分业承包"。承认"三定""分山到户"的历史,不改变原来的山林权属,尊重承包者的自主权。在分配上保证林农得"大头",兼顾增加集体积累,以发挥集体的优越性。

四、林业合作经营

林业合作经营是以森林资源生产经营活动为主的多种所有制合作经营的一种形式,是以林地、森林资源、资本、技术、劳力等各种生产要素组建成的联营实体。其合作的原则是资源互用、山林不变、收益分成和管理专业。合作经营,在责权明确的基础上可以广泛吸纳社会要素进行林业生产,这就在很大程度上缓解了林业生产投入不足和技术薄弱等矛盾,同时,还可以使森林资源的培育同利用更紧密地结合起来,提高林业经营的效益。林业合作经营在发展中积累了很多的经验,根据不同的合作特点形成了很多合作的具体形式。其中,国社合作造林和联合承包造林就是两种最普遍的形式。国社合作造林是指国有林场或国有林业企业同集体乡村林场联合经营,主要针对一些大面积集中连片的宜林荒山,或是交通沿线人口密集少林缺柴,林业收入少,集中开发需要大量资金,乡村本身力量远远不足,国有林业单位又暂时无力经营,长期得不到开发利用的地区。联合体承包经营主要是联产承包荒山造林或现有林管护,通过集资集劳等方式,订立承包合同,收益按比例分成。林业合作经营有三个好处:一是国家、集体、群众三者相结合,有利于短期内集中连片建立林业基地;二是资本、技术和经营管理相结合,有利于保证造林质量和效益;三是合作各方互利互惠,有利于长期经营。

五、林业企业集团化经营

林业企业集团是指由两个以上林业企业通过联合、收购、兼并等形式组织起来的集团化经营形式。这种经营形式是社会主义市场经济发展的产物。在市场经济条件下,企业为了回避风险,降低成本,互相之间通过联合协议或购并方案,组成林、工、商或产、供、销一体化的联合体,即通常所称的"航空母舰"。目的是节约资源,便于进行集约化经营,更好地参与市场竞争。当然有些企业集团是通过政府行为组建的，如东北国有林区组建的森工企业集团。林业企业集团化经营有利于集团内部资源的重新配置与组合，充分利用集团内部的人、财、物等生产要素，避免重复生产，减少浪费；可以统一组织生产经营活动。在市场经济条件下，这种经营形式有较强的生存和发展能力。

六、股份制林业企业经营

股份制林业企业是指将林业企业所拥有的或股东投资的资产划分为若干等额的股份，按照《公司法》的要求组建起来的企业组织经营形式。股东是资产的所有者。通常有国家股、法人股和个人股，分别代表国有资产、法人资产和投资者个人资产。股东根据其持有股票的多少而享有参与管理决策、资产受益等权利。股份制林业企业设有股东会、董事会和管理机构。股东会是企业的最高权力机构；董事会是受股东会委托管理企业的机构；而一般管理机构如总经理等是由董事会聘任的。因此，企业的管理者（如总经理）必须对董事会负责，而董事会必须对股东会负责。股份制林业企业一般采用公司制即股份有限公司，这种组织经营形式是现代企业制度的主要形式，是市场经济条件下的产物。这种形式，有利于明晰产权，明确责任，政企分开；有利于建立科学的管理机制和激励约束机制。目前，我国林业企业股份改造正在加紧进行。

第三节　林业分类经营

一、林业分类经营的概念

（一）林业分类经营的法律依据

《中华人民共和国林法释义》中对林业分类经营有说明，内容如下：林业分类经营是在社会主义市场经济条件下，根据社会对生态和经济的需求，按照森林多种功能主导利用的方向不同，将森林五大林种相应划分为生态公益林和商品林两大类，分别按各自的特点和规律运营的一种新型的林业经营管理体制和发展模式。

修改后的《森林法》第 8 条第 2 款规定：国家设立森林生态效益补偿基金用于提供生态效益的防护林和特种用途林的森林资源、林木的营造、抚育、保护和管理。

第 15 条规定：用材林、经济林、薪炭林的森林、林木和林地使用权可以依法转让，也可以依法作价入股或者作为合资、合作造林出资、合作条件，但不得将林地改为非林地。而除了国务院规定的以外的其他森林、林木和其他林地的使用权不得转让。

第 29 条采伐森林和林木必须遵守下列规定。

（1）成熟的用材林应当根据不同情况，分别采取择伐、皆伐和渐伐方式，皆伐应当严格控制，并在当年或者次年内完成更新造林。

（2）防护林和特种用途林中的国防林、母树林、环境保护林、风景林，只准进行抚育更新性质的采伐。

（3）特种用途林中的名胜古迹和革命纪念地的林木、自然保护区的森林，严禁采伐。《森林法》中有关森林分类的规定实际上肯定了林业分类经营的思想与做法。林业分类经营可以在五大林种划分基础上从林业经营管理体制、机制、经济政策、经营模式、管理手段等方面促进林业可持续发展。

（二）林业分类经营的客观依据

对林业分类经营的客观依据是林业本身的基本经济属性。在市场经济条件下，林业生产有两大类产品（或服务），一类是有价格的各种林产品，它们是可以用于交换的商品，如木材、茶、果等。这些产品可以为经营者独占，并且可以出售、转让、租赁等获取利益。由于有价格信息，可以通过市场进行资源配置。另一类是无价格的各种产出（服务），如保持水土、涵养水源、防风固沙、调节气候、美化环境等服务，这些服务的占有和消费是难以排除他人的，经营者无法通过出售和交换占有其利益，也不可能通过市场去进行资源配置。

在计划经济体制下，区分上述两种产出并没有多少实际意义。而在市场经济体制下，做出区分则是有重要意义的，特别是对林业企业的经营具有决定意义。因为在市场经济体制下，首先要区分政府和企业的职能，然后确定不同的经营体制、投资渠道、资金来源。为社会大众提供公共产品和服务的应该是政府职能，由政府来配置其资源，资金投入应由财政负担。为社会提供各种林产品能进入市场的林业企业，由市场来配置资源，按市场经济规律企业自负盈亏。

（三）林业分类经营与森林分类经营

林业分类经营内涵比森林分类经营要广，大体分为三大部分：

（1）林业经营对象——森林的分类及其森林分类经营；

（2）经营主体的分类；

（3）管理体制、运行机制、经营模式、经济政策的分类。

1. 森林分类及其森林分类经营

森林分类是森林分类经营的基础，而森林分类经营又是林业分类经营的基础。分类是手段，不是目的。森林分类经营是以林种经营目标为依据的组织经营模式，便于目标管理。《森林法》第四条规定：森林划分为防护林、用材林、经济林、薪炭林和特种用途林。

森林分类经营是指根据森林所处的自然环境和社会经济条件，以及森林的结构特点（结构决定功能），分成几种不同类型，按照各自的经营目的，采用相应的经营模式，便于目标管理。森林分类经营的重点是经营，属企业行为。林业的特点之一是周期长，森林经营贯彻林业生产全过程。没有经营，就没有林业。

2. 经营主体的分类

按政企分开的原则，经营生态公益林的是政府提供经费的事业单位，经营商品林的是各种企业单位和个人。现在的林业经营单位和个人按这一原则，大多数是可以划分的。有一部分既有生态公益林，也有商品林的可以作为企业对待，但国家和社区要给予一定的补偿。对林农经营的生态公益林，国家和社区也要根据其损失给予补偿。

3. 管理体制、运行机制的分类

（1）公益林建设属社会公益事业，按事权划分，采取政府为主，社会参与和受益补偿的投入机制，由各级政府负责体制建设和管理。跨流域跨地区的重点公益林建设工程、生物多样性保护工程和荒漠化防治工程、天然林保护工程等由中央政府负责；地方各级政府划定的公益林由地方负责；分散的防护林、风景林、四旁树等按隶属生态系统，由各部门各单位和农村集体经济组织负责。

（2）公益林实行"谁受益，谁负担，社会受益，政府投入"的原则。服务对象明确的，由服务对象对公益林经营者实行补偿。服务对象不明确的，由政府补偿。

（3）商品林要在国家产业政策指导下，以追求最大经济效益为目标，按市场需求调整产业产品结构，自主经营、自负盈亏。

（4）商品林可以依法承包、转让、抵押。转让时，被转让的林木依附的林地使用权可以随之转移。探索森林产权市场交易形式，建立起有利于实现森林资源资产变现，作为资本参与运营的机制。公益林的景观资源可开发权可以一起转让。合资合作经营的森林林木所依附的林地的使用权、景观等可以作为合资合作的条件。

4. 经营制度、经营模式的分类

公益林建设以生态防护、生物多样性保护、国土保安为经营目的，以最大限度发挥生态效益和社会效益为目标，遵循森林自然演替规律，及其自然群落层次结构多样性的特性，采取针阔混交，多树种、多层次、异龄化与合理密度的林分结构。封山育林、飞播造林、人工造林、补植，管护并举，封育结合，乔、灌、草结合，以封山育林、天然更新为主，辅之以人工促进天然更新。

商品林建设以向社会提供木材及林产品为主要经营目的，以追求最大的经济效益为目标，要广泛运用新的经营技术、培育措施和经营模式，实行高投入、高产出、高科技、高效益，定向培育、基地化生产、集约化规模经营。以商品林基地为第一车间，延长林产工业和林副产品加工业产业链，构建贸工林一体化商品林业。

总之，公益林属于社会事业，主要发挥生态和社会效益，按公益事业建设管理，由各级财政投资和组织社会力量建设，主要依靠法律手段和行政手段管理，辅之以必要的经济手段。商品林属于基础产业，主要追求经济效益，依靠市场调节其发展，实行企业化经营管理，靠经济手段和法律手段管理，按市场需要组织生产，自主经营、自负盈亏。林业分类经营与森林分类的内涵有所不同，前者是政府行为（宏观决策）；后者既有政府行为，又有企业行为，但主要是企业行为。

综上所述，分类经营可理解为：慎重地区划森林资源，协调相关效益间的不同利用，减少其利用间的矛盾与冲突，达到各功能间互补与优化。分类经营是一种手段，通过小空间资源的分类（镶嵌）实现大空间资源（产业）的优化组合。

森林分类经营是林业分类经营的前提和关键，要搞好林业分类经营，首先必须将森林资源分类落到实处，即森林分类区划界定。只有做好区划工作，才能将森林分类经营从五个林种划分水平上，上升到经营水平上。

二、森林分类区划界定

（一）森林分类区划界定目的

森林分类区划界定是依据森林分类体系，将林种划分按照一定的原则和要求，以一定面积的地域（县、国有林业局、国有林场等）为单位，逐一落实到小班或地块，并通过合法程序，经政府批准，以签订合同等规范形式确定有关各方权、责、利关系。其目的是按照《森林法》第四条的规定，将各林种落实到山头地块，以便将用材林、经济林、薪炭林作为商品林经营管理，将防护林和特种用途林作为公益林经营管理。

（二）森林分类区划界定的范围和重点

森林分类区划界定的范围即林业用地，包括乔木林地、竹林地、红树林地、疏林地、灌木林地、采伐迹地、火烧迹地、苗圃地和政府规划确定的宜林地。区划界定的重点是有林地。

公益林的分类区划界定重点包括：列入重点天然保护工程规划中的生态公益林和国家重点防护林体系建设规划的防护林和特种用途林；江河源头、水系干流、支流两侧（以山脊为界），湖库周围的水土保持林、水源涵养林、护堤林、护岸林；高山陡坡地带，主要山脉顶脊部，石质山区，风沙干旱区的水土保持、水源涵养林；风沙沿线、荒漠化地区的防风固沙林；各类自然保护区和濒危珍稀野生动物栖息地、繁衍地的森林；各类森林公园和风景名胜区的森林；其他特种用途林、农牧业防护林；村镇及周围自然保护小区的森林；其他生态脆弱地区不宜开发利用的森林。

商品林的分类区划界定重点包括：定向培育工业原料林、速生丰产用材林、珍贵大径级用材林、部分常规用材林、脂材两用林、经济林（含木本花卉、木本药材）、商品竹林（竹笋、竹林）。

对区划界定的公益林禁止商业性采伐。应根据生态环境建设的要求和当地经济发展水平，实行禁伐和一般性保护（限伐）等。

（三）森林分类区划界定的原则和要求

（1）坚持"统一规划、确定重点、先易后难、稳步推进"原则。首先采取现场认定的办法界定公益林。即把公益林按小班逐个落实到山头地块，并标注在图、表中，其余的作为商品林。

（2）坚持"因地制宜，统筹兼顾"原则。正确处理森林生态效益、社会效益和经济效益之间的关系，兼顾国家、集体、个人三者利益。进一步调整和优化林业结构，提高林地生产力，增强林业整体效益。随着经济和社会的发展需要进行调整的，依法经县级以上人民政府批准后，可以在林业规划范围内进行调整。

（3）坚持"政府决策领导，有关部门参与，业务部门操作，技术部门支持"原则。森林分类区划界定工作要在当地政府的领导下进行。依据森林资源二类调查或二类调查结果、结合国务院批准的《全国生态环境建设规划》（国发〔1998〕36号），省（自治区、直辖市）林业行政主管部门要对全省的森林分类区划界定工作提出具体工作安排意见。东北、内蒙古国有林区林业企业的森林分类区划界定工作要依据国务院批准的《重点天然林资源保护工程实施方案》提出具体的安排意见。

森林分类区划界定工作要深入现场，采取"自上而下、上下结合"的办法，按地块和小班，现地认定，不能单纯由业务部门在办公室根据已编制的规划布局界定。

（4）实行政府负责制。森林分类区划界定工作要在国家和地方林业规划的指导下，由县级人民政府根据国家、本地生态环境建设和区域经济发展的需要，提出森林分类区划界定的原则并做出部署。公益林建设和保护责任的划分应由县级以上人民政府负责协调，通过林业主管部门、林权单位和对森林经营管护有连带责任关系的单位共同确认后经政府批准，以签订合同等规范形式确定各方权、责、利关系。以县级以上人民政府决定形式公布。

（5）坚持"集中连片，规模经营"原则。森林分类区划界定原则上均以小班为单位进行调整，尽可能保持集中连片，以保证适度规模经营，便于管理保护和充分发挥其生态效益、社会效益和经济效益。

（6）依法维护森林、林木、林地的所有者和使用者的合法权益。森林分类区划界定要与林权单位逐一协商，进行现地认定，逐个林班、小班填写登记表，由林权单位负责人和所有者个人签字确认。尤其是要将集体所有的和农民个人所有的林木，区划界定为公益林时，或者要求农民在其拥有使用权的林地上营造公益林时，必须取得其同意。在集体和农民个人不同意时，不得强行区划。

（7）林权证是森林、林木、林地所有权或使用权唯一的法律凭证。界定工作要以林权证为基本依据，不得随意变更原有的林地所有权和使用权。尚未确权发证的林地以及发证工作以后新增的林地，要根据中共中央、国务院《关于保护森林发展林业若干问题的决定》（中发〔1981〕12 号）文件的要求，凡是权属清楚的，由县或县以上人民政府核发林权证后再界定；对擅自改变森林、林木、林地权属和在已经核发林权证的林地上又发放其他证书的，以其原有林权证为准；原林权证登记数字不清或数据不实的要依法核准后再进行区划界定；依法流转使林权证发生改变的，森林分类区划界定要在其完成了林权权属变更登记之后进行、非法变更的一律无效。今后再发生流转时，不得随意改变林种性质。森林、林木、林地作为一个整体，在管理上不可分割。

（8）森林分类区划界定后，以县级人民政府名义对公益林现场立碑公示，并以县为单位登记造册，绘制林种分布图，建立森林分类区划界定档案。

第四节　可持续林业管理

可持续林业是现代林业发展的战略目标，是现代林业发展的必由之路，是持续发展观在林业的应用。

一、可持续林业的含义

可持续林业的研究是近几年的事，目前尚无统一的定义，但其内涵的中心思想是一致的，符合总的持续发展定义。可持续林业的研究落后于持续农业，至今连名称也没有统一，如森林持续发展、林业持续发展、森林与林业持续发展等。我们这里取可持续林业名称，内含森林持续发展之意。关于可持续林业，美国的 Boyle 定义为："既满足当代人的需要，又不对后代人满足其需求能力构成危害的森林经营。"这样定义可持续林业意味着不仅森林的生态潜在能力的持续，同时还必须是我们以及我们的社会所依赖的森林为基础的产品和服务产出的持续。美国的 Jeff Remrn 教授认为森林与林业持续发展应包括以下几点：（1）创造良好的外部条件，不断地提高森林质量；（2）多森林利益集团开展贸易与合作，在林业不同层次及规模的管理部门进行相互补充；（3）为将来的森林进行投资；（4）创新意识。

1990 年加拿大林业部副部长 Maini 对可持续林业发展定义为：林地及其多重环境价值的可持续发展，包括保持林地生产力和可更新能力，以及森林生态系统的物种和生态多样性不受到不可接受的损害。并认为永续收获只是可持续发展的一部分，在林业中永续收获主要关心的是不断地甚至每年供人类使用的木材产品。森林的可持续开发与此相比要广泛得多，它关心的是综合森林经营，保持森林环境的生态完整性和保证未来选择的可能。1992 年联合国环境与发展大会通过的《关于森林问题的原则声明》提出："森林资源和森林土地应以可持续的方式管理，以满足这一代人和子孙后代在社会、经济、文化和精神方面的需要。这些需要是森林产品和服务，例如木材和木材产品、水、粮食、饲料、医药、燃料、住宿、就业、娱乐、野生动物栖息、风景多样性以及其他森林产品。应采取措施来保护森林，使其免受污染的有害影响，包括空气污染、火灾、虫害和疾病，以便保持它们全部的多种价值。"上述对可持续林业所下的定义，都有几个共同点：满足当代人及后代人类的需要；需要包括与之有关的其他部门的各种服务和物品；能提高人类的生活质量，并能为所支撑的生态系统所承受。广义的解释着眼点在持续福利的增长水平，认为资源的可持续性只是关心的一个方面，最终关心的是一个发展系统的福利持续能力。当然，资源是其物质基础。

可持续林业并不意味着采用传统的天然更新、使用低效过时的林业技术，而是寻求现代生态林业，即运用现代科学知识，设计与实施在林业上可行、在生态学上合理的林业技术及相应的林业的技术措施。

二、森林持续发展

森林由永续收获转为持续发展，主要是由于森林资源的不足，其增长量是有限的，以及世界各国在经济上和生态上是相互依赖的认识。这一转变，把对森林的经营管理，变为对森林生态系统的经营管理，通过持续经营达到持续发展。1993年欧洲林业部长级会议对森林持续经营取得了共识，提出："森林经营是指以某种方式和强度对森林进行经营（意为扶持，管理）和利用，使之能保持生物多样性、生产力、更新能力、生活力以及现在和将来在地区、国家及全球水平上发挥有关生态、经济和社会功能的能力。"森林持续经营体现了森林持续发展的主要内涵，是达到森林持续发展目标的手段。森林持续发展还没有一个大家公认的定义，英国专家D.Poore在此次会议上提出："用前后一贯的、深思熟虑的、持续而又灵活的行动来维持森林的物产和服务，使之处于平衡状态，并由它来增加森林对社会福利的贡献。"

森林持续发展的目标是通过为社会提供食物、纤维和木材以及各种环境效益，来缓解许多全球性的问题——经济发展不平衡、人口增长、饥饿、住房不足和环境恶化等。

森林持续发展的标准目前尚处于探索研究之中，无世界公认的标准。加拿大专家推出北方及温带森林持续发展的标准，涉及两个方面：一是森林持续发展的社会经济标准，包括对全部森林功能及用途的认可；社会效益的长期提供；多种经济效益的长期产出；为可持续森林提供的机构及基础设施；对原有的权利、知识、历史和考古场地的承认和尊重。二是森林持续发展的环境标准，包括生物多样性（种的多样性、景观多样性）；生产力（生态系统的生产力）；土壤保持（包括侵蚀及自然灾害）；水的保持（包括水的数量和质量）；森林生态系统的健康和活力（生态系统功能），对全球生态循环的贡献；森林生态系统完成其社会经济功能的能力。

森林持续发展的实施有三个关键性因素。一是生产能力。林地生产力是指多个树种或单个树种在特定条件下生存的能力。林地上森林生物量构成重要的营养库，收获取走的森林生物量代表森林一个轮伐期（生长周期）内林地养分元素的损失量。二是可再生能力。在采伐或其他的干扰下，森林生态系统的可再生性取决于干扰的类型和干扰的强度与频度，以及所在林地上物种的再生状态。三是物种和生态多样性。森林是地球上最丰富的遗传基因库，其中仅占全球地表面积6%的热带雨林就包含了全球所有动植物种数的50%以上。

三、林业持续发展的原则

（一）保护效益原则

基于地球生态环境继续恶化，地方、国家和全球都应认识各种森林在维持生态平衡中的重要作用，特别是在保护脆弱的生态系统、水域和淡水资源方面的作用。而要使森林持续生存与发展，必须首先保护森林内部的生态关系，即森林生态系统的保护，力求达到对复杂生物量结构的最大持续，同时要对工业"三废"进行统一治理，把大气污染降到森林能承受的程度，否则森林和林业都不复存在。

在保护森林内部生态关系方面，各国都十分关注热带雨林的锐减，因为它导致了物种严重减少，环境不断恶化，况且那里又多数为发展中国家，以砍伐森林出口木材为主要经济收入来源。为此，国际组织决定要求消费国家（即木材进口国）援助这些国家，以减少砍伐；并规定必须打印有符合采伐规定的标志的木材才允许进入国际木材市场。也就是把保护热带雨林看成是全球的事情，对其开发实行国际监督。各国都很注意保护本国森林，特别是原始林，采取了限额采伐、限制出口原木等一系列措施，目的都是为了保护本地区森林生态系统。

保护森林还要依赖外部良好的环境。随着工业污染程度的加剧，欧洲森林被害严重，如原联邦德国被害达52.3%，原民主德国为37%，丹麦为61%，法国为31.7%。工业污染导致了森林大片死亡，加剧了工业发展与森林的生存矛盾。有些生态环境脆弱的森林由于过量放牧、挖药草等不合理的开发利用，导致森林死亡，造成土地沙化。《关于森林问题的原则声明》指出："危害地方、国家、区域和全球一级森林生态系统的健全的污染物，特别是气载污染物，包括产生酸性沉淀的污染，应加以控制。"

只有遵循保护效益原则，森林方可持续发展，社会才能可持续发展。

（二）顺应自然原则

这是实现林业与森林生态保护的兼容，是在确保森林结构关系自我保存能力的前提下遵循自然条件的林业活动。有人解释为它既是顺应自然的，又是在森林生态结构体系所允许的情况下偏离自然的。根据这一原则，德国提出了林业的新方针：林业通过顺应自然向生态目标转变，要求加强森林的稳定性、自然多样性，要求为森林多种用途的利用保持自然力，要求促进原料的经济利用。具体实施为：（1）划定自然保护区，包括几乎绝迹的原生天然林地；（2）人工林天然化，有的是故意放弃经营的人工林，以便使它们进入自然演替状态，有的是人工林天然更新，实行生态基础上的造林。用"目标树定向培育理论"代替适于人工林的法正林理论。德国为了"近自然林"的推行，提出了森林的质量指标——森林群落生境覆盖率和群落生境值，填补了长期以来只有覆盖率一个指标评价的缺陷。

中国是在森林资源少的情况下进入工业化的，到20世纪70年代，原始林、天然林已过伐，所剩无几；80年代初确定"以速生林为基础"的经营战略，企图以人工林代替天然林，解决迫在眉睫的木材供不应求问题。80年代末90年代初再次掀起限期消灭宜林荒山的大规模人工造林运动，使森林覆盖率逐年有所提高。据"六五"森林资源清查资料，全国人工林总面积为1874万 m^2，其中单一针叶纯林占67.0%，阔叶林占31.6%，针阔混交林比例甚小。有关专家研究认为我国人工针叶同龄纯林已经出现了类似德国人工针叶纯林的灾难性后果，土壤肥力随着连栽代数增加而递减，使林木生长量下降，生物多样性遭破坏，森林生态系统结构失衡。与此同时，一些有识之士提出了在中国发展生态林业的观点，可以说这才是适合中国林情、遵循顺应自然原则的林业经营模式，是中国林业发展的必由之路。

（三）公益性原则

森林具有明显的生态、社会效益，它与人类的生存发展密切相关，具有社会福利性质，或称为公共。林业的外生效益，林业的跨越人寿命的长期效益，都由社会享受，因此也得由社会承担责任，由社会支援发展；森林的社会、经济、生态、文化和精神方面的作用，大部分是社会共享的，属于一种公共财富。

在当今的经济体制下，传统的市场经济与林业公益性原则相悖，正如有人说此乃市场失灵，需要研究确立新的适应生态社会的市场经济体制，包括以下几方面。

（1）森林已成为社会生活不可缺的公共设施，它的生态、社会效益外溢，很难得到回报，而同时森林还要忍受着工业和社会生活污染对其损害却无补偿，因此林业不应独自承担经营的经济责任。

（2）森林作为自然资源是有限的，且受生态规律和保护性原则的制约，林业的经济地位比其他任何行业都薄弱，即使有短周期的经济林的经济效益比较好，但经济林在整个森林中占极小的比重。

（3）森林作为林业的主产品不能进入市场，或不能完全进入市场，林业不走纯市场经济之路。德国有人提出应把森林作为林业的"生态产品""道德产品"和"精神产品"凌驾于木材产品之上，这种为公众享用的产品不可能进入市场流通。

（4）在国际贸易中把森林的可否持续发展视为全球的事，在国际林产品交易中同样要遵循公益性原则。《关于森林问题的原则声明》指出："将环境成本和效益纳入市场力量和机制内，以便实现森林保存和可持续开发，是在国内和国际均应予以鼓励的工作。"

遵循公益性原则，可以动员全社会保护森林资源，使森林持续发展，也正是在这一点上需要国家的宏观调控。

（四）节约利用原则

森林资源的开发利用直接关系到森林生态经济是否能持续发展的问题。处于薪炭利用为主、原木利用为主的不发达国家，直接消费森林初级产品，对资源利用不充分，浪费极大；而工业发达国家，森林初级产品经加工利用成为各种人造板，生产规模大，需要大量进口他国的廉价木材，资源消耗量极大，其中也包含着极大的浪费。由于森林资源锐减，迫使各国限额采伐，限制木材出口，节约利用资源。发展中国家纷纷采取节柴和柴替代措施，减少资源的直接消费；发达国家压缩初加工产品（锯材，还有胶合板）比重，扩大和增加纸、纸板和非单板型人造板生产；在各种非单板型人造板中优先发展新三板，即定向刨花板、华夫板和中密度纤维板；发展可重复加工产品，如纸浆和纸制品，大大提高资源利用率。与此同时，在加工业发展中还要节约能源及其他资源，减少污染对环境的压力，促进物质再循环。

节约利用原则，要求减少资源消耗，增加资源循环利用次数，从而提高资源利用率，同时还可减少排污，我们称这种工业为低熵工业或"绿色工业"。遵循节约利用原则，可促进林业持续发展。

第八章 现代林业生态工程建设与管理

第一节 现代林业生态工程的发展

中华人民共和国成立以后，我国林业生态工程进入了真正的发展阶段，在党和国家高度重视下，全国开展了大规模的植树造林活动，取得了巨大的成绩。半个多世纪以来，我国林业生态工程建设大体可以分为4个阶段。

第一阶段：起步阶段(20世纪50年代—60年代中期)。中华人民共和国成立后，在"普遍护林、重点造林"的方针指导下，我国由北而南相继开始营造各种防护林，包括防风固沙林、农田防护林、沿海防护林、水土保持林等。1949年，河北省正定等6县开始营造固沙林。接着，豫东、陕北、辽宁彰武、内蒙古赤峰和磴口、甘肃民勤等县的治沙造林也相继开展起来。1958—1959年，宁夏中卫固沙林场在沙坡头地段铺设方格草沙障，实行草、灌、乔结合，保证了包兰铁路的安全行车。此后，新疆、甘肃、青海、宁夏、陕西、内蒙古、辽宁、吉林、黑龙江等有大片流沙分布的地区普遍开展了固沙造林。虽然这一阶段各地开始营造各种类型的防护林，但是，这时营造的林分树种单一、目标单一，缺乏全国统一规划，范围较小，难以形成整体效果。

第二阶段：停滞阶段(20世纪60年代中期—70年代后期)。"文革"期间，林业建设与各行各业一样，建设速度放慢甚至完全停滞，有些先期已经营造的林分遭到破坏，致使一些地方已经固定的沙丘重新移动，已经治理的盐碱地重新盐碱化。

第三阶段：体系建设阶段(20世纪70年代后期—90年代末期)。改革开放以来，在党中央、国务院的正确领导下，我国林业生态工程建设出现了新的形势，步入了"体系建设"的新阶段，改变了过去单一生产木材的传统思维，采取生态、经济并重的战略方针，在加快林业产业体系建设的同时，狠抓林业生态体系建设。1978年以三北防护林体系建设工程的启动为标志，拉开了我国利用财政资金建设大规模林业生态工程的序幕，随后陆续上马了以遏制水土流失、改善生态环境、扩大森林资源为主要目标的十大林业生态工程，即"三北"、长江中上游、沿海、平原、太行山、防沙治沙、淮河太湖、珠江、辽河、黄河中游防护林体系建设工程。十大林业生态工程规划区总面积705.6万 km^2，占国土总面积的73.5%，覆盖了我国的主要水土流失区，风沙侵蚀区和台风、盐碱危害区等生态环境最为脆弱的地区，构成了我国林业生态工程建设的基本框架。

全国十大重点林业生态工程是依据我国生态环境特点和可持续发展战略的要求，

根据各种不同类型的生态脆弱区区划以及国土整治的要求，本着"因害设防、因地制宜、合理布局、突出重点、分期实施、稳步发展"的原则进行布局和组织实施的。经过几十年来的持续奋斗，工程建设取得了显著进展，十大工程累计规划营造林任务 1.2 亿 hm²，初步形成了我国林业生态体系建设的新格局。

1998 年长江、松花江和嫩江流域的特大洪水又一次给我们敲响了警钟。党中央、国务院高度重视，发出了《中共中央、国务院关于灾后重建、整治江湖、兴修水利的若干意见》，提出了"封山植树、退耕还林"等 32 字灾后重建方针，国务院印发了《全国生态环境建设规划》。国家林业局制定了《全国生态环境建设规划 (林业专题)》，将我国林业生态体系建设在地域上划为八大保护与治理区，以保护、恢复和发展森林植被为中心，按不同的主攻方向和治理目标，布局了三北防护林体系建设工程、长江中上游防护林体系建设工程、沿海防护林体系建设工程、淮河（太湖）流域防护林体系工程、珠江流域防护林体系工程、黄河中游防护林体系工程、辽河流域防护林体系工程、治沙工程、太行山绿化工程、平原绿化工程等 17 个林业重点工程。这在当时中国林业技术进步缓慢、优势产业不具规模的情况下，走出了一条以工程为载体推进林业建设的道路。

第四个阶段：大工程带动大发展阶段（20 世纪 90 年代末期以来）。中国林业提出了实现跨越式发展的战略目标，要实现林业跨越式发展，必须继续走以大工程带动大发展的路子，发挥重点工程的带动作用。但由于林业性质变了、定位变了，又实行了分类经营，中国改革开放以来，先后启动的林业重点工程已不能适应新形势变化的需要，暴露出资金投入不足、范围重叠、功能交叉；管理不规范、政策不统一；缺乏连续性，带动性不强等具体问题。为了使林业真正步入持续、快速、健康发展的轨道，按照服务大局、体现特色、强化保护、加快发展、统筹兼顾、突出重点、优化结构、改善布局的原则，国家林业局对原有林业重点工程进行了系统整合，确立了六大林业重点工程，即天然林资源保护工程、退耕还林工程、三北及长江中下游地区等防护林体系建设工程、环北京地区防沙治沙工程、全国野生动植物保护及自然保护区建设工程、重点地区速生丰产用材林为主的林业产业基地建设工程。这六大林业重点工程中，前五个工程属于林业生态工程范畴。

第二节　现代林业生态工程的建设方法

一、要以和谐的理念来开展现代林业生态工程建设

（一）如何构建和谐林业生态工程项目

构建和谐项目一定要做好五个结合。一是在指导思想上，项目建设要和林业建

设、经济建设的具体实践结合起来。如果我们的项目不跟当地的生态建设、当地的经济发展结合起来，就没有生命力。不但没有生命力，而且在未来还可能会成为包袱。二是在内容上要与林业、生态的自然规律和市场经济规律结合起来，才能有效地发挥项目的作用。三是在项目的管理上要按照生态优先，生态、经济兼顾的原则，与以人为本的工作方式结合起来。四是在经营措施上，主要目的树种、优势树种要与生物多样性、健康森林、稳定群落等有机地结合起来。五是在项目建设环境上要与当地的经济发展，特别是解决"三农"问题结合起来。这样我们的项目就能成为一个和谐项目，就有生命力。

构建和谐项目，要在具体工作上一项一项地抓落实。一要检查林业外资项目的机制和体制是不是和谐。二要完善安定有序、民主法治的机制，如林地所有权、经营权、使用权和产权证的发放。三要检查项目设计、施工是否符合自然规律。四要促进项目与社会主义市场经济规律相适应。五要建设整个项目的和谐生态体系。六要推动项目与当地的"三农"问题、社会经济的和谐发展。七要检验项目所定的支付、配套与所定的产出是不是和谐。总之，要及时检查项目措施是否符合已确定的逻辑框架和目标，要看项目林分之间、林分和经营（承包）者、经营（承包）者和当地的乡村组及利益人是不是和谐了。如果这些都能够做到的话，那么我们的林业外资项目就是和谐项目，就能成为各类林业建设项目的典范。

（二）努力从传统造林绿化理念向现代森林培育理念转变

传统的造林绿化理念是尽快消灭荒山或追求单一的木材、经济产品的生产，容易造成生态系统不稳定、森林质量不高、生产力低下等问题，难以做到人与自然的和谐。现代林业要求引入现代森林培育理念，在森林资源培育的全过程中始终贯彻可持续经营理论，从造林规划设计、种苗培育、树种选择、结构配置、造林施工、幼林抚育规划等森林植被恢复各环节采取有效措施，在森林经营方案编制、成林抚育、森林利用、迹地更新等森林经营各环节采取科学措施，确保恢复、培育的森林能够可持续保护森林生物多样性、充分发挥林地生产力，实现森林可持续经营，实现林业可持续发展，实现人与自然的和谐。

在现阶段，林业工作者要实现营造林思想的"三个转变"。首先要实现理念的转变，即从传统的造林绿化理念向现代森林培育理念转变。其次要从原先单一的造林技术向现在符合自然规律和经济规律的先进技术转变。再次要从只重视造林忽视经营向造林经营并举，全面提高经营水平转变。"三分造，七分管"说的就是重视经营，只有这样，才能保护生物多样性，发挥林地生产力，最终实现森林可持续经营。要牢固树立"三大理念"，即健康森林理念、可持续经营理念、循环经济理念。

科学开展森林经营，必须在营林机制、体制上加大改革力度，在政策上给予大力的引导和扶持，在科技上强化支撑的力度。在具体实施过程中，我们可借鉴中德财政合作安徽营造林项目森林经营的经验,抓好"五个落实",一是森林经营规划和施工设计的落实,各个森林经营小班都要有经过县德援办审批的森林经营规划和施工设计。二是施工质量的落实,严格按照设计施工,实行"目标径级法"(即树木达到设定的径级才可采伐,不一定非采伐不可)进行人工林采伐和经营管理、"目的树种优株培育法"(即只砍除影响目的树种优株生长的竞争木,而保留非竞争木、灌木层和下层植被)进行天然林抚育间伐。三是技术服务的落实,乡镇林业站要为林农做好技术服务,确保操作指南落到实处。四是检查验收的落实,在施工中和施工后都要有技术人员进行严格的检查验收,省项目监测中心要把好最终验收关。五是抚育间伐限额的落实,要实行间伐材总量控制,限额单列,并对所确定的抚育间伐单位的采伐限额进行监控,使其真正落实到抚育间伐山场。

森林经营范围非常广,不仅仅是抚育间伐,而应包括森林生态系统群落的稳定性、种间矛盾的协调、生长量的提高等。例如,安徽省森林经营最薄弱的环节是通过封山而生长起来的大面积的天然次生林,特别是其中的针叶林,要尽快采取人为措施,在林中补植、补播一部分阔叶树,改良土壤,平衡种间和种内矛盾,提高林分生长量。

二、现代林业生态工程建设要与社区发展相协调

现代林业生态工程与社会经济发展是当今世界现代林业生态工程领域的一个热点,是世界生态环境保护和可持续发展主题在现代林业生态工程领域的具体化。下面通过对现代林业生态工程与社区发展之间存在的矛盾、保护与发展的关系进行概括介绍,揭示其在未来的发展中应注意的问题。

(一)现代林业生态工程与社区发展之间的矛盾

我国是一个发展中的人口大国,社会经济发展对资源和环境的压力正变得越来越大。如何解决好发展与保护的关系,实现资源和环境可持续利用基础上的可持续发展,将是我国在今后所面临的一个世纪性的挑战。

在现实国情条件下,现代林业生态工程必须在发展和保护相协调的范围内寻找存在和发展的空间。在我国,以往在林业生态工程建设中采取的主要措施是应用政策和法律的手段,并通过保护机构,如各级林业主管部门进行强制性保护。不可否认,这种保护模式对现有的生态工程建设区域内的生态环境起到了积极的作用,也是今后应长期采用的一种保护模式。但通过上述保护机构进行强制性保护存在两个较大的问题,一是成本较高。对建设区域国家每年要投入大量的资金,日常的运行和管理费用也需要大量的资金注入。在经济发展水平还较低的情况下,全面实施国家工程管理将受到经济的制约。在这种情况下,应更多地调动社会的力量,特别是广大农村乡镇所在社区对林业的积极参与,只有这样才能使林业生态工程成为一种社会行为,并取得广泛

和长期的效果。二是通过行政管理的方式实施林业项目可能会使所在区域与社区发展的矛盾激化，林业工程实施将项目所在的社区作为主要干扰和破坏因素，而社区也视工程为阻碍社区经济发展的主要制约因素，矛盾的焦点就是自然资源的保护与利用。可以说，现代林业生态工程是为了国家乃至人类长远利益的伟大事业，是无可非议的，而社区发展也是社区的正当权利，是无可指责的，但目前的工程管理模式无法协调解决这个保护与发展的基本矛盾。因此，采取有效措施促进社区的可持续发展，对现代林业生态工程的积极参与，并使之受益于保护的成果，使现代林业生态工程与社区发展相互协调将是今后我国现代林业生态工程的主要发展方向，它也是将现代林业生态工程的长期利益与短期利益、局部利益与整体利益有机地结合在一起的最好形式，是现代林业生态工程可持续发展的具体体现。

（二）现代林业生态工程与社区发展的关系

如何协调经济发展与现代林业生态工程的关系已成为可持续发展主题的重要组成部分。社会经济发展与现代林业生态工程之间的矛盾是一个世界性的问题，在我国也不例外，在一些偏远农村这个矛盾表现得尤为突出。这些地方自然资源丰富，但却没有得到合理利用，或利用方式违背自然规律，造成贫穷的原因并没有得到根本的改变。在面临发展危机和财力有限的情况下，大多数地方政府虽然对林业生态工程有一定的认识和各种承诺，但实际投入却很少，这也是造成一些地区生态环境不断退化和资源遭到破坏的一个主要原因，而且这种趋势由于地方经济发展的利益驱动有进一步加剧的可能。从根本上说，保护与发展的矛盾主要体现在经济利益上，因此，分析发展与保护的关系也应主要从经济的角度进行。

从一般意义上说，林业生态工程是一种公益性的社会活动，为了自身的生存和发展，我们对林业生态工程将给予越来越高的重视。但对于工程区的农民来说，他们为了生存和发展则更重视直接利益。如果不能从中得到一定的收益，他们在自然资源使用及土地使用决策时，对林业生态工程就不会表现出多大的兴趣。事实也正是如此，当地社区在林业生态工程和自然资源持续利用中得到的现实利益往往很少，时潜在和长期的效益一般需要较长时间才能被当地人所认识。与此相反，林业生态工程给当地农民带来的发展制约却是十分明显的，特别是在短期内，农民承积着林业生态工程造成的许多不利影响，如资源使用和环境限制，以及退出耕地造林收入减少等，所以他们知道林业生态工程虽是为了整个人类的生存和发展，但在短期内产生的成本却使当地社区牺牲了一些发展的机会，使自身的经济发展和社会发展都受到一定的损失。

从系统论的角度分析，社区包含两个大的子系统，一个是当地的生态环境系统，另一个是当地的社区经济系统，这两个系统不是孤立和封闭的。从生态经济的角度看，这两个系统都以其特有的方式发挥着它们对系统的影响。当地社区的自然资源既是当地林业生态工程的重要组成部分，又是当地社区社会经济发展最基础的物质源泉，这就不可避免地使保护和发展在资源的利益取向上对立起来。只要世界上存在发展和保护的问题，它们之间的矛盾就是一个永恒的主题。

基于上述分析可以得出，如何协调整体和局部利益是解决现代林业生态工程与社区发展之间矛盾的一个关键。在很多地区，由于历史和地域的原因，其发展都是通过对自然资源进行粗放式的、过度的使用来实现的，如要他们放弃这种发展方式，采用更高的发展模式是勉为其难和不现实的。因而，在处理保护与发展的关系时，要公正和客观地认识社区的发展能力和发展需求。具体来说，解决现代林业生态工程与社区发展之间矛盾的可能途径主要有三条：一是通过政府行为，即通过一些特殊和优惠的发展政策来促进所在区域的社会经济发展，以弥补由于实施林业生态工程给当地带来的损失，由于缺乏成功的经验和成本较大等原因，目前采纳这种方式比较困难，但可以预计，政府行为将是在大范围和从根本上解决保护与发展之间矛盾的主要途径。二是在林业生态工程和其他相关发展活动中用经济激励的方法，使当地的农民在林业生态工程和资源持续利用中能获得更多的经济收益，这就是说要寻找一种途径，既能使当地社区从自然资源获得一定的经济利益，又不使资源退化，使保护和发展的利益在一定范围和程度内统一在一起，这是目前比较适合农村现状的途径，其原因是这种方式涉及面小、比较灵活、实效性较强、成本也较低。三是通过综合措施，即将政府行为、经济激励和允许社区对自然资源适度利用等方法结合在一起，使社区既能从林业生态工程中获取一定的直接收益，又能获得外部扶持及政策优惠，这条途径可以说是解决保护与发展矛盾的最佳选择，但它涉及的问题多、难度大，应是今后长期发展的目标。

三、要实行工程项目管理

所谓工程项目管理是指项目管理者为了实现工程项目目标，按照客观规律的要求，运用系统工程的观点、理论和方法，对执行中的工程项目的进展过程中各阶段工作进行计划、组织、控制、沟通和激励，以取得良好效益的各项活动的总称。

一个建设项目从概念的形成、立项申请、进行可行性研究分析、项目评估决策、市场定位、设计、项目的前期准备工作、开工准备、机电设备和主要材料的选型及采购、工程项目的组织实施、计划的制订、工期质量和投资控制、直到竣工验收、交付使用，经历了很多不可缺少的工作环节，其中任何一个环节的成功与否都直接影响工程项目的成败，而工程项目的管理实际是贯穿了工程项目的形成全过程，其管理对象是具体的建设项目，而管理的范围是项目的形成全过程。

建设项目一般都有一个比较明确的目标，但下列目标是共同的：即有效地利用有限的资金和投资，用尽可能少的费用、尽可能快的速度和优良的工程质量建成工程项目，使其实现预定的功能交付使用，并取得预定的经济效益。

（一）工程项目管理的五大过程

（1）启动：批准一个项目或阶段，并且有意向往下进行的过程。

（2）计划：制定并改进项目目标，从各种预备方案中选择最好的方案，以实现所承担项目的目标。

（3）执行：协调人员和其他资源并实施项目计划。

（4）控制：通过定期采集执行情况数据，确定实施情况与计划的差异，便于随时采取相应的纠正措施，保证项目目标的实现。

（5）收尾：对项目的正式接收，达到项目有序的结束。

（二）工程项目管理的工作内容

工程项目管理的工作内容很多，但具体的讲主要有以下 5 个方面的职能。

1. 计划职能

将工程项目的预期目标进行筹划安排，对工程项目的全过程、全部目标和全部活动统统纳入计划的轨道，用一个动态的可分解的计划系统来协调控制整个项目，以便提前揭露矛盾，使项目在合理的工期内以较低的造价高质量地协调有序地达到预期目标，因此讲工程项目的计划是龙头，同时计划也是管理。

2. 协调职能

对工程项目的不同阶段、不同环节，与之有关的不同部门、不同层次之间，虽然都各有自己的管理内容和管理办法，但他们之间的结合部往往是管理最薄弱的地方，需要有效的沟通和协调，而各种协调之中，人与人之间的协调又最为重要。协调职能使不同的阶段、不同环节、不同部门、不同层次之间通过统一指挥形成目标明确、步调一致的局面，同时通过协调使一些看似矛盾的工期、质量和造价之间的关系，时间、空间和资源利用之间的关系也得到了充分统一，所有这些对于复杂的工程项目管理来说无疑是非常重要的工作。

3. 组织职能

在熟悉工程项目形成过程及发展规律的基础上，通过部门分工、职责划分，明确职权，建立行之有效的规章制度，使工程项目的各阶段各环节各层次都有管理者分工负责，形成一个具有高效率的组织保证体系，以确保工程项目的各项目标的实现。这里特别强调的是可以充分调动起每个管理者的工作热情和积极性，充分发挥每个管理者的工作能力和长处，以每个管理者完美的工作质量换取工程项目的各项目标的全面实现。

4. 控制职能

工程项目的控制主要体现在目标的提出和检查、目标的分解、合同的签订和执行、各种指标、定额和各种标准、规程、规范的贯彻执行，以及实施中的反馈和决策来实现的。

5. 监督职能

监督的主要依据是工程项目的合同、计划、规章制度、规范、规程和各种质量标准、工作标准等，有效的监督是实现工程项目各项目标的重要手段。

四、要用参与式方法来实施现代林业生态工程

（一）参与式方法的概念

参与式方法是 20 世纪后期确立和完善起来的一种主要用于与农村社区发展内容有关项目的新的工作方法和手段，其显著特点是强调发展主体积极、全面地介入发展的全过程，使相关利益者充分了解他们所处的真实状况、表达他们的真实意愿，通过对项目全程参与，提高项目效益，增强实施效果。具体到有关生态环境和流域建设等项目，就是要变传统"自上而下"的工作方法为"自下而上"的工作方法，让流域内的社区和农户积极、主动、全面地参与到项目的选择、规划、实施、监测、评价、管理中来，并分享项目成果和收益。参与式方法不仅有利于提高项目规划设计的合理性，同时也更易得到各相关利益群体的理解、支持与合作，从而保证项目实施的效果和质量。目前各国际组织在发展中国家开展援助项目时推荐并引入的一种主要方法。与此同时，通过促进发展主体(如农民)对项目全过程的广泛参与，帮助其学习掌握先进的生产技术和手段，提高可持续发展的能力。

引进参与式方法能够使发展主体所从事的发展项目公开透明，把发展机会平等地赋予目标群体，使人们能够自主地组织起来，分担不同的责任，朝着共同的目标努力工作，在发展项目的制订者、计划者以及执行者之间形成一种有效、平等的"合伙人关系"。参与式方法的广泛运用，可使项目机构和农民树立参与式发展理念并运用到相关项目中去。

（二）参与式方法的程序

1. 参与式农村评估

参与式农村评估是一种快速收集农村信息资料、资源状况与优势、农民愿望和发展途径的新方法。这种方法可促使当地居民（不同的阶层、民族、宗教、性别）不断加强对自身与社区及其环境条件的理解，通过实地考察、调查、讨论、研究，与技术、决策人员一道制订出行动计划并付诸实施。

在生态工程启动实施前，一般对项目区的社会经济状况进行调查，了解项目区的贫困状况、土地利用现状、现存问题，询问农民的愿望和项目初步设计思想，同政府官员、技术人员和农民一起商量最佳项目措施改善当地生态环境和经济生活条件。

参与式农村评估的方法有半结构性访谈、划分农户贫富类型、制作农村生产活动季节、绘制社区生态剖面、分析影响发展的主要或核心问题、寻找发展机会等。

具体调查步骤是，评估组先与项目县座谈，了解全县情况和项目初步规划以及

规划的做法，选择要调查的项目乡镇、村和村民组；再到项目村和村民组调查土地利用情况，让农民根据自己的想法绘制土地利用现状草图、土地资源分布剖面图、农户分布图、农事活动安排图，倾听农民对改善生产生活环境的意见，并调查项目村、组的社会经济状况和项目初步规划情况等；然后根据农民的标准将农户分成3～5个等次，在每个等次中走访1个农户，询问的主要内容包括人口，劳力，有林地、荒山、水田、旱地面积，农作物种类及产量，详细收入来源和开支情况，对项目的认识和要求等介绍项目内容和支付方法，并让农民重新思考希望自家山场种植的树种和改善生活的想法；最后，隔1～3天再回访，收集农民的意见，现场与政府官员、林业技术人员、农民商量，找出大家都认同的初步项目措施，避免在项目实施中出现林业与农业用地、劳力投入与支付、农民意愿与规划设计、项目林管护、利益分配等方面的矛盾，保证项目的成功和可持续发展。

2. 参与式土地利用规划

参与式土地利用规划是以自然村/村民小组为单位，以土地利用者(农民)为中心，在项目规划人员、技术人员、政府机构和外援工作人员的协助下，通过全面系统地分析当地土地利用的潜力和自然、社会、经济等制约因素，共同制订未来土地利用方案及实施的过程。这是一种自下而上的规划，农户是制订和实施规划的最基本单元。参与式土地利用规划的目的是让农民能够充分认识和了解项目的意义、目标、内容、活动与要求，真正参与自主决策，从而调动他们参与项目的积极性，确保项目实施的成功。参与式土地利用规划的参与方有：援助方(即国外政府机构、非政府组织和国际社会等)、受援方的政府、目标群体(即农户、村民小组和村民委员会)、项目人员(即承担项目管理与提供技术支持的人员)。

之所以采用参与式土地利用规划是因为过去实施的同类项目普遍存在以下问题：(1)由于农民缺乏积极性和主动性导致造林成活率低及林地管理不善。这是因为他们没有参与项目的规划及决策过程，而只是被动地执行，对于为什么要这样做？这样做会有什么好处也不十分清楚，所以认为项目是政府的而不是自己的，自己参与一些诸如造林等工作只不过是出力拿钱而已，至于项目最终搞成什么样子，与己无关。(2)由于树种选择不符或者种植技术及管理技术不当导致造林成活率和保存率低，林木生长不良。(3)由于放牧或在造林地进行农业活动等导致造林失败。

通过参与式土地利用规划过程，则可以起到以下作用：(1)激发调动农民的积极性，使农民自一开始就认识到本项目是自己的项目，自己是执行项目的主人。(2)分析农村社会经济状况及土地利用布局安排，确定制约造林与营林管护的各种因子。(3)在项目框架条件下根据农民意愿确定最适宜的造林地块、最适宜的树种及管护安排。(4)鼓励农民进行未来经营管理规划。(5)尽量事先确认潜在土地利用冲突，并寻找对策，防患于未然。

参与式土地利用规划（PLUP）并没有严格固定的方法，主要利用一系列具体手段和工具促进目标群体即农民真正参与，确保多数村民参与共同决策并制订可行的规划方案。以下以某地中德合作生态造林项目来对一般方法步骤进行介绍。

第一步：技术培训。由德方咨询专家培训县项目办及乡镇林业站技术人员，使他们了解和掌握PLUP操作方法。

第二步：成立项目PLUP小组，收集各乡及行政村自然、社会、经济的基本材料，准备项目宣传材料（如"大字报"、传单），准备1∶10000地形图、文具纸张、参与项目的申请表、规划设计表、座谈会讨论提纲与记录表等，向乡镇和行政村介绍项目情况。

第三步：项目PLUP小组进驻自然村（村民小组）与村民组长、农民代表一起踏查山场，并召开第一次自然村(村民小组)村民会议，向村民组长和村民介绍项目内容及要求、土地利用规划的程序与方法，向村民发放宣传材料、参与项目申请表、造林规划表，了解并确认村民参与项目的意愿和实际能力，了解自然村(村民小组)自然、社会、经济及造林状况和本村及周边地区以往林业发展方面的经验和教训，鼓励村民自己画土地利用现状草图，讨论该自然村（村民小组）的土地利用现状、未来土地利用规划、需要造林或封山育林的地块及相应的模型、树种等。

第四步：农民自己讨论土地利用方案并确定造林地块、选择造林树种和管护方式，农民自己拟定小班并填写造林规划表，村民约定时间与项目人员进行第二次座谈讨论村民自己的规划。在这个阶段，技术人员的规划建议内容应更广，要注意分析市场，防止规模化发展某一树种可能带来的潜在的市场风险。

第五步：召开第二次自然村(村民小组)村民会议，村民派代表或村民组长介绍自己的土地利用规划及各个已规划造林小班状况，项目人员与农民讨论他们自己规划造林小班及小班内容的可行性。农民对树种，尤其是经济林品种信息的了解较少，技术人员在规划建议中应向农民介绍具有市场前景的优良品种供农民参考。

第六步：现地踏查并将相关地理要素和规划确定的小班标注到地形图上，现场论证其技术上的可行性和有无潜在的矛盾和冲突，最终确定项目造林小班。项目人员还应计算小班面积并返还给农民，农民内部确定单个农户的参与项目面积，并重新登记填写项目造林规划表。

第七步：召开第三次村民座谈会(最后一次)，制订年度造林计划，讨论农户造林合同的内容，讨论项目造林可能引起的土地利用矛盾与冲突的解决办法，讨论确定项目造林管护的村规民约。

第八步：以乡为单位统计汇总各自然村(村民小组)参与式造林规划的成果，然后由乡政府主持评审并同意盖章上报县林业局项目办，县林业局项目办组织人员对上报的乡进行巡回技术指导和检查，省项目办和监测中心人员到县监测与评估参与式造林规划成果是否符合项目的有关规定，最终经德方 HAJP 咨询专家评估确认后，由县项目办报县政府批准实施。

第九步：签订造林合同，一式三份，县项目办、乡林业站或乡政府和农户各保留一份。

3. 参与式监测与评估

运用参与式进行项目的监测与评价要求利益双方均参与，它是运用参与式方法进行计划、组织、监测和项目实施管理的专业工具和技术，能够促进项目活动的实施得到最积极的响应，能够很迅速地反馈经验、最有效地总结经验教训，提高项目实施效果。

在现代林业生态工程参与式土地利用规划结束时，对项目规划进行参与式监测与评估的目的是：评价参与式土地利用规划方法及程序的使用情况，检查规划完成及质量情况、发现问题并讨论解决方案、提出未来工作改进建议。

参与式监测与评估的方法是：在进行参与式土地利用的规划过程中，乡镇技术人员主动发现和自我纠正问题，监测中心、县项目办人员到现场指导规划工作，并检查规划文件与村民组实际情况的一致性；其间，省项目办、监测中心、国内外专家不定期到实地抽查；当参与式土地利用规划文件准备完成后，县项目办向省项目办提出评估申请；省项目办和项目监测中心派员到项目县进行监测与评估；最后，由国内外专家抽查评价。评估小组至少由两人组成：项目监测中心负责参与式土地利用规划的代表一名和其他县项目办代表一名。他们都是参加过参与式土地利用规划培训的人员。

参与式监测与评估的程序是：评估小组按照省项目办、监测中心和国际国内专家研定的监测内容和打分表，随机检查参与式土地利用规划文件，并抽查 1～3 个村民组进行现场核对，对文件的完整性和正确性打分，如发现问题，与县乡技术人员以及农民讨论存在的困难，寻找解决办法。评估小组在每个乡镇至少要检查 50% 的村民组（行政村）规划文件，对每份规划文件给予评价，并提出进一步完善意见，如果该乡镇被查文件的 70% 通过了评估，则该乡镇的参与式土地利用规划才算通过了评估。省项目办、监测中心和国际国内专家再抽查评估小组的工作，最后给予总体评价。

第三节 现代林业生态工程的管理机制

林业生态工程管理机制是系统工程，借鉴中德财政合作造林项目的管理机制的成功经验，针对不同阶段、不同问题，我们研究整治出建立国际林业生态工程管理机制应包含组织管理、规划管理、工程管理、资金管理、项目监理、信息管理、激励机制、示范推广、人力资源管理、审计保障十大机制。

（一）组织管理机制

省、市、县、乡（镇）均成立项目领导组和项目管理办公室。项目领导组组长一般由政府主要领导或分管领导担任，林业和相关部门负责人为领导组成员，始终坚持把林业外资项目作为林业工程的重中之重抓紧抓实。项目领导组下设项目管理办公室，作为同级林业部门的内设机构，由林业部门分管负责人兼任项目管理办公室主任，设专职副主任，配备足够的专职和兼职管理人员，负责项目实施与管理工作。同时，项目领导组下设独立的项目监测中心，定期向项目领导组和项目办提供项目监测报告，及时发现施工中出现的问题并分析原因，建立项目数据库和图片资料档案，评价项目效益，提交项目可持续发展建议等。

（二）规划管理机制

按照批准的项目总体计划（执行计划），在参与式土地利用规划的基础上编制年度实施计划。从山场规划、营造的林种树种、技术措施方面尽可能地同农民讨论，并引导农民改变一些传统的不合理习惯，实行自下而上、多方参与的决策机制。参与式土地利用规划中可以根据山场、苗木、资金、劳力等实际情况进行调整，用"开放式"方法制订可操作的年度实施计划。项目技术人员召集村民会议、走访农户、踏查山场等，与农民一起对项目小班、树种、经营管理形式等进行协商，形成详细的图、表、卡等规划文件。

（三）工程管理机制

以县、乡（镇）为单位，实行项目行政负责人、技术负责人和施工负责人责任制，对项目全面推行质量优于数量、以质量考核实绩的质量管理制。为保证质量管理制的实行，上级领导组与下级领导组签订行政责任状，林业主管单位与负责山场地块的技术人员签订技术责任状，保证工程建设进度和质量。项目工程以山脉、水系、交通干线为主线，按区域治理、综合治理、集中治理的要求，合理布局，总体推进。工程建设大力推广和应用林业先进技术，坚持科技兴林，提倡多林种、多树种结合、乔灌草配套，防护林必须营造混交林。项目施工保护原有植被，并采取水土保持措施（坡改梯、谷坊、生物带等），禁止炼山和全垦整地，营建林区步道和防火林带，推广生物防治病虫措施，提高项目建设综合效益。推行合同管理机制，项目基层管理机构与农民签订项目施工合同，明确双方权利和义务，确保项目成功实施和可持续发展。项目的基建工程和车辆设备采购实行国际、国内招标或"三家"报价，项目执行机构成立议标委员会，选择信誉好、质量高、价格低、后期服务优的投标单位中标，签订工程建设或采购合同。

（四）资金管理机制

项目建设资金单设专用账户，实行专户管理、专款专用，县级配套资金进入省项目专户管理，认真落实配套资金，确保项目顺利进展，不打折扣。实行报账制和审计制。项目县预付工程建设费用，然后按照批准的项目工程建设成本，以合同、监测中心验收合格单、领款单、领料单等为依据，向省项目办申请报账。经审计后，省项目办给项目县核拨合格工程建设费用，再向国内外投资机构申请报账。项目接受国内外审计，包括账册、银行记录、项目林地、基建现场、农户领款领料、设备车辆等的审计。项目采用报账制和审计制，保证了项目任务的顺利完成、工程质量的提高和项目资金使用的安全。

（五）监测评估机制

项目监测中心对项目营林工程和非营林工程实行按进度全面跟踪监测制，选派一名技术过硬、态度认真的专职监测人员到每个项目县常年跟踪监测，在监测中使用 GIS 和 GPS 等先进技术。营林工程监测主要监测施工面积和位置、技术措施（整地措施、树种配置、栽植密度）、施工效果（成活率、保存率、抚育及生长情况等）。非营林工程监测主要由项目监测中心在工程完工时现场验收，检测工程规模、投资和施工质量。监测工作结束后，提交监测报告，包括监测方法、完成的项目内容及工作量、资金用量、主要经验与做法、监测结果分析与评价、问题与建议等，并附上相应的统计表和图纸等。

（六）信息管理机制

项目建立计算机数据库管理系统，连接 GIS 和 GPS，及时准确地掌握项目进展情况和实施成效，科学地进行数据汇总和分析。项目文件、图表卡、照片、录像、光盘等档案实行分级管理，建立项目专门档案室（柜），订立档案管理制度，确定专人负责立卷归档、查阅借还和资料保密等工作。

（七）激励惩戒机制

项目建立激励机制，对在项目规划管理、工程管理、资金管理、项目监测、档案管理中做出突出贡献的项目人员，给予通报表彰、奖金和证书，做到事事有人管、人人愿意做。在项口管理中出现错误的，要求及时纠正；出现重大过错的，视情节予以处分甚至调离项目队伍。

（八）示范推广机制

全面推广林业科学技术成果和成功的项目管理经验。全面总结精炼外资项目的营造林技术、水土保持技术和参与式土地利用规划、合同制、报账制、评估监测以及审计、数字化管理等经验，应用于林业生产管理中。

（九）人力保障机制

根据林业生产与发展的技术需求，引进一批国外专家和科技成果，加大林业生产的科技含量。组织林业管理、技术人员到国外考察、培训、研修、参加国际会议等，开阔视野，提高人员素质，注重培养国际合作人才，为林业大发展积蓄潜力，扩大林业对外合作的领域，推进多种形式的合资合作，大力推进政府各部门间甚至民间的林业合作与交流。

（十）审计保障机制

省级审计部门按照外资项目规定的审计范围和审计程序，全面审查省及项目县的财务报表、总账和明细账，核对账表余额，抽查会计凭证，重点审查财务收支和财务报表的真实性；并审查项目建设资金的来源及运用，包括审核报账提款原始凭证，资金的入账、利息、兑换和拨付情况；对管理部门内部控制制度进行测试评价；定期向外方出具无保留意见的审计报告。外方根据项目实施进度，于项目中期和竣工期委派国际独立审计公司审计项目，检查省项目办所有资金账目，随机选择项目县全县项目财务收支和管理情况，检查设备采购和基建三家报价程序和文件，并深入项目建设现场和农户家中，进行施工质量检查和劳务费支付检查。

第四节　现代林业生态工程建设领域的新应用

林业是国民经济的基础产业，肩负着优化环境和促进发展的双重使命，不可避免地受到以新技术、新材料、新方法的影响，而且已渗透到林业生产的各个方面，对林业生态建设的发展和功能的发挥起到了巨大的推动作用。林业生态建设的发展，事关经济、社会的可持续发展。林业新技术、新材料、新方法的进步是林业生态建设发展的关键技术支撑。

一、信息技术

信息技术是新技术革命的核心技术与先导技术，代表了新技术革命的主流与方向。由于计算机的发明与电子技术的迅速发展，为整个信息技术的突破性进展开辟了道路。微电子技术、智能机技术、通信技术、光电子技术等重大成就，使得信息技术成为当代高技术最活跃的领域。由于信息技术具有高度的扩展性与渗透性、强大的纽带作用与催化作用、有效地节省资源与节约能源功能，不仅带动了生物技术、新材料技术、新能源技术、空间技术与海洋技术的突飞猛进，而且它自身也开拓出许多新方向、新领域、新用途，推动整个国民经济以至社会生活各个方面的彻底改变，为人类社会带来了最深刻、最广泛的信息革命。信息革命的直接目的和必然结果，是扩展与延长人类的信息功能，特别是智力功能，使人类认识世界和改造世界的能力发生了一个大的飞跃，使人类的劳动方式发生革命性的变化，开创人类智力解放的新时代。

自21世纪50年代美国率先将计算机引入林业以来，经过半个世纪，它从最初的科学运算工具发展到现在的综合信息管理和决策系统，促进林业的管理技术和研究手段发生了很大的变化。特别是近几年，计算机和数据通信技术的发展，为计算机的应用提供了强大的物质基础，极大地推动了计算机在林业上的应用向深层发展。现在，计算机已成为林业科研和生产各个领域的最新且最有力的手段和必备工具。

（一）信息采集和处理

1. 野外数据采集技术

林业上以往传统的野外调查都以纸为记录数据的媒介，它的缺点是易脏、易受损，数据核查困难。近年来，随着微电子技术的发展，一些发达国家市场上出现了一种野外电子数据装置(EDRs)，它以直流电池为电源，微处理器控制，液晶屏幕显示，具有携带方便和容易操作的特点。利用EDRs在野外调查的同时即可将数据输入临时存储器，回来后，只需通过一根信号线就可将数据输入中心计算机的数据库中。若适当编程，EDRs还可在野外进行数据检查和预处理。目前，美国、英国和加拿大都生产EDRs，欧美许多国家都已在林业生产中运用。

2. 数据管理技术

收集的数据需要按一定的格式存放，才能方便管理和使用。因此，随着计算机技术发展起来的数据库技术，一出现就受到林业工作者的青睐，世界各国利用此技术研建了各种各样的林业数据库管理系统。

3. 数据统计分析

数据统计分析是计算机在林业中应用最早也是最普遍的领域。借助计算机结合数学统计方法，可以迅速地完成原始数据的统计分析，如分布特征、回归估计、差异显著性分析和相关分析等，特别是一些复杂的数学运算，如迭代、符号运算等，更能发挥计算机的优势。据资料显示，目前世界上发布的统计软件包大约有70多种，国外在林业上应用最多的有两种，即SAS和Mathematics。SAS是美国SAS软件研究所研制的，是集数据管理、数据分析和信息处理于一体的应用软件系统。它于1976年商品化以来，就以其超凡的功能和可靠的技术支持著称于世。经过多年的发展，它在国际上被誉为数据分析的标准软件。而Mathematica是美国Wolfram公司研制的。与SAS相比，Mathcmaticae的特点是善于进行各种复杂运算，如符号运算、求近似解、解微分方程等。

（二）决策支持系统技术

决策支持系统(DSS)是多种新技术和方法高度集成化的软件包。它将计算机技术和各种决策方法（如线性规划、动态规划和系统工程等）相结合。针对实际问题，建立决策模型，进行多方案的决策优化。目前国外林业支持系统的研究和应用十分活跃，在苗圃管理、造林规划、天然更新、树木引种、间伐和采伐决策、木材运输和加工等方面都有成果涌现。最近，决策支持系统技术的发展已经有了新的动向，群体DSS、智能DSS、分布式的DSS已经出现，相信未来的决策支持系统将是一门高度综合的应用技术，将向着集成化、智能化的方向迈进，也将会给林业工作者带来更大的福音。

(三) 人工智能技术

人工智能 (AI) 是处理知识的表达、自动获取及运用的一门新兴科学，它试图通过模仿诸如演绎、推理、语言和视觉辨别等人脑的行为，来使计算机变得更为有用。AI 有很多分支，在林业上应用最多的专家系统 (ES) 就是其中之一。专家系统是在知识水平上处理非结构化问题的有力工具。它能模仿专门领域里专家求解问题的能力，对复杂问题做专家水平的结论，广泛地总结了不同层面的知识和经验，使专家系统比任何一个人类专家更具权威性。因此，国外林业中专家系统的应用非常广泛。目前，国外开发的林业专家系统主要有林火管理专家系统、昆虫及野生动植物管理专家系统、森林经营规划专家系统、遥感专家系统等。人工智能技术的分支如机器人学、计算机视觉和模式识别、自然语言处理以及神经网络等技术在林业上的应用还处于研究试验阶段。但有倾向表明，随着计算机和信息技术的发展，人工智能将成为计算机应用的最广阔的领域。

(四) 3S 技术

3S 是指遥感（RS）、地理信息系统 (GIS) 和全球定位系统 (GPS)，它们是随着电子、通信和计算机等尖端科学的发展而迅速崛起的高新技术，三者有着紧密的联系，在林业上应用广泛。

遥感是通过航空或航天传感器来获取信息的技术手段。利用遥感可以快速、廉价地得到地面物体的空间位置和属性数据。近年来，随着各种新型传感器的研制和应用，使得遥感特别是航天遥感有了飞速发展。遥感影像的分辨率大幅度提高，波谱范围不断扩大。特别是星载和机载成像雷达的出现，使遥感具有了多功能、多时相、全天候能力。在林业中遥感技术被用于土地利用和植被分类、森林面积和蓄积估算、土地沙化和侵蚀监测、森林病虫害和火灾监测等。

地理信息系统是以地理坐标为控制点，对空间数据和属性数据进行管理和分析的技术工具。它的特点是可以将空间特性和属性特征紧密地联系起来，进行交互方式的处理，结合各种地理分析模型进行区域分析和评价。林业中地理信息系统能够提供各种基础信息（地形、河流、道路等）和专业信息的空间分布，是安排各种森林作业如采伐抚育、更新造林等有力的决策工具。

全球定位系统是利用地球通信卫星发射的信息进行空中或地面的导航定位。它具有实时、全天候等特点，能及时准确地提供地面或空中目标的位置坐标，定位精度可达 100 m 至几毫米。林业中全球定位系统可用于遥感地面控制、伐区边界测量、森林调查样点的导航定位、森林灾害的评估等诸多方面。

3 个系统各有侧重，互为补充。RS 是 GIS 重要的数据源和数据更新手段，而 GIS 则是 RS 数据分析评价的有力工具；GPS 为 RS 提供地面或空中控制，它的结果又可以直接作为 GIS 的数据源。因此，3S 已经发展成为一门综合的技术，世界上许多国家在森林调查、规划、资源动态监测、森林灾害监测和损失估计、森林生态效益评价等诸多方面应用了 3S 技术，已经形成了一套成熟的技术体系。可以预期，随着计算机软硬件技术水平的不断提高，3S 技术将不断完善，并与决策支持系统、人工智能技术、多媒体等技术相结合，成为一门高度集成的综合技术，开辟更广阔的应用领域。

（五）网络技术

计算机网络是计算机技术与通信技术结合的产物，它区别于其他计算机系统的两大特征是分布处理和资源共享。它不仅改变了人们进行信息交流的方式，实现了资源共享，而且使计算机的应用进入了新的阶段，也将对林业生产管理和研究开发产生深远的影响。

二、生物技术

生物技术是人类最古老的工程技术之一，又是当代的最新技术之一，古今之间有着发展中的联系，又有着质的飞跃和差别。这个突破主要导因是 20 世纪 50 年代分子生物学的诞生与发展。特别是 20 世纪 70 年代崛起的现代生物工程，其重要意义绝不亚于原子裂变和半导体的发现。作为当代新技术革命的关键技术之一，生物技术包括四大工艺系统，即基因工程、细胞工程、酶工程和发酵工程。基因工程和细胞工程是在不同水平上改造生物体，使之具有新的功能、新的性状甚或新改造的物种，因而它们是生物技术的基础，也是生物技术不断发展的两大技术源泉；而酶工程和发酵工程则是使上述新的生物体及其新的功能和新的性状企业化与商品化的工艺技术，所以它们是生物技术产生巨大社会、经济效益的两根重要支柱。在短短的 20 年间，生物技术在医药、化工、食品、农林牧、石油采矿、能源开发、环境保护等众多领域取得了一个又一个突破，产生一股史无前例的革命洪流，极大地改变着世界的经济面貌和人类的生活方式。生物技术对于 21 世纪的影响，就像物理学和化学对 20 世纪的影响那样巨大。

植物生物技术的快速发展也给林业带来了新的生机和希望。分子生物学技术和研究方法的更新和突破，使得林木物种研究工作出现勃勃生机。

（一）林木组培和无性快繁

林木组培和无性快繁技术对保存和开发利用林木物种具有特别重要的意义。由于林木生长周期长，繁殖力低，加上 21 世纪以来对工业用材及经济植物的需求量有增无减，单靠天然更新已远远不能满足需求。近几十年来，经过几代科学家的不懈努力，如今一大批林木、花卉和观赏植物可以通过组培技术和无性繁殖技术，实现大规模工厂化生产。这不仅解决了苗木供应问题，而且为长期保存和应用优质种源提供了重要手段，同时还为林木基因工程、分子和发育机制的进一步探讨找到了突破口。尤其是过去一直被认为是难点的针叶树组培研究。如今也有了很大程度的突破。如组培生根、芽再生植株、体细胞胚诱导和成年树的器官幼化等。

（二）林木基因工程和细胞工程

林木转基因是一个比较活跃的研究领域。近几年来成功的物种不断增多，所用的目的基因也日趋广泛，最早成功的是杨树。到目前为止，有些项目开始或已经进入商品化操作阶段。在抗虫方面，有表达 Bt 基因的杨树、苹果、核桃、落叶松、花旗松、火炬松、云杉和表达蛋白酶抑制剂的杨树等。在抗细菌和真菌病害方面，有转特异抗性基因的松树、栎树和山杨、灰胡桃（黑窝病）等。在特殊材质需要方面，利用反义基因技术培育木质素低含量的杨树、桉树、灰胡桃和辐射松等。此外，抗旱、耐湿、抗暴、耐热、抗盐、耐碱等各种定向林木和植物正在被不断地培育出来，有效地拓展了林业的发展地域和空间。

（三）林木基因组图谱

利用遗传图谱寻找数量性状位点也成为近年的研究热点之一。一般认为，绝大多数重要经济性状和数量性状是由若干个微效基因的加性效应构成的。可以构建某些重要林木物种的遗传连锁图谱，然后根据其图谱，定位一些经济性状的数量位点，为林木优良性状的早期选择和分子辅助育种提供证据。目前，已经完成或正在进行遗传图谱构建的林木物种有杨树、柳树、桉树、栎树、云杉、落叶松、黑松、辐射松和花旗松等。主要经济性状定位的有林积、材重、生长量、光合率、开花期、生根率、纤维产量、木质素含量、抗逆性和抗病虫能力等。

（四）林木分子生理和发育

研究木本植物的发育机制和它们对环境的适应性，也由于相关基因分离和功能分析的深入进行而逐步开展起来，并取得了应用常规技术难以获得的技术进展，为林业生产和研究提供了可靠的依据。

三、新材料技术

林业新材料技术研究从复合材料、功能材料、纳米材料、木材改性等方面探索。重点是林业生物资源纳米化，木材功能性改良和木基高分子复合材料、重组材料的开发利用，木材液化、竹藤纤维利用、抗旱造林材料、新品种选育等方面研究，攻克关键技术，扶持重点研究和开发工程。

四、新方法推广

从林业生态建设方面来看，重点是加速稀土林用技术、除草剂技术、容器育苗、保水剂、ABT 生根粉、菌根造林、生物防火隔离带、水土保持技术，生物防火阻隔带技术等造林新方法的推广应用。这些新方法的应用和推广，将极大地促进林业生态工程建设发展。

第九章　现代林业体制改革与创新

第一节　我国林业管理体制的现状

一、我国林业管理体制的现状

我国目前的国有林林业管理体制属于"政企合一"模式。这种体制是按行政组织和行政层次，运用行政手段直接管理的模式，是在高度集中的计划经济体制基础上建立起来的，其指导思想是以计划经济为指导，其管理手段是以行政命令指令性计划为主。随着社会主义市场经济的逐步建立，林业的管理体制也逐渐摆脱了高度集权的束缚，确定了林业生产责任制，扩大了林业企业自主权，调动了广大林业工人的积极性，逐步适应社会主义市场经济的发展。但是，计划经济在林业系统内部依旧有相当大的市场，林业主管机关从计划投资到大的项目的立项仍旧有相当的权力，与其他行业不同的是林业的生物性及自然生态与社会发展要相适应的客观要求，又决定全国林业一盘棋思想在林业系统仍旧占主导地位。最为典型的是十大工程和实行限额采伐管理制度，应当说，没有全国林业发展一盘棋的管理体制，各自为政对中国林业建设和发展是不利的。但是，这种一盘棋体制也制约了地方林业经济的发展，林业企业在企业内部有相当的自主权，但涉及与区域经济发展相协调的时候往往显得相对孤立，表现在一个区域地方机构设置上，一个县内同时又有正县级的林业企业，因为林场与县域在土地上的交叉，造成乱占林地现象突出，至于林业办社会等问题就更突出了。总之，当前的林业管理体制是历史的原因和现实原因结合的产物，这种体制优势与劣势并存，与现代林业发展和建设新格局林业之间存在着相当的矛盾。

（一）我国林业管理机制现状

我国目前的林业管理机制运用还很欠缺，主要以权力机制保障部分利益机制的运用，而对于其他领域和行业中广泛运用的市场利益机制、竞争机制的运用方面是非常有限的。目前的机制运用主要体现在投资方面。

我国林业投资结构主要应由以下几方面组成：(1) 中央财政预算，应积极争取将林业占国民经济 GNP 预算逐年提高。国家财政预算始终是林业建设的主要资金来源，但总的来讲，林业与同期水利、交通等基础行业建设投入总额相比，投资明显偏少，在国家日益重视森林对环境影响的今天,积极争取更多国家预算是十分必要的。(2)在中央财政比较困难的情况下,各级地方政府通过各种渠道筹集一定数额资金,对确保林业项目建设作用重大,将是今后林业投资体制中一个重要组成部分。在林业建设中,地方政府的积极投入也是拓宽投资渠道,增加林业建设资金的重要来源。(3)建立生态林效益补偿制度才是改善今后林业投资环境的根本举措。森林生态效益补偿制度建立的成败与否,对今后我国林业投资体制改善意义重大,对我国今后林业发展的命运产生深远影响。(4)育林基金的收取可弥补林业建设资金的不足。但是多年来育林基金由于相应配套措施不完善,全国范围内存在着收取困难、使用管理不严、投向分散、效益不高、挤占挪用等问题,实际育林基金只能维持森林资源更新所需费用的 7.7%。因此,在今后育林基金提取比例不可能有大幅度提高的情况下,此项费用将只能作为国有林区和部分集体林区资源更新费用的补充。(5)国家政策性投入、各类贷款也是林业融资的主要组成部分,并发挥越来越重要的作用。

现已逐渐形成"以中央财政预算拨款、生态效益补偿费为主,政策性投入、育林基金、各类贷款及其他专项项目经费为辅"的投资格局。以后逐年会提高社会公益性林业建设投资比重和信贷资金融资比重,并在尝试林业进入保险领域,引入风险投资机制,逐步理顺投资渠道。资金使用上明确采取公益性林业建设项目以中央拨款、生态效益补偿费投入为主;商品林建设、新林区开发、林产工业等基础产业使用国家政策性投入;其他项目原则上以商业信贷等市场投资为主的运行方式,提高投资使用效益。

(二)我国林业管理机构现状

1. 政府的林业组织体系

我国政府的林业调控组织体系,是实行有效调控的组织保证,其结构应包括横向系统和纵向系统。横向系统包括决策部门、信息部门和执行部门各部门的职责和关系见图 9-1。系统包括中央、省市自治区和县政府的林业主管部门。

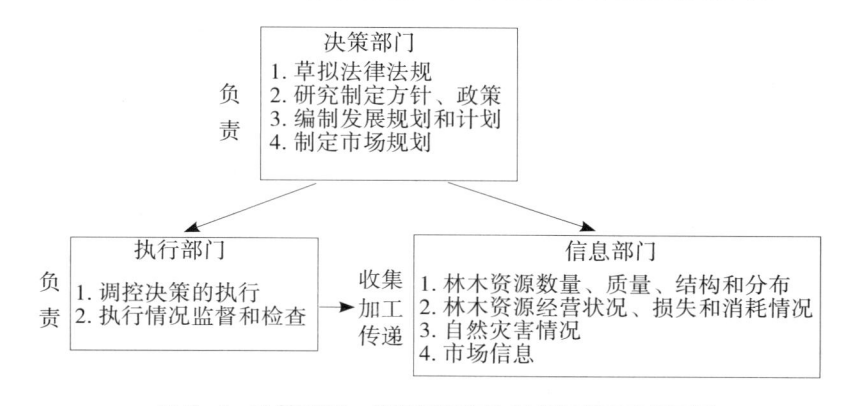

图 9-1 决策部门、信息部门和执行部门的职责关系图

2. 中国林业管理机构

我国林业管理机构的设置基本是采用行政直线式，按照行政系统从上到下划分为一定层次，层层设置管理机构。各层林业管理机构是同层次政府的职能部门，同时又受上一层次林业管理机构的业务指导。具体的林业经济管理体制：国家设国家林业局，是国务院的组成部分，负责全国林业经济方针、政策、计划、重大建设项目和经济业务的指导组织、监督和控制。各省（区）、市、县都相应地成立了林业管理部门，领导和组织林业基层单位的生产建设。

拥有大面积国有林区的省（区），由国家、省直接或通过若干中层管理机构进行管理。例如，我国主要林区的黑龙江省，设有森林工业总局、林业管理局，管理全省森工企业的生产经营活动。而对全省以集体林为主的地方造林、经营活动如大面积次生林的经营管理，则由省林业厅、专署和县林业机构进行管理。各专署林业机构是省人民政府的派出机构，各县林业局既是同级政府的组成部分，又是林业经济管理单位，我国现行林业管理机构设置见图9-2。

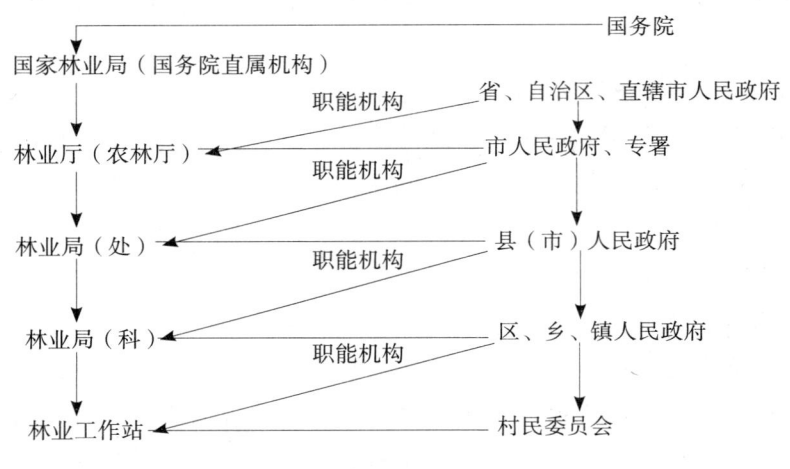

图 9-2　我国现行林业管理机构设置简图

（三）我国林业管理制度现状

1. 林业产权制度现状

我国林业还没有建立起适应市场经济的产权制度。产权不明确，主要表现在：第一，林业经营者的产权主体地位没有建立起来，在林业中体现产权主体的国家、集体、经营合作组织与政府关系的界定不清楚，各级组织及机构与其管理者的关系也不清楚；第二，产权的客体，包括林业用地、林木、林业生产技术、林业生产条件在内的多种产权的占有、使用、分配、经营等没有明确、具有法律意义和可操作意义上的科学划分。突出表现在林木和林业用地的产权划分不明确。我国受长期计划经济的影响，公有制经济成分在林业中占主要地位，特别是林业用地归国家或集体所有，大部分林木资源也都属于国有或集体所有。根据第三次全国工业普查的情况，全国林业系统独立核算的各种经济类型资产分布状况，总资产为595.2922亿元，其中，国有经济的比重占87.51%，集体经济占5.995%，其他经济成分为6.49%。其他经济成分的经营领域主要集中在木材加工、运输和林产品流通领域林业的经营，特别是处于基础地位的营林和育林基本上是以公有制产权形式运行。而这种公有制形式又在很大程度上受政府行政行为的影响，单一的所有制形式极大地限制了市场竞争，使林业处于封闭的环境中，林业的生存和发展不得不依赖政府。到目前为止，主要的问题是我们还没有找到一种比较好的林业用地和林木产权占有方式。

2. 森林资源核算制度现状

长期以来，在计划经济体制下，对生态环境资源耗用不计价，不考虑对它的价值补偿，使它排除于社会再生产价值运行之外，不能全面地反映国民经济运行的实际状况和再生产价值运动的真实全貌。自20世纪80年代以来，由于资源环境问题日益突出，资源与环境核算问题引起各国、各界和国际有关组织的极大关注，许多国家开展了资源与环境核算的研究。在我国，森林资源核算制度总体上仍处于研究阶段，还没有开始实施。

3. 森林生态效益补偿制度

《中华人民共和国森林法》第六条规定："征收育林费，专门用于造林育林，建立林业基金制度"。自1953年建立育林基金制度以来，对我国用材林的发展起到了很大作用。但随着社会经济的发展，生态环境问题越来越突出，改善和保护生态环境已成为一项十分紧迫的任务。因此，建立森林生态效益补偿制度，征收森林生态效益补偿费作为培育生态林费用成为必然的趋势。

《关于保护森林发展林业若干问题的决定》（中发〔1981〕12号）指出"建立国家林业基金制度；适当提高（除黑龙江、吉林、内蒙古林区外）集体林区和国有林区育林基金和更改资金的征收标准，扩大育林基金征收范围，具体办法由林业部、财政部拟定"。据此，不少省区的林业部门要求把征收育林基金范围扩大到防护林和经济林等生态林。《国务院批转国家体改委关于一九九二年经济体制改革要点的通知》（国发〔1992〕12号）也明确指出："要建立林价制度和森林生态效益补偿制度，实行森林资源有偿使用"。1992年9月10日《关于出席联合国环境与发展会的情况及有关对策的报告》（中办发〔1992〕7号）第七条"运用经济手段保护环境"，就强调提出了"按资源有偿使用的原则，要逐步开征资源利用补偿费，并开展对环境税的研究"。1993年国务院《关于进一步加强造林绿化工作的通知》指出："要改革造林绿化资金投入机制，逐步实行征收生态效益补偿费制度"。

我国1998年7月1日颁布实施的新《森林法》（修订稿）明确规定：国家将设立森林生态效益补偿基金，用于生态效益的防护林和特种用途林的森林资源林木的营造、抚育、保护和管理；另一方面允许用材林、经济林、薪炭林及其林地使用权依法转让，实质上已从经营管理和投入机制角度将森林分成了两种主要类型。

第二节　我国林业体制改革所面临的困难

一、目标定位不明确也不准确

行政管理机构的职能紊乱。特别是集体林的县（市）级林业管理机构，既是政府的职能部门，具有行政决策、行政领导、行政监督、行政协调等功能，同时又是国有林业的经营者，从事林业生产的经营活动。其结果，既削弱了行政运行的约束机制，导致了为完成生产任务和追求经营效益而置林政和森林资源管理于不顾，也使林业企业依附于林业行政管理部门，导致其缺乏经营决策及经营管理的自主权而没有活力。

管理部门的很大部分精力都放在工程项目上了，似乎忽略了政府的真正职能是为市场机制的有效发挥提供公平竞争的环境，以及为中介组织、企业、职工和林农提供各种基础性服务工作。正因为此，也造成了管理体制中一些具体目标的不明确。如分类经营制度，对于分类是对营林单位进行分类，还是对不同功能的森林类型进行分类？分类后的管理与监督如何实施？公益林以生态建设为主，那么其中的商业性利用可以达到何种程度呢？商品林也有生态效益，那么对其发挥的生态效益有何补偿呢？针对划分为3类林的情况，兼用林又如何实现兼而用之的目的呢？再如林业产权制度，针对国有和集体产权部分，到底谁来代表国家和集体的利益？如何保证这种国家或集体利益的代表人能真正代表好国家和集体的利益？

总之，政府部门由于目标定位不够明确，也不够准确，致使政府部门自身卷入一些具体的营造林工作当中，置身其中当然也就无法承担起宏观的职能，无法真正实现市场经济社会的市场配置资源的基础性作用，各种社会机构、企业和个人也无法得到政府应该提供的相应的服务。

二、管理机制以权力机制为主，难以适应市场经济发展需要

我国林业管理在很大程度上是一种政府行为，其管理机制主要是行政性权力机制。单纯从管理的角度来看，强化行政管理手段无疑是必需的。然而，管理不仅仅是行政管理，即或是行政管理，在市场经济条件下，也必须运用市场机制，运用法律的、经济的、教育的等多种手段。市场经济最本质的特征，就是在资源配置中，

市场起基础性作用。这一性质决定了市场经济条件下的宏观林业经济管理具有两个最基本的特点：一方面，由于市场起基础性作用，人们的林业经济活动都不可避免地带有市场的色彩，要服从市场规律的要求，以追求利润最大化作为行为的主要目标，这就对强化宏观林业管理提出了更高的要求；另一方面，市场效应的影响使得林业经济管理手段变得更为重要。而一些过去行之有效的行政管理手段由于市场的作用而显得无能为力。这一变化表明以行政管理手段为主的林业管理体制难以适应市场经济的要求，而更应注重市场利益和竞争机制的运用。

三、国民经济核算体系存在缺陷，影响宏观管理效能的发挥

统计与核算体系是宏观管理体制的重要组成部分，科学的核算体系对宏观管理效能的发挥有重要的作用。我国现行体制中的国民经济核算存在严重缺陷，最突出的问题是核算中没有计入经济活动造成的生态环境代价，更没有计入生态环境资源的固有价值。正是由于这种错误的生态环境资源价值观的支配，使得我国许多林业企业、事业单位在其经济活动中，忽视节约和综合利用林业资源，忽视林业资源的长期效益和生态效益，只追求眼前的、片面的，因而也是虚假的经济效益，忽视了长远的、全社会的、真实的总体效益，从而造成企业外部的不经济性。

四、管理体制改革的配套与协调问题

管理体制中的机构、机制与制度三者的改革应协调同步地进行，这3个要素内部也应注意相互的配套与协调问题。如管理机构改革的前提是培育出称职的中介机构和多种经营形式的企业，以配合管理机构的职能转变。权力机制和竞争机制应以利益机制为基础，保证利益机制的顺利运作。各项制度的改革要加强彼此间的配合与支持，如林业资源资产化管理的前提就是产权的明晰化，以及森林生态效益的合理补偿。

五、资金的筹集问题

目前，筹资面临的难点和问题主要有以下几方面。

（一）营林产业市场参与能力差

多年来营林建设资金主要来自国家预算内资金及国家、地方自筹资金，而企业自筹资金部分很少。国有林场资金不足，尤其是森林经营资金不足，森林资源结构的调整与营林资金紧缺矛盾突出。资金使用效果差，林场资金筹集能力较低，形成不了强大的资金规模。目前国有林场资金循环乏力，周转不灵，资金增值能力低下，主要受竞争弱、自身条件差的影响。而且营林产业还要考虑部分社会、生态效益，资金成本高、回收慢、风险大，资金收益率低于社会平均利润率。

（二）森工企业尚未真正摆脱"两危"

森工企业是典型的初级产品加工企业，经营手段单一，加上价格不合理，使其市场竞争性差。国家森工宏观调控失控，主要表现为规模过大，生产能力过剩，行业结构失调，行业效益差，市场秩序混乱，企业经营难，森工机械化水平低。再加上木材市场持续疲软和生产成本费用不断提高，当前森工企业的资金越来越困难，若依靠现有的森工企业组织形式远难于解决企业再发展资金短缺问题。特别是国有采运企业，社会法人地位不明确，其资金来源主要是国家预算内资金及国内贷款，自发筹集及引进外资比重低。鉴于森工企业严重负债经营、企业发展资金严重不足的特点，为此积极寻求金融市场的融资渠道，就显得很迫切。

（三）林产工业面临流动资金紧缺和沉重的银行债务负担

由于林业企业宏观失控，盲目建厂、重复建厂问题严重，企业规模小，生产布局分散，小型化、分散化严重。再加上受到森林资源约束，使其资金循环运动不畅，集中表现为产成品库存增加，造成"边贷款、边生产、边积压"的状况，林产加工企业的效益普遍下降，林产工业的资本产出率和投资效益水平仍然较低，这样林产工业企业依靠企业自身的经济效果和实力在金融市场上融通资金的能力就极其有限。

此外，对于不同的所有制，在投资培育森林上有着不同的方式与制度。国有林区在投资上可以形成规范的制度，而集体和私有林开发投资就很难形成规范的制度，并且在很大程度上投资的与否取决于所有者，国家很难控制。由政府行为过渡到市场行为，实施林业分类经营后，哪些天然林要保护经营好，哪些林地实施集约经营，要受到所有者利益的驱动，即便是造林成林的林地，也容易遭到破坏、挪作他用。分散的林地经营不利于林业分类经营的进行。实现林业分类经营后，若生态补偿金无法实现或征收困难，林场根本就不可能拿出资金去管护公益生态林。实施分类经营后，商品林由经营者投入，而公益林的投入则需要有雄厚的财力做保证，这对于一些经济发达的财政强县而言并非难事，但对于经济欠发达的贫困地区来讲就显得捉襟见肘。

第三节　现代林业的保障体系

一、现代林业的投入体系

当前，我国林业资金来源有国家投入和社会投入两个主要渠道，其中能形成固定资产的资金称为建设资金，很多资金投入是不形成固定资产的。

（一）公共财政投入

林业是一项重要的社会公益事业，同时也是一个重要的物质生产部门，兼具生态、经济和社会功能，是一个具有典型外部经济性的行业，需要国家对林业的资金、物资等投入和经济调控，需要建立长期稳定的国家支持林业和生态建设的资源配置体系。当前，我国财政改革的主要目标是逐步建立健全公共财政体系，这必将对林业的可持续发展和建设中国现代林业产生重大和深远的影响。现代林业的投入体系中应扭转林业在国民经济定位中的偏差，理顺与财政的相互关系，构建适合我国国情、林情的林业与公共财政关系的基本框架，以促进林业资源的最优配置和充分利用。

1. 完善国家公共财政为主的投入机制

政府公共财政确保林业事业经费全额拨款。要以建立社会主义市场经济体制为前提，通过改革我国的投资体制，严格按照事权利分原则，明晰中央和地方政府的林业投资义务，真正做到政府扶持资金的足额到位，逐步建立起公益林以政府投入为主、商品林以社会投入为主的投资机制，保证林业建设的投资需要。

国家预算内基本建设资金、财政资金、农业综合开发资金、扶贫资金、以工代赈以及国外资金等的使用，都要把加强江河湖建设、绿色植被建设、治理水土流失、防治荒漠化、草原建设和生态农业建设作为重要内容，优先安排，并逐步增加各项资金投入比重。在"十一五"期间，一是国家投资用于林业的比例应该大幅增加；二是要将森林资源管护、野生动植物资源保护、森林病虫害及火灾的防治、中龄林抚育等方面的经费列为财政经常性预算项目；三是加大力度增加各种专项贴息贷款规模，延长使用年限。

2. 加大以工代赈、以粮换林、以粮换牧（草）的力度

国家要实事求是、因地制宜按照退耕还林等重点生态工程的实际需要，设置优惠政策的支持年限。鉴于目前全国工业品、粮食库存积压较多和富余劳动力多的特点，再加上生态恶化地区多是贫困地区，今后，要特别加大集团化、集约化、规模化、科学化、产业化治理的力度，可以组建生态建设兵团（也可以利用军队减员，还可以将现有国有农场转为生产建设兵团等多种形式），建立国家投入、以工代赈、以粮换林、以粮换牧（草）投入相结合的形式。有关部门要制定切实可行的计划和规划；要坚持"谁造谁有，合造共有"的政策，充分调动广大群众植树造林的积极性；要改变以往无偿使用农民劳动积累工、义务工过多的做法，实行有偿使用和机械化规模治理并重的做法，以解决过度剥夺农民投劳的偏差，也可以加大群众参与治理生态环境建设的积极性。

3. 建立和完善森林生态效益补偿制度

加大国家森林生态效益补偿资金投入力度，是推进林业大发展的重要前提。要按照分类经营的要求，根据森林多种功能和主导利用的不同，将森林划分为公益林和商品林两大类，对公益林实行生态补偿，并在此基础上分别对公益林和商品林的

建设和管理，建立不同的体制和政策。公益林补偿要足额到位，把公益林落实到地块和每个经营主体。作为公共产品供给者的政府，应从中央和各级地方财政中拿出专项基金，设立森林生态补偿基金，并分别纳入中央和地方财政预算，并逐步增加资金规模，根据物价水平及公益林经营管理成本的变动情况，每年进行适当调整。要适应国际"碳交换"机制建立的大趋势，提前研究制定"以林补碳"的操作性手段，统一纳入生态补偿范畴。要研究开征统一的生态环境补偿税，消除部门交叉、重叠收费现象。

4. 设立国家林业生态保护工程建设基金

林业和生态环境周期长，需资巨大，具有后发效应的特性。经测算，2001—2030年，需建设资金 1.6 万亿元。按照今后国家财政和社会财力预测，公共财政经常性账户大约可负担 1/3，扩张性财政即合理的债务结构负担 1/3，信贷资金负担 1/3。按照阶段划分，前 10 年的资金已经有了初步的规划，后 20 年的资金就很难有一个稳定的保障。建议在国家公共财政经常性账户纳入预算和已有稳定来源的资金支持之外，需制定新的特殊政策，允许从全社会范围合理并适度地筹措资金，设立"国家林业和生态保护工程建设基金"，纳入国家预算，并给以立法保障，以便稳定有序地用于林业和生态保护建设。基金主要来源：（1）扩张性财政即合理的债务结构；（2）与债务结构相配套的合理的信贷结构；（3）民资；（4）社会捐助和赠送；（5）国外资金；（6）生态补偿基金。"国家林业生态保护工程建设基金"的使用范围，主要投入到重点工程和重点地区。

5. 实行轻税薄赋政策

国家应实行税收鼓励政策，按照统一税法、公平税赋的原则，确立合理的税目、税基和税率。进一步整顿税制，把减轻林农和林业企业负担作为政府税费改革的主要内容。今后可考虑在以下方面研究减轻税费问题：一是考虑对国内外企业以税前利润投资造林，国家免征所得税；二是对国有林业企业、事业单位从事种植业、养殖业和农林产品初加工利润，以及边境贫困林业局、林场、苗圃可以免征所得税，对林区"三剩物"和次小薪材为原料生产的加工产品，可继续实行增值税即征即退政策；三是对林业初加工产品可按初加工农产品对待，实行同步抵扣；四是对转产、调整结构、利用多种资源及以安置下岗人员为主要目的生产的产品，可实行增值税即征即退或暂缓征收政策；五是对林业生产、生活用水可考虑免征水资源费；六是对进口种子、种畜、鱼种和非营利性野生动植物可考虑免征进口环节增值税；七是由农民投资营造的公益林，国家除给予必要的管护补贴外，通过卫生伐和更新伐所取得的收入应归投资者所有，并考虑免征一切税收；八是改革育林基金征收使用办法，可考虑由生产者自提自用，但国家对现在育林基金负担的公共支出，要予以保证；九是加大对经济贫困地区中央财政转移支付的力度。

6. 对林业资金使用的监管

一要严格资金规范管理，建立责任追究制度，强化和规范对资金违规违纪问题的整改和查处。加强资金稽查，成立专门的资金监督检查机构，建立林业资金巡回稽查和专项稽查制度，整章建制，加强林业资金源头管理，促进稽查工作日常化、规范化。

二要建立健全林业资金财务管理制度和会计核算制度，抓紧制定相应的财务管理制度和会计核算办法，补充完善相关的内容和标准。

三要加强对资金的全过程管理，通过严格计划管理、预算管理，事中审核、事后检查等措施，确保资金使用合规、合法和真实、完整。要尽快制定林业资金的报账制管理办法，特别是林业重点工程资金的报账制管理。

四要加强社会舆论监督，建立林业资金使用违规违纪举报制度，对重大案件予以曝光。

二、社会资金投入

社会资金，是指除国家财政拨款及其他社会无偿援助以外以盈利为目的的资金。近年来，随着林业战略结构的重大调整，国家鼓励全社会办林业的优惠政策相继出台，大大激发了社会资金拥有者对林业的投资热情，社会资金对林业的投资迅速增加。

当今世界各国，凡林业发展卓有成效者，莫不与政府对林业高度重视和采取积极有效的经济扶持密切相关。创造了"人工林奇迹"的巴西、从木材进口国一跃成为木材出口国的新西兰是如此，森林资源富饶的美国、加拿大也是如此。新西兰发展人工林的主要经验是政府制定了一整套鼓励社会及私人投资的政策，主要内容包括对人工林培育提供低于普通利息45%的低息贷款。巴西政府于1965年实施了造林税收激励法案，规定向人工林的经营者提供低息贷款、降低林产品的出口关税等。扶持国有林的发展是世界上许多林业发达国家林业扶持政策体系中的一项重要内容。美国等国家对国有林采取了统收统支的财务制度；日本对国有林实行特别会计制度，国有林的全部收入均由林业部门自用，所出现赤字由国家预算补贴，收入盈余则按特别会计的规定转入下年度使用。对私有林的扶持方式虽各国不尽相同，但归纳起来大致可分为3类：一是对某些林业活动给予补贴；二是给予贷款优惠支持；三是给予税收优惠。除上述扶持措施外，国家还通过制定一些相关政策为林业发展创造良好的环境，如干预或鼓励林产品进出口、稳定国内木材价格等。根据我国的国情和林情，鼓励社会资金投入林业可以从以下几个方面进行提供支持。

1. 中长期信贷投入机制

世界银行主要业务涉及对发展中成员国提供长期贷款。该行主要是面向政府即由政府担保的项目贷款，资助它们兴建某些建设周期长，利润率偏低但又为该国经济和社会发展必需的建设项目。世界银行的贷款期限，短的数年，长的可达30年，甚至到50年。贷款按主要用途有：农业和农村发展、教育、能源、人口保健与营养、公共部门管理、小型企业、技术援助、电讯、运输、城市发展、供水和排水等。林业可以借鉴这种方式，建立中长期信贷投入机制。

国家在信贷政策方面应进一步突出林业的特殊性，明确林业信贷扶持政策。一是严格区分政策性贷款与商业贷款的性质，对林业实行政策性优惠贷款，并采取相应的运作机制；二是在政策性贷款中对林业贷款实行计划份额制，保证政策性贷款可以用于林业的总量；三是建立新增项目的专项贷款，拓宽政策性贷款的渠道；四是适当延长贷款期限，加大贴息幅度；五是建立各级银行对林业贷款风险共担制度，促进林业贷款政策的落实，使国家给予林业的扶持优惠信贷足额和及时到位。

2. 国家政策性银行对林业的扶持

政策性银行应在业务范围内，积极提供符合林业特点的金融服务，适当延长林业贷款期限，对林业项目给予积极支持。国家开发银行对速生丰产用材林和工业原料林基地建设项目，根据南北方林木生长周期不同，贷款年限为12～20年；珍贵树种培育根据实际情况而定；经济林和其他种植业、养殖业和加工业项目，贷款年限为10～15年。中国农业发展银行对林业产业化龙头企业贷款期限一般为1～5年，最长为8年；对速生丰产用材林、工业原料林、经济林和其他种植业、养殖业和加工项目贷款一般为5年，最长为10年，具体贷款期限也可根据项目实际情况与企业协商确定。考虑到林木生产周期长，贷款宽限期可适当延长，具体由银行和企业根据实际情况确定。商业银行林业贷款具体贷款期限根据项目实际情况与企业协商确定。

研究建立面向林农和林业职工个人的小额贷款和林业小企业贷款扶持机制。适当放宽贷款条件，简化贷款手续，积极开展包括林权抵押贷款在内的符合林业产业特点的多种信贷模式融资业务。加大贴息扶持力度。中央财政对林业龙头企业的种植业、养殖业以及林产品加工业贷款项目，各类经济实体营造的工业原料林贷款项目，山区综合开发贷款项目，林场（苗圃）和森工企业多种经营贷款项目，林农和林业职工林业资源开发贷款项目按照有关规定给予贴息。基本建设贷款中央财政贴息资金对总投资5000万元以上的速生丰产用材林基地建设和总投资3000万元以上的天然林资源保护工程转产项目给予适当支持。地方应根据实际情况，给予适当支持。积极发挥信用担保机构作用，探索建立多种形式的林业信贷担保机制，各级政府应因地制宜支持开展林业担保工作。尽快建立并完善与我国林权制度改革相配套的政策性林业保险保障体系。森林保险制度应该是公益性、政策性补助的一项保险制度。只有通过建立政策性森林保险机制，才能有效降低林业生产风险，减轻林农损失，增强林业产业项目抗风险能力。

3. 国家林业专项债券

调整国家债务结构，设立林业中长期债券。国家在发行债券中，应考虑国家对林业长期历史欠账的实际，进一步突出林业的特殊性，加大对林业的支持：一是在国家债券中对林业实行计划份额制，确保国家债券用于林业的总量；二是设立新增项目林业专项债券，用于公益林和林业基础设施建设；三是对林业以中长期债券为主，辅之以短期优惠债券，并采取相应的运作机制；四是建立风险共担机制，促进林业债券的落实，使国家给予林业的扶持政策足额和及时到位。

4. 多渠道资本市场融资机制

林业投融资的趋势，要逐步减少间接投资，增加直接融资。林业企业按照社会主义市场经济体制的要求，深化内部改革，加快产业重组，建立现代企业制度，完善法人治理结构，增强在国际、国内两个市场的竞争力和生存能力。在有条件的企业，要争取更多的企业在国内、国外资本市场上市，以获得更多的直接投资。一些中小企业也要按照资本市场准入规则，争取在即将上市的"二板"市场上市，以获取更多的资金支持。采取单位、集体、个人一起上，义务植树、有偿服务、投工投劳、捐资赞助多形式，公益林、商品林多领域，庭院绿化、社区林业建设等多方式，广泛吸引民间资金投入林业。同时建立全方位的国外投融资机制，一是外国政府贷款，如日本、德国、奥地利、法国、荷兰、意大利、芬兰等提供的多种贷款；二是国际金融组织贷款，如世界银行贷款、亚洲开发银行贷款等；三是外商直接投资；四是各种无偿援助，如德国、日本、芬兰、韩国等国政府及联合国开发计划署、联合国粮农组织、全球环境基金、欧盟等提供的双边和多边援助。

二、现代林业的科技支撑体系

现代林业的本质是科学发展的林业。建设现代林业，构建完备的林业生态体系、发达的林业产业体系和繁荣的生态文化体系，必须全面实施科教兴林、人才强林战略，努力提高林业自主创新能力，加快林业科学技术进步，充分发挥科学技术的支撑、引领、突破和带动作用。

（一）建立科学技术研究开发体系，提供技术储备

1. 优化资源配置，提高林业自主创新能力

（1）建立国家林业科学中心

国家林业科学中心以知识创新和原始创新为目标，重点开展林业基础和应用基础研究、重大共性及关键技术研究、林业高技术研究，着重解决事关林业全局的战略性、前沿性重大科技问题。可以在进一步深化科技体制改革的基础上，以现有国家级科研机构为主体，联合高等院校，以优势学科和重点领域为龙头，整合资源，

逐步形成林木基因组与生物信息、数字林业、木材与生物基材料、生物质能源、森林防火、荒漠化防治等若干个国家林业科学中心，集聚一批高层次的国家级林业科技创新团队，带动林业科技整体发展水平的快速提升。

（2）建立区域林业科技中心

区域林业科技中心以区域技术研究开发和技术创新为目标，重点开展区域内共性生态建设技术、产业发展技术的研究开发、集成与试验示范，直接服务于三大体系建设的主战场，为生态建设、产业发展、文化繁荣以及新农村建设提供强有力的科技支撑。可以在继续加强现有省级林业科研院所建设、充分发挥其作用的基础上，调动各方积极性，以区域内现有的中央和地方林业科研院所、林业高等院校为依托，根据全国生态建设和产业发展布局，按照优势互补、强强联合的原则，以项目为纽带，以树种、产品或生态区域为对象，通过创新管理机制、集聚科技资源、加强科技协作，逐步形成一批布局科学、结构合理的区域林业科技中心和创新团队，提高区域林业科技的整体实力和发展水平。

（3）建立林业科学试验基地

林业科学试验基地主要开展林业科学实验研究、野外试验研究、野外科学观测研究及相关科研基础性工作，为知识创新和技术创新提供研究平台和基础服务。可以根据林业科学实验、野外试验和观测研究的需要，在科技发展重点领域和典型区域重点建设国家、省部级重点实验室、陆地生态系统野外科学观测研究台站；在现有基础上，建设完善若干个工程技术（研究）中心和工程实验室；以种质资源库、科学数据库、科技信息网络等为主体，建立林业科技资源共享平台。

（4）建立林业企业技术研发中心

依托具有较强研究开发和技术辐射能力、具有良好技术基础的优势企业（集团），建立林业企业技术研发中心，以项目为依托，以产品为龙头，以政府投入为引导，以企业投入为主体，主要开展林业资源开发利用领域的新技术、新工艺、新设备等高新技术和相关产品的研究开发，充分挖掘科研院所、高等院校的研究力量和成果储备，促进产、学、研相结合，提高林业企业的技术开发能力，增强林业企业的核心竞争力。

（5）建立科技资源共享平台

充分运用信息、网络等现代技术，对科技基础条件资源进行战略重组和系统优化，以促进全社会科技资源高效配置和综合利用，提高科技创新能力。以重点实验室、生态定位站等研究实验资源和种质资源库等自然科技资源为重点，加快资源信息化建设，建立区域性大型科学仪器协作共用网，逐步推进大型科学仪器设备的远程应用。以国家科技计划项目积累的科学数据为重点，建立科学数据共享服务网络和分级分类共享服务体系。扩充、集成科技文献资源，加强数字图书馆建设，构建种类齐全、结构合理的国家科技文献资源保障和服务体系。

2. 加强实用技术与新型产品的开发

（1）加强林木良种培育技术研究

针对国林木良种培育滞后、林业生产良种使用率较低等问题，重点开展主要造林树种、竹藤、花卉等植物的功能基因组学，木材形成、抗逆、抗病虫等性状的基因解析，木本植物速生、优质、高抗的分子育种，林木种质资源的收集、保存与科学利用，林木抗逆能力的定量测评及早期预测筛选技术，生物技术与常规育种技术的结合与创新，重要造林树种的良种选育，体细胞胚胎扩繁技术，名特优新经济林和花卉良种繁育技术研究，为现代林业建设提供能满足不同生态区域和重点工程需要的优良品种和转基因新品种。

（2）加强森林灾害防治技术研究

针对森林灾害防治过程中的突出问题，重点开展森林灾害的生态、生物学管理技术，森林重大生物灾害发生机理，多重胁迫对森林健康的综合影响，森林健康维持与恢复技术，重大森林灾害的可持续控制技术，森林灾害的信息管理技术，森林火灾监测预警技术，森林火灾防控与安全扑救技术研究，提高对森林灾害的综合防治能力，为现代林业发展保驾护航。

（3）加强退化系统修复技术研究究

针对林业生态工程建设中的关键技术难题，重点开展森林生态网络体系构建技术，水土保持林、水源涵养林、农田防护林、沿海防护林、抑螺防病林、景观生态林体系构建与经营技术，典型困难立地植被恢复技术，石漠化综合治理技术，低效生态林改造技术，退化天然林恢复与重建技术，湿地生态系统保护与恢复技术研究，构建现代林业生态安全技术保障体系。

（4）加强森林定向培育与可持续经营技术研究

针对我国森林可持续经营水平低、林地生产力低、森林生态功能差等现状，重点开展工业用材林、高效能源林、经济林优质高产定向培育技术，森林生产力形成与调控技术，主要森林生态系统类型的经营技术体系，森林生长动态模拟及预测技术，森林可持续经营的理论、技术与认证体系研究，提高森林可持续经营水平。

（5）加强林业资源高效利用技术研究

针对我国森林生物资源破坏和流失严重的问题，重点开展生物质材料与资源的早期评价与应用预测技术，木材（竹藤）增值加工与应用技术，生物质基复合材料和可降解高分子材料设计与制备技术，低污染生物制浆造纸技术，生物质材料的化学资源化利用技术，超临界、等离子体、纳米科技在生物质材料领域的应用技术，废弃木质材料循环利用技术，森林食品与森林保健功能开发，野生动植物人工繁育与开发利用技术，林源天然药用物质提取、纯化与系列产品开发技术研究，生物质能源高效转化技术研究,全面提升森林资源的保护和开发利用水平。

(6)加强数字林业技术研究

针对林业数字化管理薄弱的问题,重点开展林业生物—环境信息获取传感器网络、波谱探测与分析、视频监测技术,森林生长过程数字模型与系统仿真技术,基于生长模型和3S技术耦合的森林资源预测预警、森林生态环境质量定量化评价技术,虚拟林业与重大林业工程数字化设计技术,林业数字化管理与信息服务技术研究,建成数字化、网络化、智能化和可视化的国家数字林应用体系和林业科技信息网络系统,为宏观决策和科学管理、林业资源利用、生态环境规划及建设、灾害监测、全球变化、生态系统以及水文循环系统研究等方面实时提供可靠的基础数据。

(7)加强现代林业装备技术研究

针对林业技术装备落后等特点,重点开展森林资源培育装备技术,森林病虫鼠害防治环保药械,森林火灾防控指挥与扑救装备,木材高效智能加工关键技术装备,竹材工业化生产技术装备,非木质森林资源深加工机械装备,林业生物质能源转化利用关键技术装备,林业特产资源高效增值加工装备技术,林产品加工过程数字化监测控制技术研究,增强森林资源的保护、开发和利用能力,为提高资源综合利用率,实现林业现代化提供先进、实用、可靠的装备技术支撑。

3. 加强知识产权保护

(1)加强林业知识产权管理

以林业知识产权战略研究为基础,有序开展林业植物新品种、专利、名牌产品、遗传资源等的管理工作。建立健全预警机制,规避知识产权侵权风险,防范技术贸易壁垒。建立有利于林业知识产权形成与保护的激励机制,建立对侵犯林业知识产权行为的举报与处罚协调机制。

(2)建立发达的林业植物新品种保护代理网络

品种权代理人是申请人和审批机关之间联系的桥梁,是委托人的参谋和顾问,是申请人和品种权人利益的维护者,也是《植物新品种保护条例》的执行者和捍卫者。品种权代理机构是经营或者开展品种权代理业务的服务机构,在实施《植物新品种保护条例》、实行植物新品种保护制度中起着十分重要的作用。通过开展代理人培训、考核,培养一批合格的植物新品种权代理人,审核批准一批品种权代理机构,逐步建立起发达的全国林业植物新品种代理网络。

(3)建立专业的林业植物新品种保护测试机构

植物新品种测试是实施植物新品种保护的关键一环,是判定一个品种是否为新品种的主要手段。目前我国已有1个测试中心、5个测试分中心、2个分子测定实验室、5个专业测试站,并培训了一大批植物新品种测试技术人员。需要进一步建立健全植物新品种测试机构,完善植物新品种测试标准体系,逐步形成完备的全国植物新品种测试体系。

（4）建立便捷的林业植物新品种保护信息渠道

应重点建设好供植物新品种测试者使用的已知品种数据库和对照品种数据库系统，建立健全植物新品种数据库系统及网上申请系统，为植物新品种培育者提供知识产权保护的便捷途径。同时，加强宣传，提高植物新品种培育者的知识产权保护意识。

（二）建立健全成果体系，促进科技与生产紧密结合

1. 搭建专业孵化平台，促进科技成果产业化

（1）建立工程技术中心

依托行业内科技实力雄厚的科研机构、科技型企业或高等院校，与相关企业紧密联系，整合工程技术综合配套试验条件，汇聚本领域一流的工程技术研究开发、设计和试验的专业人才队伍，建立一批工程技术中心，加强科技成果向生产力转化的中间环节，缩短成果转化的周期，促进科技产业化。工程技术中心主要根据国民经济、社会发展和市场需要，针对行业、领域发展中的重大关键、基础性和共性技术问题，持续不断地将具有重要应用前景的科研成果进行系统化、配套化和工程化研究开发。同时，面向企业规模生产的实际需要，为企业规模生产提供成熟配套的技术工艺和技术装备，不断提高现有科技成果的成熟性、配套性和工程化水平，推动集成、配套的工程化成果向相关行业辐射、转移与扩散，促进新兴产业的崛起和传统产业的升级改造，并不断地推出具有高增值效益的系列新产品，推动相关行业、领域的科技进步和新兴产业的发展，形成我国林业科研开发、技术创新和产业化基地。

目前，我国林业系统虽然在林业机械、林产化工、木材加工、竹藤、经济林种苗5个领域建立了5个国家级工程技术（研究）中心，但与国内其他行业相比，差距非常巨大，这也是影响我国林业科技成果转化、制约林业产业快速发展的重要因素。应结合我国林业生态建设和产业布局，在科学规划的基础上，整合资源，重点在生物质能源、生物质材料、花卉、沙产业、工厂化育苗、特种资源开发利用等领域建设一批国家级工程技术（研究）中心，为加速科技成果转化、促进林业产业发展奠定基础。

（2）建立林业科技园区

本着服务于科技创业、发展高新技术产业和改造传统产业的基本原则，重点在经济基础雄厚、科技资源集中、资本市场成熟和综合信息密集的地区，选择技术较为成熟、产业化条件具备、有广阔市场前景、具有物化有形载体且易于进行知识产权保护的领域，如以转基因技术为核心的动植物新品种培育、以精确林业为核心的林业信息技术、生物制剂技术、现代林业装备和设施、林产品精深加工和储运等，

建立林业科技园区，主要目的是强化林业科技成果组装集成、转化示范和孵化带动，将科技资源迅速、高效地转化为现实生产力，培育中小科技企业，加速区域产业结构调整，推动高新技术产业发展和传统产业改造升级。重点是通过与相关专业领域的国内外科研院所、高校、大学园区的有效联合和互利合作，把先进适用的科技资源不断地引进来，经集成熟化后使之扩散出去。同时，紧紧依托具有较强竞争力、带动力的龙头企业、种养大户、致富能手，充分发挥孵化器对科技创业企业的集聚功能，为其提供方便快捷的各类科技产品服务，引领相关企业和要素向园区积聚，形成区域支柱产业和经济增长点。

（3）加强高技术产业化示范

结合现有研究开发基础和高技术储备水平，选择林业生物技术、林木（竹藤、花卉）新品种培育、木竹新材料、林化产品精深加工、森林生物质能源、森林生物制药与森林食品、林业信息技术和林业高技术装备等林业高技术重点发展领域，以森林生物资源及其衍生资源为主要对象，根据其分布的区域性和异质性、区位比较优势、林业高技术产业基础及市场发育状况，以生物技术、新材料技术、新能源技术、信息技术等高技术为手段，形成一批以林木新品种和种苗培育为先导、集约经营的产业带和以精深加工为重点的产业集群。重点是加大企业高技术产业化力度，鼓励和推动企业投身高技术计划，并成为高技术应用和产业化的主，造就一批知名品牌，加快传统技术改造，推动林业高技术产业化，促进产业结构的战略调整和产业升级，形成有特色的林业高技术产业链。

（4）培育新兴产业

森林资源及其衍生资源具有生物多样性丰富、可再生性强、生产力高和生物量大等优势，为发展以用材林、经济林、种苗花卉、森林食品、森林药材、野生动植物繁育为主的种养业，以森林食品、药材加工、人造板、木地板、家具、林业机械、木浆造纸、林产化工为主的加工业，以生态旅游、林产品流通、森林资产评估、技术推广咨询为主的服务业，以生物能源、生物材料、生物制药为主的高新技术产业展示了巨大前景。通过科技创新，深化对各种生物资源的认知和多种功能的开发，以自主知识产权的取得带动新兴产业的崛起，以关键技术的突破点燃企业振兴的希望，通过示范点的辐射与带动，推进科学技术的产业化，形成规模效益，致富一方百姓。尤其是通过加强基础研究和应用基础研究以及前沿高技术研究，不断探索新的发展方向，实现在一些新兴领域的技术突破，开发新的产品，创造新的市场需求，培育新兴产业，催生新的经济增长点。

2. 加强技术扩散与转移

（1）加强实用技术推广应用

以国家、省、地、县各级各类林业科技推广计划为依托，大力推广种苗繁育、森林资源培育、困难立地生态系统修复、木质和非木质资源综合加工和高效利用、林业生物质能源培育与开发利用、森林健康和森林保护等生产上急需、适用性强、市场潜力大的林木新品种和新技术，促进科技成果尽快转化为现实生产力，进一步提高林业生产的科技含量，确保建设质量和效益。

（2）开展专项技术咨询服务

组建林业科技专家库，充分发挥专家智力资源，在深入开展调研、广泛收集技术需求信息的基础上，以网络咨询、电话咨询和现场咨询相结合的方式，开展针对公众多样化需求的专项技术咨询活动。尤其是针对林业生产实践中带有普遍性的"热点"问题或者突发性的、影响比较大的生产难题与疫情灾害，开展现场知识答疑和应急防控技术咨询与培训活动，提高广大林农科学经营能力和灾害防御能力。积极推进林业科技社会化服务体系建设，充分发挥科技中介机构、科技社团、林业合作组织、技术协会、信息网络、科普基地、培训基地等社会资源优势，深入开展专项技术咨询服务，为林农提供产前、产中、产后技术咨询服务。

（3）开展新技术试点示范

根据林业行业的特点和林业区域发展战略布局，选择有代表性的重点地区，以生态类型为主导、与经济发展相结合，在全国不同生态—经济类型区，选择有区域性特点、辐射带动作用强的地方，分别建立和完善一批林业科技示范区、示范县、示范点，形成星罗棋布的示范网点。促进科研、教学单位与地方林业生产部门紧密结合，整合科技资源，把林业新技术、新成果迅速转化并推广辐射到林业生产建设第一线，组装配套各类技术，建立形式多样的示范林、示范户、示范企业，为广大基层生产单位和林农提供看得见、学得会的示范样板，形成覆盖全国的林业科技示范网络，充分发挥其示范样板和辐射带动作用。

大力实施林业标准战略和林业品牌战略，树立一批按标准设计、按标准施工、按标准验收的工程建设典范，选择一批具有一定区域产业优势和较高知名度的林业拳头产品，打造全国驰名乃至享誉世界的知名品牌，建立一批依靠科技进步绿山富民的示范样板，带动区域内生态建设和产业发展。

（三）建立健全质量安全监督体系，提升现代林业发展质量

1. 加强林业标准化建设

（1）加强林业标准制修订

积极推进标准战略，紧紧围绕林业重点工程建设和林业产业发展以及生态文化繁荣的需要，加快林业生态建设和林产品标准制修订步伐，建立健全以国家标准、行业标准为核心，地方标准和企业标准相互配套，强制性标准与推荐性标准互有侧重，覆盖林业各个专业领域的、结构科学的林业标准体系，推进林业"种苗—造林—管护—监测—采伐—加工"全过程的标准化生产。实行分类指导，引导企业、科研院所和高等院校充分发挥各自的积极性，共同开展林业重要技术标准的研究与制订工作，不断提高科技成果的标准转化率。充分发挥科研机构、高等院校、企业等各方面参与生态建设和产业发展标准制修订工作的积极性，逐步完善标准研制与科研开发紧密结合的机制，使技术标准研制体系和科技研究开发体系形成有机整体，不断提高科技成果的标准转化率。尤其是充分调动企业的积极性，促使它们从自身生存与发展的需要出发，加大对标准工作的投入和参与。加强对国际标准的研究和制定能力，结合我国实际，提高采用国际标准的比例，并逐步提高实质性参与国际标准化工作的能力。

（2）建设林业标准化示范区

大力开展林业标准化示范区（县）建设，将现有的林业国家标准、行业标准和地方标准有机地应用到林业生产实践中并进行组装配套，建立一批国家和省（自治区、直辖市）林业标准化示范区，充分发挥其示范样板和辐射带动作用，也是强化林业标准实施的重要途径和有效手段。要在现有示范区的基础上，根据林业生态建设和产业发展的总体布局，结合各地经济发展水平和科技基础，进一步加大林业标准化示范区建设，全面促进林业生产真正做到按标准设计、按标准实施、按标准验收。要不断加强林业标准宣传，普及标准化知识，提高全社会的标准化意识。

（3）加强林业标准化技术委员会建设

稳步推进林业专业标准化技术委员会建设，使专业技术委员会尽快覆盖林业各主要专业领域。完善相关机制，积极引导、广泛吸收来自生产、使用、经销等方面的企业和科研机构、检测机构、教育机构、政府部门、行业协会（学会）、消费者代表、认证机构等相关方面的技术专家进入专业技术委员会，参与标准的制修订、审查以及开展咨询等技术服务工作，促使标委会的组成更具广泛性、代表性和权威性。

2. 加强林业质量检测

随着经济全球化进程的加快，林产品质量安全已经变得没有国界，无论是发达国家还是发展中国家都加强了林产品质量安全工作。林产品质量安全问题已经成为一个国家林产品生产、加工、流通和对外贸易中最主要的控制领域，成为目前国际市场四大技术贸易壁垒的最重要部分之一。建立与国际接轨的林业检验检测体系，加强从生产环境、生产过程到最终产品的全过程监测管理，有利于生产单位提高产品质量，同时把国外的有害或劣质林产品控制在国门外。

（1）加强林产品质量检验机构建设

根据林业产业发展总体布局和重点领域，紧密结合各地实际，依托科研机构、高等院校和重点企业，建设一批国家和行业林产品质量检验检测中心，形成布局合理、规范有序的林产品质量检验检测体系。在区域布局上，达到各主要林产品及主产区都有相应的局级质检中心；在检测范围上，能够满足对我国木质林产品、经济林产品、森林食品、林木种苗、花卉竹藤,以及林业生态环境等质量安全监测和质量性能检测的需要,实现林产品生产过程到市场准入的全程质量安全检验检测;在检测能力上,能够满足按国家标准、行业标准和地方标准对林产品质量、安全、工艺、性能等参数进行检测的需要;在技术水平上,局级质检中心应达到国际同类检验检测机构水平,并逐步实现检验检测结果的国际互认。

(2) 加强林产品质量安全监测

实施林产品质量安全监测制度,加大对林产品、林木种苗、花卉、竹藤产品、森林食品和森林消防装备,特别是涉及人的身体健康和生命安全的林产品质量监督检查力度。强化外来有害生物检验检疫,推行质量标志管理,确保生态安全和林产品质量安全。加强林业生态工程质量监督工作,对林业重点工程建设,要按标准设计、按标准实施、按标准验收。逐步建立符合我国国情的林业工程建设质量管理和监理体系。

(3) 组织开展名牌林产品认定

组织开展名牌林产品评选和认定,对于全面提高我国林产品知名度和市场竞争力,促进地方经济发展和农民增收等都具有重要意义。参照国家开展名牌产品评选认定工作的办法,通过严格评选标准、规范评选程序,真正发挥名牌林产品评选认定工作的导向作用;建立淘汰制度,实行滚动管理,确保评选认定的名牌林产品真正具有较强的市场竞争力和较大的市场占有率。

3. 加强林业认证认可

现代林业必然是可持续发展的林业,森林可持续经营是林业可持续发展的重要前提。森林认证作为推动森林可持续经营的一种手段,它于20世纪90年代由少数林业发达国家发起,目前已被越来越多的国家所接受,并在全球快速发展,以欧洲和北美地区最为突出。据统计,全球已经获得森林认证的森林面积约占生产性森林面积的20%,约占森林总面积的7%,并呈逐年扩大的趋势。森林认证把森林经营及林产品加工水平与以可持续发展为导向的绿色消费需求相联系,已成为当今国际林业发展进程的重要内容,成为国际贸易中绿色壁垒的重要形式。

当前,由于森林问题日益国际化、政治化,森林的自然和社会属性决定了森林认证很难建立起世界统一的技术标准和认证制度,多种森林认证体系必将长期并存。目前全球比较有影响的森林认证体系包括森林管理委员会(FSC)、国际标准化组织(ISO)M000系列、泛欧森林认证体系(PEFC)、美国森林可持续倡议(SFI)、加拿大标准协会(CSA)、美国树木与农场体系(ATFS)和马来西亚木材认证委员会(MTCC)等。构建中国森林认证体系,必须立足国情、林情,兼顾国际惯例。在战略上,将森林认证作为推动我国森林可持续经营、树立良好国际形象的重要途径。在战术上,遵循国际普遍原则,制订中国森林可持续经营与森林认证标准,建立有中国特色的森林认证体系,并实现与国际主流体系的互认。

(1)建立健全有中国特色的森林认证认可体系

按照国际惯例,立足中国实际,成立涉及森林各利益方代表的指导机构认证委员会,决定中国森林认证过程中的重大事项,协调森林认证各方利益,推进中国森林认证国际互认。建立健全我国森林认证认可制度,建立多利益方参与的森林认证管理监督机构、认证机构、认证咨询机构和认证培训机构及相互协作机制。编制森林认证认可与注册指南,制定管理办法,指导、规范我国森林认证市场,丰富森林认证培训形式,全面提高从业人员的素质和广大公众意识,稳步推进中国森林认证发展。

(2)完善中国森林认证标准

成立中国森林可持续经营和森林认证标准化技术委员会,制订全国森林可持续经营与森林认证标准。按照森林分类经营的思想,从国家、区域和经营单位三个层次建立中国森林可持续经营和森林认证标准体系,指导森林认证、花卉认证及非木质林产品认证等工作。包括:《中国森林可持续经营标准与指标》《中国森林认证森林经营》《中国森林认证产销监管链》《非木质林产品认证标准》《人工林认证标准》和《森林认证技术规程》等。

(3)开展森林认证研究、培训和试点示范

根据森林可持续发展的总体布局和分类经营的原则,充分考虑不同地区森林的价值和功能,分别选择不同地区、不同类型的森林和不同的森林经营单位,采用不同的认证标准进行森林经营认证示范试点,选择不同的林产品加工企业开展产销监管链审核示范,选择不同的非木质林产品生产加工基地开展认证示范。在示范中加强森林认证研究,把森林认证从理论推向实践,并在不断测试中国森林可持续经营和森林认证标准体系的科学性和适用性的同时,扩大我国森林认证面积,培养壮大森林认证人才队伍,完善森林认证制度。

(4)积极开展森林认证的国际合作交流

加强"森林认证认可计划"(PEFC)、荷兰"观赏植物环保生产认证体系"(MPS)等主流森林认证认可体系的研究,积极开展国际合作交流,开展体系互认比较研究项目,制定共同的森林认证进程、相互认可的森林认证体系、统一框架下的森林认证标准等,拓展区域性森林认证合作,促进中国森林可持续经营和森林认证体系与国际体系互认。密切跟踪国际森林可持续经营与森林认证发展趋势与动态,积极参与森林认证国际互认事务,维护国家利益和主权。

第四节 现代林业的国际合作

当今世界,经济全球化深入发展,贸易自由化趋势不可逆转,新科技革命加速推进，全球和区域合作方兴未艾。我国现代林业发展离不开世界，需要共同分享发展机遇，共同应对各种挑战。加强国际合作，充分利用国内外两种资源、两个市场，积极引进国外林业先进技术和管理经验，通过实施"请进来、走出去"战略，大力培养高素质林业人才，利用国际环境全面提高我国林产品国际竞争力，为实现现代林业又好又快发展提供良好的国际环境和保障。

一、制定国际规则与履行国际义务相结合

为了顺应国际潮流，应对国际挑战，增加国际话语权，就要加强林业相关国际规则的研究，参加国际重大活动，参与各种国际规则制定，以此促进我国现代林业的可持续发展。

（一）参与制定国际规则

1. 完善世贸规则研究以应对国际市场挑战

林业国际化要求公开国内政策，增加透明度，便于外商投资开发森林和发展林产品贸易。中国林业进入国际市场，需要进一步了解世贸等国际规则，急需完善相关政策法规体系，应对各种挑战。第一是加快林业企业改制步伐，第二是完善林业企业社会保障体系，第三是完善包括银行和资本市场在内的金融体系，第四是加快行政部门转变职能，第五是加强林业法制建设。我国林业市场化程度较低，WTO规则复杂，需要从关税、资本市场、投资环境、法律规范等方面深化研究，以市场准入规则为指导，加强与WTO原则的衔接，形成可操作的林业行业政策法规体系。

要重视国外木材流通市场管理和服务体系的研究，尤其要加强对国外的木材信息网络、销售网络、竞争战略、营销决策、收购政策、兼并政策以及全球化木材流通机制的研究，建立现代化木材经营机制和管理办法。要研究林业如何适应世贸规则，保护林业，发展林业。WTO规则是一项复杂的贸易规范体系，充分利用可以大大提高我国贸易的主动地位，特别是在条款的利用方面，如林产品进出口贸易、技术设备的引进、新兴工业的保护、国际贸易争端的处理等。

2. 参与制定相关国际规则

林业可持续发展需要与环境保护有机结合，《21世纪议程》要求各国制订国家林业行动计划。为帮助各国有效制订国家林业行动计划，政府间森林问题工作组提出了一个基本原则：保障国家主权和国家领导，与国家政策和国际承诺相一致，与国家可持续发展战略相结合，促进合作关系和公众参与，兼顾整体利益和部门利益。

2002年，联合国粮食与农业组织成立了国家林业计划基金，旨在用5年时间促进60余个成员的国家林业计划进程的制订和实施，加强林业知识的全球共享。在政府间森林问题工作组通过的、联合国森林论坛批准的基本原则指导下，许多国家已修订和制订了各自的国家林业计划。同时，各国都积极研究制订了森林可持续经营的标准和

指标，并作为评价国家森林状况及变化趋势的工具，以促进森林可持续经营。

我国需要积极参与国际多边合作，参加国际森林问题多边磋商以及亚太经合组织林产品贸易自由化谈判，坚持立场，参与全球林业游戏规则制定，积极推进有关国际公约的制定、谈判与实施，及时做到中国与国际林业的接轨。要充分利用"绿箱"政策，有效利用结构调整支持、环境计划支持、地区援助等手段，加强林业能力建设，提高我国林业国际竞争力，维护国家的根本权益。

3. 完善与国际接轨的林业标准指标体系

要重视林产品国际技术标准的制定、完善和实施，扩大出口创汇能力。当今国际贸易关税壁垒大大减少，但非关税壁垒却呈上升趋势，有的国家采取各种办法限制外来商品进入，产品容易受到进口国的种种限制，给扩大出口造成障碍。近年来，我国家具等林产品的出口就受到各种阻挠而产生贸易摩擦。为了应对市场经济要求和激烈的国际竞争，我国必须加快实施林业标准战略，完善林产品贸易相关政策，推动具有自主知识产权的林业产品和技术进入国际市场，不断扩大我国林业的国际影响。要紧紧围绕林业生态、产业和文化三大体系建设的工作重点，参照国际惯例，结合我国特点，研究和制定既符合 WTO 规则、又能保护我国国家利益，并有利于促进林业发展的林业标准和技术规程，建立和完善以国家标准和行业标准为主，地方标准和企业标准为辅的林业标准体系；积极参与国际标准的研究制定，逐步提高我国采用国际标准的比例，不断提高我国森林可持续经营水平。

（二）积极履行国际义务

不论是由林业牵头执行的《联合国防治荒漠化公约》《濒危野生动植物种国际贸易公约》《关于特别是作为水禽栖息地的国际重要湿地公约》（简称"湿地公约"）等，还是参与执行的《保护臭氧层维也纳公约》《联合国气候变化框架公约》及其《京都议定书》《生物多样性公约》，以及有关国际文件、双边协定等，我国都把其要点引入相关法律和政策之中，并认真履行义务，树立良好的国际形象。

1. 认清履约的新形势和必要性

10 多年来，国际社会在联合国环境与发展大会通过的《里约宣言》《21 世纪议程》和《关于森林问题的原则声明》的基础上，先后成立了政府间森林问题工作组、政府间森林问题论坛和联合国森林论坛，开展世界范围内的官方磋商，力争在国际森林问题上有所突破，以实现全球性的森林可持续发展。与此同时，全球众多国家参加的森林可持续经营标准与指标的国际进程和森林认证工作也在蓬勃发展，都在不同程度地直接或间接地涉及各个国家的林业部门。近年来，全球范围内开展的林业政策、计划和管理机构的调整，不仅体现出外部的政治经济倾向，也反映了林业部门内部的变革。我国入世面临着"国内市场国际化，国际竞争国内化"的严峻局面。20 世纪末，一些亚太经合组织的发达成员为了更多地占领国际市场，就提出要超前于 WTO 实施贸易投资自由化，林产品是优先讨论的 9 种商品之一。我国积极参与亚太经合组织贸易投资自由化谈判，并于 2001 年 12 月 11 日正式成为 WTO 成员方，表明了我国积极参与区域和世界经济合作的立场。按照 WTO 协议，我国林产品在 2020 年前将完全进入全球市场。

随着我国改革开放的不断深入，国家和社会对林业空前重视，经济发展和社会进步对林业可持续的要求越来越高，林业已成为我国生态、产业和文化建设的重要组成部分。我国林业正经历着前所未有的深刻变化，传统林业正在淡化，现代林业已经显现。入世的我国将由局部性的对外开放，转变为全方位的对外开放；由以政策主导下的试点性开放，转变为法律框架下的可预见开放；由单方面为主的自我开放，转变为与 WTO 成员之间的相互开放。这不仅给林业的对外开放工作带来了机遇，同时也带来了挑战。国内外的新形势要求我国林业必须转变思路，解放生产力，更广泛地参与国际分工与合作，更大限度地开放国内市场，满足新时期人类对林业的多种需求，促进现代林业又好又快发展。

2. 履行 WTO 规则和林业相关协定

WTO 强调可持续发展与环境保护，并允许为保护环境、人和动植物安全采取规则以外的措施。在 WTO 认可的 20 个国际协定中，有《濒危野生动植物种国际贸易公约》《京都议定书》《森林可持续经营标准和指标》和《林产品加工技术、工艺、质量与环保标准》4 个与林业直接相关。对这些协定和措施的执行，有助于我国林业发展和生态建设重点工程在符合 WTO 规则的基础上顺利实施。同时，WTO 强调公平竞争，必将引入更多的民营机制，以降低成本和提高效率。

3. 通过履行国际公约树立良好国际形象

我国是一个少林国家，而且森林资源分布不均、质量不高，还面临着水土流失、土地荒漠化、水资源短缺、物种减少等突出的生态问题和频繁的水涝、干旱等自然灾害，经济发展与生态建设的任务都非常繁重。但是，我国政府一向高度重视环境与发展的协调问题，重视林业建设，把植树造林、绿化祖国、改善环境作为一件大事，从政策上、经济上、法律上采取了一系列重大措施。迄今，我国参与缔结或加入了 40 多项重要的国际环境条约，除了把这些公约中规定的权利、义务落到实处外，还根据国内情况通过一定法律程序将国际环境法规转化为适用的国内法加以实施。目前，我国已全部通过批准涉及森林问题的国际公约有《生物多样性公约》《联合国气候变化框架公约》《京都议定书》《联合国防治荒漠化公约》《濒危野生动植物种国际贸易公约》《湿地公约》和《世界遗产公约》等，还加入了《国际热带木材协定》，同时积极回应《21 世纪议程》和《关于森林问题的原则声明》等，承担起了一个大国的责任和义务。应该指出的是，美国还没有批准《生物多样性公约》和《京都议定书》，澳大利亚也还没有批准《京都议定书》。

4. 积极参与相关国际进程

（1）森林可持续经营标准与指标进程

联合国环境与发展大会后，世界各国都在自发地参与森林可持续经营国际进程的同时，积极对本国森林经营状况进行监测和评价。有关国际组织召开了一系列国际会议对森林保护与可持续经营问题进行了讨论，提出了一系列的标准与指标体系框架。到目前为止，全球共有9大进程同时运作，150多个国家正式参与。

我国政府十分重视森林保护与可持续经营问题，并积极参与国际上与我国森林状况有关的活动。我国主要是蒙特利尔进程和国际热带木材组织进程的成员国，也参与了干旱亚洲进程的相关活动。目前，我国充分吸纳了国际上有关标准与指标体系的合理成分，并与国际标准和指标体系接轨，于2001年颁布了我国森林保护和可持续经营标准和指标体系框架，并继续研究在区域水平和经营单位水平上的标准与指标体系。

（2）森林执法与管理进程

我国政府积极开展双边、多边国际交流与合作，相继参加了亚洲和欧洲及东北亚森林执法与管理等相关国际进程和会议，协助木材生产国控制非法采伐。2000年，中俄两国总理签署了合作开发和可持续经营俄罗斯远东地区森林资源的政府间协定；2001年，国家林业局参与了亚洲加强森林执法管理非正式部长级会议，共同发表了"采取紧急措施——制止林业违法和林业犯罪，特别是非法采伐，以及与之相关的非法贸易、腐败和对法律规定的消极影响"的声明；2002年和2008年，国家林业局分别与印度尼西亚和美国相关政府部门签署了关于非法采伐的谅解备忘录，承诺制止非法采伐和相关贸易；2005年，中欧在北京达成《中欧峰会联合宣言》，双方同意"共同合作打击亚洲地区的非法采伐问题"；2005年，中俄领导人在北京会晤中一致同意进一步加强森林资源开发利用，加大对非法采伐木材和贸易的打击力度；2007年9月19—20日，我国与欧盟等联合在北京召开了森林执法和管理国际会议。对于木材非法采伐和相关贸易，我国政府反对态度坚决、打击立场强硬、遏制措施严厉，通过制定法律及完善进口管理法规，成立机构加强执法，完善木材监督管理体系，从而在木材供给、产品加工和居民消费链上建立起一整套有效的综合措施，来预防和制止这类事情的发生。同时，还与周边国家建立了一些联动机制，共同打击木材非法走私行为。所有这些政府间合作及行动，充分体现了我国政府坚决打击木材非法采伐和相关贸易、维护国际木材贸易秩序的国际形象。

二、通过国际科技合作促进国内科技创新

（一）建设一批高水平的林业科技国际合作研发基地

当今世界，国与国之间的联系日益密切，尤其是随着经济全球化进程的加剧，各国都无法仅仅依靠自身力量谋求发展，世界市场已经把各国紧紧联系在一起，在

利益上互相掣肘。可以说，在科技全球化浪潮中，科学研究全球化趋势日益加强，而跨国合办研究开发机构是国际科技合作深化的表现。目前，已有美国、日本、德国、澳大利亚、俄罗斯、韩国等多个国家的公司、科研机构和大学与我国的科研机构和高校合办了研究开发机构。对于林业来说，应顺应当今科技合作潮流，与国家重大林业科研计划、重点实验室、工程中心等相结合，积极鼓励并依托具有优势的科研院所与国外相关机构合作，建立高水平的林业国际合作研究中心和研发基地。在合作研究机构的研究方向上，应强调前沿领域研究，例如生物技术和信息技术等，做好前瞻性研究，促进现代林业的可持续发展。

（二）建立国际化研究组织和研究网络以打造林业国际合作平台

随着我国综合国力的提高和林业科技国际地位的上升，林业科技国际合作的国际化运作也应提升层次，其中建立国际化研究组织就是重要的内容。1997年在北京成立的国际竹藤组织就是一个成功的范例。为了配合相关研究工作，我国政府还成立了国际竹藤网络研究中心。通过国际竹藤组织这一国际科技合作与交流的平台，我国竹藤科研和开发水平日益提高，国际影响力日益增强。目前，我国已经成为国际竹藤研究开发和信息的集散地，众多国际机构都提出了合作研究的建议。

另外，现代林业的国际合作也应充分利用有利的国际形势和机遇，积极建立区域性林业研究网络，提升我国在林业国际合作中的地位和作用。2007年9月8日，国家主席胡锦涛向国际社会发出了建立亚太森林恢复与可持续管理网络的倡议。这是我国就应对气候变化提出的具体、务实的合作建议，为我国林业进一步参与国际林业科技合作创造了新的机遇，提供了新的平台。目前，我国政府认真履行承诺，与有关国家开展合作，正在积极筹建亚太森林恢复和可持续管理网络。随着经济全球化与国际社会对气候变化问题的关注，建立区域性林业研究网络也将是我国林业进一步融入世界舞台，参与国际规则的制定，向世界展示一个负责任大国风范的重要途径。

（三）保护知识产权以强化科技创新

随着世界步入知识经济时代，知识资产已经成为国家财富的源泉。在国际科技合作中，知识产权制度的完善与否已经成为影响合作发展的重要因素。可以说，知识产权制度已经成为全球科技竞争与合作的一种基本规则。因此，我国应建立诸如植物新品种保护等方面合理的林业知识产权制度，并提高知识产权的管理能力，这也是促进林业科技创新的必要条件。

创新始终是科技工作的首要任务，林业行业也是如此。林业科技的创新离不开学习和借鉴、引进和吸收，通过采取走出去、引进来的方式，加强与林业发达国家的科技交流和合作，学习借鉴林业发达国家的先进经验，以最快的速度引进国外先进技术并加以吸收运用。把学习借鉴的经验和吸收的先进技术与我国特色相结合，并转化为发展的动力，推动我国现代林业建设赶超世界林业发达国家的发展水平，迈入国际林业先进国家行列。创新是现代林业的基本特征之一，也应是现代林业国际合作的重要特征，没有创新的林业必将是没有发展前途的林业。需要强调的是，现代林业的国际科技合作目的是充分利用国际科技资源与成果，在消化吸收的基础上，进行自主创新和集成创新，形成拥有自主知识产权的林业科技技术。

（四）完善林业科技国际合作的支撑条件

今后，林业科技国际合作将更多地建立在平等投入、互惠互利的基础上，尤其是那些需要多国共同投资、共同研究、共享成果的重大科技项目。如果没有充足的专项经费投入，就无法参加重要的国际性研究计划，也就不能共享研究的资料和成果，从而导致错过许多发展良机。因此，应进一步加大对林业科技国际合作的投入力度，适时建立林业科技国际合作基金，支持重大项目的前期研究工作。

另外，要建立健全我国林业科技国际合作的法律法规和管理体系，加强宏观调控和政策引导，加强各部门和各行业之间的联合和协作，提高林业国际合作项目的管理水平，这也是保障林业科技国际合作可持续发展的重要条件。

三、通过加强国际合作提升人才素质

（一）借鉴国外经验加强人力资源开发

深入系统地研究国外尤其是发达国家人力资源开发的方法和经验，充分挖掘和利用林业人力资源潜力，是全面提高我国林业人才素质的有效途径之一。一是政府重视教育，积极开发人力资源，如美国政府的教育投资已占 GDP 的 7%；二是人力资源开发目标和内容突出实用价值，如美国专业和课程设置完全根据实际需要确定；三是人力资源开发手段充分利用高科技，如德国于 1974 年就建立了"远距离大学"进行就业培训，作为解决就收的主渠道；四是把培训与就业紧密结合起来，如英国早在 1973 年就颁布了《就业与培训法》，推行一系列培训计划，大型企业自办高等教育或与学校合作培养人才，如美国许多大企业都有自己的学校；五是重视老年人力资源开发；六是采用各种手段从国外引进高素质人才；七是建立和完善人才奖励制度；八是重视人力资源开发立法工作，使人力资源的开发成为一项法定活动；九是设立人力资源开发机构和加强人力资源开发研究等。

我国对人力资源开发研究起源于 20 世纪 80 年代中期，但是发展迅速，许多地区和行业、部门都在进行积极探索，尤其是加入 WTO 后，更是掀起了人力资源研究热潮，取得丰硕成果。但相对而言，我国林业人力资源开发研究还较少，国内其他行业和国外同行的许多经验和做法值得我们深入研究和借鉴。

（二）加强国际交往和行业交往

各级林业管理部门和企事业单位要积极组织参观考察国内外先进的人力资源开发机构，学习吸取他们的有益经验，同时应邀请国内外专家，通过讲学和组织研讨会等形式，加强与国内外同行和其他行业在人力资源开发方面的交流。应鼓励与国内外大学、企业和其他人力资源开发机构以多种形式合作开发人力资源，尤其是开发林业高级技术和管理人员，提高我国林业人力资源的开发水平。要创造条件，多派遣一些技术和管理骨干到国外留学、进修、培训；同时采取一定的政策，鼓励留学生回国工作，即使不回来，也可以以其他形式为祖国林业建设服务。要研究建立专项基金或奖学金，按照重大工程关键技术岗位要求，培养一批高水平的林业国际型人才。

（三）加大林业骨干国外进修培训力度

经济也在日益完善。培养和造就一支有理想、能力强、懂规则、团结实干、勇于开拓进取的高素质林业人才队伍，适应新形势下对外开放工作的需要，是做好一切林业工作的关键。因此，要有计划、有目的、分层次地加强林业队伍培训和能力建设，培养一批科技领头人、科技尖子、科技骨干队伍和林业管理人才队伍。选拔优秀中青年科技人员去国外深造，通过学习掌握现代科技和高新技术，培养一批具有现代科技知识和经营管理才干，能在林业生产中开拓进取，进行技术创新、新产品创新并能参与国内外市场竞争的优秀人才。要培养从事世贸规则和有关公约相关条款的研究人员，同时培养一批懂经贸、法律、外语等方面的复合型人才，使他们在思想道德、科学理论、实践技能、作风修养等方面有大的提高，真正肩负起实现新世纪我国现代林业又好又快发展的历史重任。

（四）通过外聘专家培养国内人才

近30年来，我国林业科研教学机构通过各种渠道（如与林业发达国家间开展技术合作项目），积极开展人才引进工作，共聘请了来自50个国家和地区的专家数千人次。通过聘请国外专家讲学、学术交流、合作研究、合作开发、合作培养研究生、指导工作、担任客座教授和顾问等形式，加强了我国林业重点学科和重点领域建设，拓宽了国际交流范围和渠道，增进了技术与科研的国际合作，从而促进了林业教育事业的发展和科研水平的提高。在聘请的国外专家中，90%以上具有高级技术职称或博士学位，有的是国际上著名的专家和学者，有的在国际学术组织里担任重要职务。在华期间，他们毫无保留地向我国林业工作者传授国外先进理念、理论、技术和方法，提出合理化建议，为我国林业人才培养工作做出了积极贡献。

（五）派出留学进修以实现人才国际接轨

目前，我国林业系统约有职工150万人，科技人员比重很低，且整体素质不高，与发达国家相比有很大差距，特别是缺乏了解世界林业科技前沿情况、学术造诣深、懂经营、善管理的高层次科研人才和复合型人才。加强人才领域的国际交流与合作，是提高林业技术、管理和经营水平，实现与国际接轨的重要途径。

改革开放以来，我国通过多种渠道向美国、加拿大、德国、日本、泰国、瑞典、芬兰、意大利、英国、法国、奥地利、荷兰、新西兰、韩国、澳大利亚等国家派出林业留学和进修人员数千人次，涉及领域包括林业经济、森林资源监测、林木育种、森林保护、水土保持、森林生态、森林采伐、林区道路设计、木材加工、林产化工、林业机械、人体工程和计算机应用等。绝大多数留学人员在国外留学、研究期间，勤奋刻苦，学有所成，掌握了大量世界林业科技信息，学到了世界先进的林业科学技术。学成回国后，他们勤奋工作，开拓了新的学科和研究领域，使一些科研项目赶上或达到了世界水平，涌现出了一大批优秀人才。他们中间，有的已经成为国家政府部门的领导干部，有的成为我国科学院或工程院院士，很多人成为学科带头人和学术或技术骨干，为推动林业科学技术进步，促进林业改革和建设事业的发展发挥了重要作用。

（六）加强智力引政以促进现代林业发展

要鼓励和支持各级林业机构引进生态建设、工程管理、产业发展、经济管理和国际合作等方面的紧缺人才。国家应通过制定经济优惠政策和有利于人才发展的灵活政策，为他们提供一个可以施展抱负，发挥才干的良好工作环境，使他们的劳动成果能真正得到社会的肯定和尊重。给引进人员提供优厚的薪酬、住房、安家费和科研经费以及必要的工作条件，切实解决他们子女教育及就业和配偶安置等后勤保障问题。按照充分信任、放手使用的原则，破除论资排辈观念，在职称评定和提拔管理干部方面要大胆重用引进人才。

要充分利用外部各类林业人才的智力因素，采用兼职、讲学、咨询、科研和技术合作、技术入股、合作经营等多种方式"柔性"人才引进，实现社会人才以不同形式为林业事业发展做出贡献。加强林业人才的国际交流与合作，积极引进国外高层次人才和优秀的留学人才。通过建立高级专家库或组建专家咨询组织等方式，聘请国内外高级专家参与林业发展重大问题的调查研究、科技攻关和进行重大问题的决策咨询，为林业决策提供强有力的智力支撑，提升各级林业部门的科学决策水平和执政能力。

开展人才领域的国际交流与合作，是加强林业自身建设，提高林业教育与科研水平，加快与国际接轨的有效途径。要抓住机遇，广开门路，拓宽领域，根据新时期林业发展和生态建设的特点，加大人才培养和引进力度，不断为林业注入新的活力，为实现现代林业可持续发展提供强有力的人才保障。

参 考 文 献

[1] 孙景波. 黑龙江省林业生态工程发展战略与对策研究[D]. 哈尔滨：东北林业大学，2009.

[2] 龚固堂，慕长龙，先开炳. 现代林业理论发展与公益林可持续经营策略[J]. 北京林业大学学报(社会科学版)，2007，(01)：61–67.

[3] 张永利. 现代林业发展理论及其实践研究[D]. 咸阳：西北农林科技大学，2004.

[4] 董晖. 中国林业生态工程项目管理模式研究[D]. 北京：北京林业大学，2005.

[5] 刘勇. 中国林业生态工程后评价理论与应用研究[D]. 北京：北京林业大学，2006.

[6] 张蕾. 中国林业分类经营改革研究[D]. 北京：北京林业大学，2007.

[7] 李强. 现代林业与生态经济林业理论的实践应用探讨[J]. 中国林业产业，2017，(02)：133.

[8] 孙晶. 现代林业与生态文明建设的关系探析[J]. 现代农业科技，2016，(01)：196+199.

[9] 黄福安. 现代林业管理的生态观念[J]. 乡村科技，2016，(11)：59–60.

[10] 牛美玲. 论现代林业发展与生态文明建设[J]. 黑龙江科技信息，2016，(28)：262.

[11] 温爱亭. 现代林业理论发展与公益林可持续经营策略[J]. 农技服务，2016，33(09)：110.

[12] 林红. 重点国有林区民生林业发展机制研究[D]. 哈尔滨：东北林业大学，2016.

[13] 朱斗新. 现代林业生态工程管理机制问题分析[J]. 黑龙江科技信息，2015，(16)：272.

[14] 王学丽. 生态观念在现代林业管理中的应用[J]. 现代农村科技，2015，(11)：5.[2017-09-29].

[15] 徐期瑚. 现代林业评价指标体系研究初探[J]. 湖北林业科技，2009，(02)：43–47.

[16] 郭海，陈文汇. 我国现代林业评价指标体系设计研究[J]. 安徽农业科学，2013，41(13)：5791–5793.

[17] 伦丽珍. 林业现代化的经济评价指标体系研究[D]. 福州：福建农林大学，2005.

[18] 刘东生，王月华. 全面推进林业体制改革加快现代林业建设[J]. 林业经济，2010，(10)：3–7.

[19] 程红，李金华，王福东. 论发展现代林业与建设生态文明[J]. 林业经济，2010，(01)：25–33.

[20] 郭莹. 现代林业与生态文明建设的关系研究[J]. 江西农业，2017，(13)：97.